本书为国家社会科学基金"汉语表达列举义的语法形式研究"(11BYY079)结项成果

本书获湖南师范大学中国语言文学一流学科资助

汉语列举标记及连类复数表达研究

丁加勇 著

知识产权出版社
全国百佳图书出版单位
—北京—

图书在版编目（CIP）数据

汉语列举标记及连类复数表达研究/丁加勇著. —北京：知识产权出版社，2023.12
ISBN 978–7–5130–9121–3

Ⅰ.①汉… Ⅱ.①丁… Ⅲ.①汉语—语法—研究 Ⅳ.①H14

中国国家版本馆 CIP 数据核字（2023）第 246708 号

内容提要

列举是一种常见而古老的语法形式，汉语表达列举义的语法手段主要有列举标记、四字格固化结构和列举式同位短语三种。列举标记所表达的语法意义为列举未尽并类及其他，可以看成是一列列举性多数，属于多数表达的一种方式。正因为列举有类及其他的意思，所以列举与连类复数有直接联系，列举标记是连类复数标记的一个来源。本书结合汉语"普方古"事实，对汉语列举标记进行详细而系统的分类，深入研究了列举标记的语法特征和多功能用法。在综合考察了古今汉语和汉语方言事实的基础上，从形式和来源上对列举标记分类，详细分析各类列举标记的语义、语法特点及语法化过程，揭示列举标记与连类复数表达之间的联系，归纳出汉语连类复数的类型。

策划编辑：蔡 虹	责任校对：王 岩
责任编辑：高 超	责任印制：孙婷婷
封面设计：商 宓	

汉语列举标记及连类复数表达研究
丁加勇 著

出版发行：	知识产权出版社有限责任公司	网 址：	http://www.ipph.cn
社 址：	北京市海淀区气象路 50 号院	邮 编：	100081
责编电话：	010–82000860 转 8383	责编邮箱：	morninghere@126.com
发行电话：	010–82000860 转 8101/8102	发行传真：	010–82000893/82005070/82000270
印 刷：	北京建宏印刷有限公司	经 销：	新华书店、各大网上书店及相关专业书店
开 本：	720mm×1000mm 1/16	印 张：	15.75
版 次：	2023 年 12 月第 1 版	印 次：	2023 年 12 月第 1 次印刷
字 数：	266 千字	定 价：	88.00 元

ISBN 978–7–5130–9121–3

出版权专有 侵权必究
如有印装质量问题，本社负责调换。

目　录

第一章　研究概述 …………………………………………………（001）
　　第一节　研究背景 …………………………………………………（001）
　　第二节　研究展望 …………………………………………………（003）
　　第三节　语料说明 …………………………………………………（007）
　　第四节　研究内容 …………………………………………………（008）

第二章　列举的类型和形式 ………………………………………（014）
　　第一节　列举是一种常见而古老的语法形式 ……………………（014）
　　第二节　列举的类型 ………………………………………………（018）
　　第三节　表达列举的语法形式 ……………………………………（029）
　　第四节　列举形式系统和认知因素 ………………………………（051）

第三章　列举标记的产生 …………………………………………（054）
　　第一节　古汉语"之"类指示性同位短语表列举 ………………（054）
　　第二节　"X诸N"指示性同位短语表列举 ……………………（066）

第四章　类别型列举标记及类别型连类复数 ……………………（072）
　　第一节　"等"充当列举标记及语法化过程 ……………………（072）
　　第二节　总括名词"东西"用于连类列举和连类复数 …………（096）
　　第三节　总括名词"家伙"用于连类列举和连类复数 …………（102）
　　第四节　湖南常德话复数标记"俺"及表事件
　　　　　　连类复数的"VP俺"结构 ………………………………（108）

第五章　指示型列举标记及指示型连类复数 ……………………（117）
　　第一节　"之类"的列举功能 ……………………………………（117）
　　第二节　指示词"这些、那些"的列举功能 ……………………（132）
　　第三节　样态指示词的列举功能 …………………………………（144）

第四节　湖南凤凰话后置复数指示词——兼论方言中
　　　　复数标记"些"的来源 ………………………………（150）

第六章　无定型列举标记及无定型连类复数 ………………（160）
第一节　"什么的"充当列举标记 ………………………………（160）
第二节　北京话连类复数标记"伍的" …………………………（182）

第七章　语气型列举标记及语气型连类复数 ………………（191）
第一节　语气词表列举 …………………………………………（191）
第二节　汉语方言语气词表列举 ………………………………（193）
第三节　湖南洞口方言语气词表列举和连类复数 ……………（197）

第八章　数量型列举标记及数量型连类复数 ………………（205）
第一节　同位短语中数量词语的总括功能 ……………………（205）
第二节　数量型列举结构的约数总括方式 ……………………（209）
第三节　列举标记"等"与确数词共现的历时分析 …………（216）
第四节　方言数量型列举标记及数量型连类复数 ……………（222）

第九章　言域列举标记 ………………………………………（228）
第一节　言域列举 ………………………………………………（228）
第二节　言域列举标记"云云" ………………………………（232）

参考文献 ………………………………………………………（238）

后　记 …………………………………………………………（246）

第一章 研究概述

第一节 研究背景

列举是一种常见而古老的语法形式,其表达的语法意义为列举未尽并类及其他,可以看作一种列举性多数,属于表达多数的一种方式。正因为列举形式有类及其他的意思,所以列举与连类复数有直接联系,列举标记是连类复数标记的一个来源。

本书研究汉语列举标记与连类复数表达。广义的列举分为列举已尽和列举未尽,语法中所说的列举通常指列举未尽,这也是本书所说的列举。表达列举未尽需要语法手段,其中主要的语法手段是使用列举标记,列举标记能产生列举一项或几项并类及其他的语法意义,属于多数表达的一种。列举形式的关键是通过项的列举产生列举义,即"列举未尽并类及其他"的意义,其中的"类及"包括类及整个类别或其他项。要使项的列举产生列举义,就必须运用特定的形式,这些形式构成了汉语列举表达语法系统。本书所说的"列举"不同于人们经常提到的对举和举例,对举和举例不产生列举未尽义或类及义,表达方式很不相同。

列举未尽和连类复数都是表达多数的方式,二者既有区别又有联系。列举形式表示列举一项或几项并类及其他。复数分为真性复数和连类复数(吕叔湘,1985),真性复数表示同一类事物有多个个体,没有类及其他的意思;连类复数表示由该个体类及其他同一类个体,即"类及其他",与列举的多数有密切联系。连类复数是联系复数标记和列举标记的桥梁,尤其是单项列举后附列举标记很容易发展成复数标记。目前的研究一般没有把列举形式和复数形式联系起来分析。

前人对列举形式的研究主要是列举助词在句法、语义、语用方面的个案研究,如吕叔湘(1980,1985)、张谊生(2001,2002)、董晓敏(1998)、朱军（2006，2008）等对"等""什么的"进行了分析。列举助词又叫列举标记。张谊生（2002）对助词进行了分类，根据各个助词的功能和用法，把助词大致分为七个小类：时态、时制、结构、比况、表数、列举和限定；里面的列举助词就是指那些附在被列举的词语后面，表示或协助表示列举关系的助词。张谊生（2001）从搭配对象、句法功能、语义内涵和语用特征等角度对现代汉语表列举的助词进行了考察，这些列举助词是：等、等等；云、云云；一类、之类、之流、者流、一流；什么的、啥的、的，共四组十二个。其中"等""什么的"为典型的列举助词❶。

复数的研究是语言学界非常关注的课题。学者对汉语复数的研究，主要集中在名词复数标记"们"的研究上，较早的要算吕叔湘（1949，1985），吕先生把"们"的语法意义定为"复数形式"，并且区分了真性复数和连类复数。后来的学者对复数标记"们"的用法和来源，"们"与数词、量词的相互制约关系，"们"的选择限制和表义功能等作了深入研究，如邢福义（1965）、孙锡信（1990）、江蓝生（1995，2018）、李艳慧和石毓智（2000）、储泽祥（2000，2006）、张谊生（2001）、李蓝（2013）、张新华（2021）、杨炎华和桑紫宏（2023）等。汉语方言复数研究主要集中在人称代词和名词的复数形式及其适用范围上，内容涉及方言人称代词复数标记的来源和类型，如张惠英（1997）、李蓝（2008）、彭晓辉（2008）、汪化云（2011）等的研究；涉及方言名词复数标记的特点和复数的范围，如河北藁城话（杨耐思、沈士英，1958），甘肃兰州话（黄伯荣等，1960），现代晋语（侯精一，1999），贵州贵阳话（汪平，1983；涂光禄，1990），四川成都话（张一舟等，2001），湖南桃源话（陈蒲清，1983）、常德话（易亚新，2007）等。我国民族语言复数研究也主要集中在人称代词和名词的数范畴表达方面，如确精扎布（1983）、李永隧（1988）、李大勤（2001）等。

对汉语列举形式的表达系统研究较少，对列举标记的语法分类和语法特征研究不够详细，在共时和历时相结合、普方古相结合方面研究不够深入，往往没有深入分析列举形式和复数形式之间的关系。吕叔湘先生区分了真性复数和连类复数，但是连类复数的范围有多广，形式有哪些，其来源如何，与列举标记的联系如何，学者很少研究。另外，"们""等""什

---

❶ 我们把"等"看作典型的总括性列举标记，把"什么的"看作典型的连类性列举标记。

么的"这些形式有"多数之词""类及之词""等类助词"的叫法,到底是表列举还是表复数,模糊不清,主要原因是学术界对汉语列举形式和复数形式之间的联系没有高度重视,对列举和复数之间的关系没有很好地把握。又如,指示词可以表列举的观点,语法界很少提及,学者可能有不同的看法,有待于更多的研究证明。

语法界早就注意到了列举形式和复数形式之间的联系,只不过分析不够深入。比如《现代汉语八百词》和《现代汉语词典》都把"等、等等"看作列举未尽的助词,邢福义(1996)把"等"看作"准复数助词",吕叔湘(1985)把"什么的"看作"类及之词"。值得注意的是,邢福义(1996)认为"等"跟"们"有点相似,但"等"除了可以附着在指人名词后面,还可附着于事物名词、时间名词,甚至附着于短语句子的后面,但从"等"类词本身的形式和所附着的对象来看,又不像"们"那样具有明显的词尾性,所以邢福义称之为"准复数助词"。"准复数助词"的提法对本书分析列举形式和复数形式之间的联系很有启发。

本书主张应该详细地对汉语列举标记进行系统的分类,用普方古语言事实,深入考察列举形式和复数形式之间的联系。本书综合考察古今汉语和汉语方言的事实,从形式和来源上把列举标记分为以下七类:类别型列举标记、指示型列举标记、无定型列举标记、语气型列举标记、助词型列举标记、数量型列举标记、言域列举标记。我们的分类与张谊生(2001)的分类不同,我们更注重列举标记的来源和句法环境。本书在对汉语列举标记进行系统分类的基础上,详细分析各类列举标记的句法语义特点及语法化过程,揭示列举标记与连类复数表达之间的联系,从中可以归纳出汉语连类复数的类型。

第二节 研究展望

一、存在的问题

关于汉语表达列举义的语法形式研究,存在许多有待进一步解决的问题。比如:

（1）汉语中表达列举义的语法手段有哪些，其形式和意义有哪些特点，列举表达系统和列举范畴的地位如何。

（2）汉语列举标记的分类及每一类列举标记的句法语义特点。

（3）列举标记的语法化过程及其历时演变情况。

（4）深入调查汉语方言里的列举标记，弄清楚方言列举标记中存在的多种形式和来源。

（5）列举标记和复数标记的联系怎样，连类复数有哪些类型。

学者提到表达列举义的语法形式时，往往想到的是列举标记，其实汉语表达列举义的语法形式多种多样。本书经过详细的研究，得出汉语表达列举义的语法手段主要有以下三种，即列举标记、四字格固化结构和列举式同位结构。这些形式又分为总括性列举和连类性列举两大类别，总括性列举后面可以出现总括性名词，项可以延续；连类性列举类后面不能出现总括性名词，项很难延续。如表1-1所示。

表1-1　汉语表达列举义的语法手段及其类别

语法形式	列举义来源	列举类型	列举项数量	举例说明
列举标记	通过列举标记，产生列举未尽并类及其他义	总括性列举 连类性列举	单项或多项	花啊草啊/什么唐诗宋词啊（人、物的列举）；吃药什么的（活动列举）；假如公司亏了钱什么的（事件列举）
四字格固化结构	通过四字格连用或重叠，产生列举未尽并类及其他义	连类性列举	多项	主语谓语地背（类及义：许多语法知识）；厅长局长地请了一大帮（类及义：许多头面人物）；枪枪棒棒（枪、棒等各种各样的武术器械）；缝缝补补（缝、补一类补衣服的动作）
同位结构	通过同位结构产生列举未尽并类及其他义	总括性列举	单项或多项	湖南、湖北等省；花啊草啊这些东西；吃药之类的事（活动列举）；公司亏了钱一类的事（事件列举）

从表1-1中可以看出，列举范围包括人、物、活动、事件的列举，所采用的语法形式也存在差异。其中，最自由的语法形式是使用列举标记。

同位结构可以通过同位列举产生类及义，往往要借助列举标记才能表达列举义，属于总括性列举，后有概括项，如"美国、日本这些国家（指示性同位）""张三、李四几个人（数量性同位）""张三、李四等人（助词性同位）"。

汉语方言中的列举标记往往被学者忽视了。我们深入调查汉语方言中的列举标记，发现方言里列举标记很有特色，具有多样性，并且列举标记和复数标记有密切联系，列举标记和复数标记都跟多数表达有关，汉语方言中存在较为丰富的连类复数标记。

二、基本思路

汉语语法中的多数分为一般复数和列举性多数，一般复数包括连类复数和真性复数，列举性多数是指列举未尽并类及其他，即本书所说的列举义。一般复数和列举性多数主要的语法手段分别是复数标记和列举标记。本书的重点是研究列举性多数。为了弄清汉语列举义语法形式系统，我们以现代汉语为基础，从普方古三个角度，运用共时和历时相结合的方法，对汉语列举标记进行系统的分类，对列举标记的功能进行详细的描写。讨论现代汉语的列举形式时，我们重点研究表达列举义的语法形式系统和类型，揭示列举标记的句法语义特点，并挑选了有特色的列举标记进行语法分析；讨论古代汉语的列举形式时，重点研究列举标记的古今演变情况，对列举标记进行溯源，考察其语法化过程；讨论汉语方言的列举形式时，注重在调查的基础上挖掘方言中不同类型的列举标记，寻找列举标记和复数标记的关系。通过普方古对比和古今溯源，试图揭示汉语列举标记的类型、特征及其与复数表达之间的联系。我们主张把表达列举义的语法形式确定为列举性多数范畴，而一部分列举标记可以表达连类复数，归入复数范畴。

本书对汉语方言里的列举标记进行了详细调查，重在发掘方言列举性多数表达的特点。例如有一个被汉语界忽视但又非常重要的语法现象，即不仅名词性成分的后面可以附表数标记表示多数意义，而且动词性成分的后面也可以附表数标记表示多数意义。附着在名词性成分后面表多数义的复数标记，表示的是多个事物，属于事物复数，包括多个人或物，如普通话和一些北方方言里的"们"；附着在动词性成分后面表多数义的复数标记，表示的是多个活动，属于活动复数（也称作事件复数），包括多个动

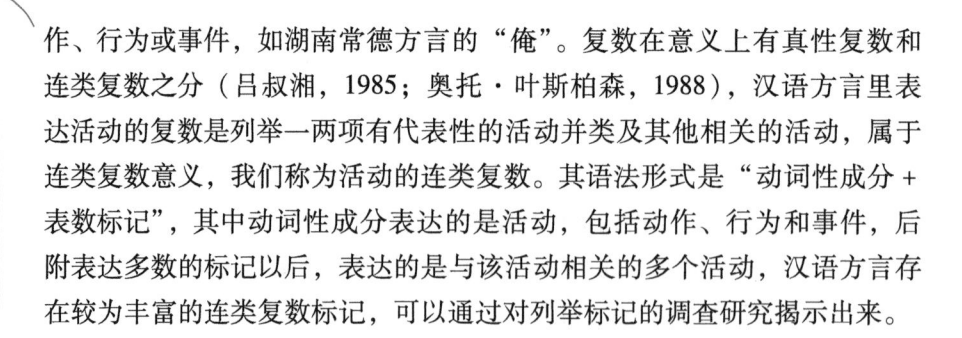

作、行为或事件，如湖南常德方言的"俺"。复数在意义上有真性复数和连类复数之分（吕叔湘，1985；奥托·叶斯柏森，1988），汉语方言里表达活动的复数是列举—两项有代表性的活动并类及其他相关的活动，属于连类复数意义，我们称为活动的连类复数。其语法形式是"动词性成分+表数标记"，其中动词性成分表达的是活动，包括动作、行为和事件，后附表达多数的标记以后，表达的是与该活动相关的多个活动，汉语方言存在较为丰富的连类复数标记，可以通过对列举标记的调查研究揭示出来。

三、研究意义

（1）可以弄清汉语表达列举义的语法表达系统，从来源上弄清汉语列举标记的类型和列举标记的演变情况。

（2）可以促进汉语列举性多数范畴的研究，深化汉语数范畴的研究。汉语界数范畴的研究一般都以人称代词和名词复数形式的研究为主，没有把列举未尽、连类列举这种多数表达现象纳入数范畴进行详细研究。

（3）能挖掘出汉语方言里丰富的列举标记和连类复数标记，揭示汉语方言列举标记的特点，弄清汉语方言列举标记和连类复数标记的共性和个性，本书的研究具有类型学价值。

（4）能揭示汉语列举标记与复数标记的联系，揭示汉语列举标记和复数标记的互动关系，推动语法界数范畴研究向更深层次发展，有利于开拓出一个研究连类复数、研究事件复数的新领域。本书的研究显示，表示多数的标记形式还可以类推到动词性成分上。汉语方言里关于数范畴的调查，不仅要关注事物多数的表达形式，也要关注活动多数、事件多数的表达方式。这种研究能推动语法界数范畴向更深层次发展。

四、研究特色

与以往研究列举标记相比，本书的研究特色主要有：

（1）本书注重列举形式的系统性和列举标记的类型细分，注重列举标记形式和意义的结合。本书得出了汉语列举标记的常见类型，从形式和来源上把列举标记分为以下七类：类别型列举标记、指示型列举标记、无定型列举标记、语气型列举标记、助词型列举标记、数量型列举标记、言域列举标记。本书深入分析了各类列举标记的句法语义特点和多功能特征，从普方古三个角度，比较全面而深入地揭示了汉语列举性多数的语法形式表达系统。本书把列举形式和一般复数形式区分开来，把列举性多数和一般复数区分开来，有利于揭示汉语列举义的表达形式和列举标记的特点。

（2）本书注重列举标记古今演变情况。例如列举标记"等"的句法格式及其历时演变非常重要。我们重点考察"等"的句法格式及其历时演变情况，这对认清"等"的意义和语法化过程非常重要。结合"等"的分布格式和"等"的多数义与列举义的联系，可以更好地理解"等"的语法化路径。

（3）本书注重调查和分析方言中列举性多数的表达方式。汉语方言列举标记目前没有深入系统的调查和研究，本书在深入调查的基础上，对方言中的列举标记做了比较详细而深入的描写和分析。这种调查研究对挖掘汉语方言列举标记及其类型有一定的价值，对全面认清汉语列举标记的语法形式和语法意义有重要价值，特别是对类别型列举标记和指示型列举标记的分析，突出了汉语和汉语方言在多数表达方面的特点。汉语方言存在较为丰富的连类复数标记，可以通过对列举标记的调查研究揭示出来。

（4）本书对列举标记和复数标记之间的联系做出了很好的探索，认为复数标记可以向列举标记侵入，列举标记也可以向名词复数标记侵入。这种研究能为汉语复数标记的来源提供很好的理论和事实依据。复数标记跟高生命度呈正相关，列举标记与高生命度呈负相关；列举标记和复数标记有一种互相渗透的关系。依据列举标记和复数表达之间的联系，汉语连类复数标记可以分为类别型连类复数标记、指示型连类复数标记、无定型连类复数标记、语气型连类复数标记、数量型连类复数标记、言域连类复数标记等。

第三节　语料说明

本书使用的语料，主要是：

（1）现代汉语语料，来自：北京大学中国语言学研究中心的"现代汉语语料库"（CCL），"国家语委现代汉语平衡语料库"（语料库在线网站），华中师范大学语言与语言教育研究中心"现代汉语语料库"。

（2）古代汉语语料，来自：北京大学中国语言学研究中心的"古代汉语语料库"（ACC），"国家语委现代汉语平衡语料库"（语料库在线网站）的"古籍语料库"。

（3）北京口语语料，来自北京语言大学语言研究所"北京口语语料"（"北语 BJKY"）。

（4）方言的语料多来自课题组的调查，已有的语料已随文标明出处。

其他的语料均已随文标明出处。

第四节　研究内容

本书研究汉语列举标记与连类复数表达。通常所说的列举指的是列举未尽，列举未尽需要语法形式表达，主要是列举标记。列举标记能产生列举一项或几项并类及其他的语法意义，属于多数表达的一种。从列举标记后面是否有总括名词，可以把列举分为总括性列举和连类性列举。汉语列举标记类型多样，本书从形式和来源上把列举标记分为七类。列举未尽和连类复数都是表达多数的方式，二者既有区别又有联系。列举标记表示列举一项或几项并类及其他，复数分为真性复数和连类复数，连类复数表示由该个体类及其他同一类个体，即"类及其他"。从列举标记的语法化过程看，列举标记可能发展成复数标记，复数标记也可能发展成列举标记，表明它们联系密切，连类复数是联系复数标记和列举标记的桥梁，尤其是单项列举后附列举标记很容易发展成复数标记，汉语方言存在较为丰富的连类复数标记，可以通过对列举标记的调查研究揭示出来。

本书结合汉语普方古事实，对汉语列举标记进行详细而系统的分类，深入研究了列举标记的语法特征和多功能用法。在综合考察古今汉语和汉语方言事实的基础上，从形式和来源上把列举标记分为类别型列举标记、指示型列举标记、无定型列举标记、语气型列举标记、助词型列举标记、数量型列举标记、言域列举标记七类，基本弄清了列举标记的语法类型、语法特征及语法化过程，揭示了列举标记与连类复数表达之间的联系。依据列举标记和复数表达之间的联系，汉语连类复数标记可以分为类别型连类复数标记、指示型连类复数标记、无定型连类复数标记、语气型连类复数标记、数量型连类复数标记、言域连类复数标记等。

第一章为研究概述，交代了研究背景、研究展望、语料说明和研究内容。

第二章研究列举的类型和形式，包括四节：列举是一种常见而古老的语法形式，列举的类型，表达列举的语法形式，列举形式系统和认知因素。

通常所说的列举专指列举未尽的列举，不包括列举已尽的列举即穷尽式列举。表达列举未尽往往还有类及其他的意义，需要一定的语法形式来表示。汉语主要使用列举标记来表示列举未尽并类及其他的意义，其次还有四字格固化结构（包括四字格连用和四字格重叠）表列举义和带列举标记的同位短语表列举义。列举的类型可以从多个角度分析。从列举项是否开放看，分为封闭式列举（或限定性列举）和开放式列举；从列举标记后面是否有总括名词看，分为总括性列举和连类性列举；从列举项的数量看，分为单项列举和多项列举；从列举项是否同类看，分为同类列举和异类列举；从列举的对象看，分为指人列举、事物列举、活动列举、事件列举；从列举项格式是否有固定节律（四字格）看，列举分为韵律列举和非韵律列举。其中，单项的连类性列举标记，可能发展为连类复数标记。表列举的同位短语要借助列举标记来实现其总括功能，主要有三类：助词性同位短语、数量性同位短语和指示性同位短语，即分别借助助词、数量词、指示词构成同位短语。同位短语是列举标记产生的一个语法环境，许多列举标记均在同位短语的语法环境中虚化而成的。

第三章研究列举标记的产生，包括两节：古汉语"之"类指示性同位短语表列举，"X 诸 N"指示性同位短语表列举。历时的材料表明，同位短语是列举标记产生的一个语法环境，许多列举标记均在同位短语的语法环境中虚化而成。古代汉语"X 之 N"指示性同位短语和"X 诸 N"指示性同位短语都可以表列举，先秦时期就已经出现，属于总括性列举。在这类同位短语中凝固而成的"之属""之徒""之类""之流"都可以充当列举标记。"X 诸 N"同位结构为指示性同位结构中的一类，表示列举未尽。"诸"的复数义和列举义的关系是："诸"前置表复数，在同位结构中表列举。

第四章研究类别型列举标记及类别型连类复数，包括四节："等"充当列举标记及语法化过程，总括名词"东西"用于连类列举和连类复数，总括名词"家伙"用于连类列举和连类复数，湖南常德话复数标记"俺"

及表事件连类复数的"VP 俺"结构。

类别型列举标记是较原始的列举标记,是使用类别义名词充当列举标记,也就是使用类别义名词充当后附成分表达列举未尽的多数义。这类列举形式明显来源于类别义名词,最初是构成"个体名词+类别名词"同位结构,类别名词有总括功能,后来虚化为复数标记或列举标记。典型的类别型列举标记为"等","等"原表指人的同辈、同类,后虚化为表示多数和列举的助词。"等"的语法化路径为:类别义(名词)→连类复数(助词)→列举未尽(助词)→总括性列举(助词)。

在方言中,存在复数型列举标记,即形式上与人称代词或名词的复数形式同形的列举标记,是复数标记进一步向列举标记的扩展,这类列举标记应该来源于类别名词,属于类别型列举标记,如湖南常德方言的"俺"。湖南常德话人称代词和名词的复数标记"俺"还可以附着在动词性成分的后面,形成"VP 俺"复数结构,"VP 俺"结构的语法意义是以 VP 所代表的事件为主、类及其他多个事件,属于事件连类复数。湖南常德话的事实表明,复数标记"俺"可以用于事件复数和连类列举,作为列举标记,被称为复数型列举标记,可见连类复数是联系复数标记与列举标记的桥梁。在近代汉语和方言中还用类别名词"家伙""东西"充当类别型列举标记和连类复数标记,如湖南南县方言的"家伙",湖南东安方言和隆回方言的"东西"。

第五章研究指示型列举标记及指示型连类复数,包括四节:"之类"的列举功能,指示词"这些、那些"的列举功能,样态指示词的列举功能,湖南凤凰话后置复数指示词——兼论方言中复数标记"些"的来源。

指示型列举标记是使用指示词充当列举标记,指示词用于同位短语表列举性,包括"之类""这些/那些""这样/那样"。由指示词和类别名词固化而成的"之类",附在列举项后面充当指示型列举标记。从历时的角度看,"之类"表示同类事物列举的用法先秦就有,元以后,"之类"附在多个并列项的后面表示连类列举的用法已经比较普遍了,并且可以用于活动和事件的列举。列举标记"之类的"是由"之类"后附表示连类而及的"的"固化而成,其语法化过程为:指示性同位结构→后附"之类"→后附"之类的"。

指示词"这些、那些"具有列举功能,形成指示型列举结构,分布在两种格式中,一种是"A 这些/那些 B"同位形式,后面有概括项,为同位式列举结构，表达列举兼指示；一种是"A 这些/那些"形式，后面没有概括项，为后附式列举结构，表达的主要是列举，其中的"这些、那些"指示功能都已经弱化。分析表明，"这些""那些"所处的同位短语是产生列举标记的一个句法环境，由指示词"这些、那些"构成的后附式列举结构是汉语中表达列举义的一种重要的语法手段。"这些/那些"的连类列举功能在方言中还可能进一步语法化为复数标记。"这样"和"那样"属于样态指示词，"A 这样的/那样的 B"同位短语具有列举用法。"A 这样的/那样的"后附结构也可以表列举，里面的"这样的""那样的"相当于列举标记。方言中"这样的""那样的"一类样态指示词可以充当列举标记。

湖南凤凰话的复数指示词"这些""果些"使用前置语序，表指示和称代；使用后置语序，即用在名词性成分的后面，表示列举、复数和类指。凤凰话后置指示词"这些/果些"的语法化过程为：复数指示词→同位短语中表连类指示→后置列举助词→连类复数→真性复数，这表明复数指示词语法化为复数标记，必须经过后置列举助词这个环节，而这个环节首先发生在指示性同位短语这个句法环境中，据此可以推测西南官话的复数标记"些"来源于这类带"些"的后置复数指示词。

第六章研究无定型列举标记及无定型连类复数，包括两节："什么的"表连类列举，北京话连类复数标记"伍的"。

无定型列举标记，就是使用无定代词充当列举标记，表达连类列举，比如普通话的"什么的"，北京话的"伍的"。无定代词"什么"位置在列举项前，表列举未定义；由无定代词和"的"固化而成的"什么的"位置在列举项后，表连类义，为典型的连类列举标记。与其他后附列举标记相比，列举标记"什么的"的特殊地位是，意义上表类及其他，后面不能出现总括性词语。列举标记"什么的"有列举功能和连类复数的功能，附在多个列举项后面，强调列举义；附在单个列举项后面，强调连类复数义。由于"什么的"后面不能出现总括项，这就涉及语义规约性问题，包括显性的语义规约和隐性的语义规约，隐性的语义规约跟可及性信息或易推性信息有关。列举标记"等"和"什么的"的语义规约性存在差异。

列举标记"什么的"附在动宾短语的后面构成"VO 什么的"形式，既可以是事物的列举，也可以是活动列举，这样就存在一个列举项识别的问题，即列举项是 O（列举事物）还是 VO（列举活动）。我们详细分析了"VO 什么的"形式中列举项的识别方式，并发现北京话"VO 什么的"形式中列举项的识别方式比较特别。北京话列举标记"什么的"后面可以出现总括项,并且还有话语标记的特征。

北京话"伍的"有表连类复数和连类列举的功能,徐世荣(1990:414)认为相当于"什么的",表示推及其他事项。"伍的"在语义上和指示词较接近,"什么伍的"应该是"什么+指示词"组合。一些方言"兀的"一个重要的语法表现就是样态(性状)指示词后附"的"修饰名词,后附表连类复数。"兀的"汉语化的一个重要的语法表现就是样态指示词后附"的",前置修饰名词表指示,后置表连类义。

第七章研究语气型列举标记及语气型连类复数,包括三节:语气词表列举,汉语方言语气词表列举和连类复数,湖南洞口方言语气词表列举和连类复数。

语气型列举标记,就是使用表示句中停顿的语气词充当列举标记,这类列举形式明显来源于语气词,本书称之为语气型列举标记。句中语气词用于列举,一般只用于多项对举,通过多项连用并借助语气词来表达列举未尽。就列举类型来说,语气型列举后面没有总括性名词,列举项是开放的,属于连类性列举。句中语气词表示列举是方言的普遍现象,往往采用多项对举的方式表达列举,前面可以有"什么",构成表列举的框式结构。

湖南洞口方言语气词"哩啦"附着在多项名词性成分和动词性成分后,意义上表示连类列举;"哩啦"附着在单项名词性成分后,意义上表示连类复数,有的还能表真性复数。洞口方言表示复数"哩啦"明显来源于表列举的句中语气词"哩啦"。洞口方言语气词"哩啦"语法化过程为:语气词→连类列举→连类复数→真性复数。可见,语气词可能是复数标记的一个来源。

第八章研究数量型列举标记及数量型连类复数,包括四节:同位短语中数量词语的总括功能,数量型列举结构的约数总括方式,列举标记"等"与确数词共现的历时分析,方言数量型列举标记及数量型连类复数。

在同位短语中,表确数的数量词用于列举,是列举表达精确化的体现,包括以下两种情况:数量词用于列举未尽,需要借助列举助词"等";数量词用于列举已尽,再出现列举助词"等"。数量词语用于同位列举,里面的列举标记"等"往往不能缺少,相当于列举项和数量总括项的联系项,形式为"列举项+列举标记+数量名总括"。"等"可以与确数词同现表列举已尽,原因是它们的功能不同:"等"强调列举未尽,确数词强调数量总括。列举标记"等"后面可以用"几、各、多、每、共、一些、许多、大量、所有、一行"等表示数量的词语进行数量总括，结构形式为"列举项+等+数量名"。这种数量总括，一般要借助列举助词"等"。

　　数量型列举标记，是使用数量成分充当后附成分表达列举未尽的多数义，这类列举形式明显来源于表示约量的数量词或表示约量的后缀。表示约量的数量词，方言中往往使用数量词"几个"表示，"几个"充当后附成分，意义虚化后表示多数。表示约量的后缀，方言中使用"子"类（变体有"崽""几"等）充当，有的方言这个"子"可以充当列举标记。本章选择了安徽岳西方言（属于赣语）、湖南衡阳方言和湖南隆回方言（都属于湘语）来分析。湖南衡阳话的"几"可以用于事物列举、活动列举，隆回方言的"子"用于活动列举。它们都来源于表示小量、约量的后缀或助词。

　　第九章研究言域列举标记，包括两节：言域列举，言域列举标记"云云"。列举标记存在"言域"和"非言域"的区分，列举标记"等""这样""什么的"都有言域列举用法。"云云"用于引述语的后面表示列举，可以看作专用的引述语列举标记或言域列举标记，其语法意义是在言域中表示引述语的列举未尽。"X云云"往往充当言说动词的宾语，前面往往有言说动词；"X云云"还可以用于话题位置，具有言域话题标记的功能，"X云云"充当话题，意思相当于"X一类的说法"。"云云"语法化过程大致为：做言说动词的宾语→引述语末尾表列举→言域列举性话题标记。言域列举未尽也是一种多数表达，"云云"接近言域连类复数标记。

第二章 列举的类型和形式

第一节 列举是一种常见而古老的语法形式

一、列举是一种常见的语法形式

《现代汉语词典》(第7版)给"列举"的解释是"一个一个地举出来",即把人或事物一个一个地列举出来。一个一个地列举,可以是列举已尽即穷尽性列举,也可以是列举未尽即非穷尽性列举。列举未尽有类及其他的语法意义,跟多数表达有关,所以一定要用语法形式来表示,通常使用列举标记来表示列举未尽并类及其他的意思。本书所研究的列举专指列举未尽并类及其他的列举,属于多数表达的一种,不包括列举已尽的列举。

对人或事物进行列举,是人类一种基本的认知方式和表达方式,同时也是一种古老而常见的语法表达方式,人、事物、事件的表达均涉及列举。如果不能穷尽地列举出人、事物、事件,就需要选择有代表性的人、事物、事件来表达列举未尽。表达列举未尽,可能是不能穷尽,也可能是没有必要穷尽,没有必要将所有的项目列举出来,因为这样不符合经济原则。如列举身边的人,大概是:

张三+李四+王五+……

列举身边的事物或动作行为,大概是:

桌子+椅子+凳子+……

洗衣+做饭+买菜+……

不能穷尽的列举需要用语法手段来表示里面不能穷尽的意义,这样列举标记也就随之产生。我们可以表达为:

张三、李四等人；张三、李四这些人；张三、李四等

桌子、椅子等东西；桌子、椅子这些东西；桌子、椅子什么的；桌子、椅子等

洗衣、做饭等家务活；洗衣、做饭这类事；洗衣、做饭什么的；洗衣、做饭等

列举有三个前提：①有许多不同的人、事物、事件需要列举，可见列举跟多数有关；②列举没有穷尽，需要用语法手段主要是语法标记来表达这种列举未尽的意思；③列举未尽往往有类及其他的意思，或者类及其他项，或者类及整个类别。列举形式、列举标记的语法意义是表示列举未尽并类及其他。

列举的认知方式跟代表性和分类有关。人们在列举时会涉及一系列的人、事物或活动，如果不能穷尽列举，就可以选择代表性事物作为列举项，分类列出并类及其他。列举项跟代表性和分类有关。以活动为例：

起居类活动，常见的如：洗衣、做饭、扫地、洗脸、刷牙、漱口、洗澡。

学习类活动，常见的如：读书、写字、画画儿。

体育类活动，常见的如：打球、跳绳、做操、跑步、打拳。

文娱类活动，常见的如：唱歌、跳舞、弹琴、唱戏。

习俗类活动，常见的如：贴春联、放爆竹、贴窗花、挂年画、包饺子。

这些活动有的是伴随的，有的是相关的，它们在词汇义上属于一系列的类义词语。陈述这一系列活动时，可以是穷尽性的列举（这时不需要列举标记），但往往没有必要穷尽列出，只需要列举出有代表性的活动，然后类及这一系列的活动即可。在语法上体现为在列举项后面（有的在列举项前面）附加列举标记，表示列举一项或几项然后类及其他。这种对代表项的选择具有主观性和地域性。例如上面的活动中，我们可以选择出代表项，这些代表项附上列举标记后就可以表示列举未尽。这是一种很简捷、很经济的语法手段。如：

起居类代表性活动列举：洗衣、做饭什么的；洗脸、漱口等。

教室里的代表性活动列举：读书、写字等；读书、写字什么的。

文娱类代表性活动列举：唱歌、跳舞等；唱歌、跳舞什么的。

习俗类代表性活动列举：贴春联、放爆竹等；贴春联、放爆竹什么的。

其中的列举标记可以有不同的类别，但都是表达列举未尽并类及其他的意义。

二、列举是一种古老的语法形式

列举是一种比较古老的表达方式，包括穷尽式列举和非穷尽式列举，其中非穷尽式的列举就是通常所说的列举未尽，需要使用/通过列举标记来表达。

（一）穷尽式列举

穷尽式列举在先秦已经出现，通过穷尽地列举出多个事物来表达这一类事物，这时列举项后面往往没有总括名词。由于列举项后面没有总括项，列举项之间构成并列关系而不是构成同位短语。如先秦用例：

（1）山川鬼神，亦莫不宁，暨鸟兽鱼鳖咸若。(《尚书·伊训》)

（2）便辟、左右、大族、尊贵、大臣，不得增其功焉。(《管子·七法》)

（3）义也、名也、时也、似也、类也、比也、状也，谓之象。尺寸也、绳墨也、规矩也、衡石也、斗斛也、角量也，谓之法。渐也、顺也、靡也、久也、服也、习也，谓之化。予夺也、险易也、利害也、难易也、开闭也、杀生也，谓之决塞。实也、诚也、厚也、施也、度也、恕也，谓之心术。刚柔也、轻重也、大小也、实虚也、远近也、多少也，谓之计数。(《管子·七法》)

（4）短长、大小、方圆、坚脆、轻重、白黑之谓理。理定而物易割也。(《韩非子·解老》)

值得注意的是，先秦时期的作品《墨子》中使用了许多穷尽式列举。如：

（5）荆之地方五千里，宋之地方五百里，此犹文轩之与敝舆也；荆有云梦，犀兕麋鹿满之，江汉之鱼鳖鼋鼍为天下富，宋所谓无雉兔鲋鱼者也，此犹粱肉之与糠糟也；荆有长松、文梓、楩楠、豫章，宋无长木，此犹锦绣之与短褐也。(《墨子·公输》)

其中"犀兕麋鹿"是列举动物的种类，"鱼鳖鼋鼍"是列举鱼的种类，"长松、文梓、楩楠、豫章"是列举树的种类，都是列举代表项，为多项列举，没有使用列举标记。

《墨子》中有多处表示事物的多项列举，属于穷尽式列举。如：

（6）今尝计军上：竹箭、羽旄、幄幕、甲盾、拨劫，往而靡弊腑冷不反者，不可胜数。又与矛、戟、戈、剑、乘车，其列住碎折靡弊而不反者，不可胜数。（《墨子·非攻》）

（7）有去大人之好聚珠玉、鸟兽、犬马，以益衣裳、宫室、甲盾、五兵、舟车之数，于数倍乎，若则不难。（《墨子·节用上》）

（8）今之世常所以攻者，临、钩、冲、梯、堙、水、穴、突、空洞、蚁傅、轒辒、轩车，敢问守此十二者奈何？（《墨子·备城门》）

《墨子》中指人的多项列举，如：

（9）曰：若昔三代圣王，尧、舜、禹、汤、文、武者是也。尧、舜、禹、汤、文、武焉所从事？曰：从事兼，不从事别。（《墨子·天志》）

（10）曰：若昔者三代暴王桀、纣、幽、厉者是也。桀、纣、幽、厉焉所从事？曰：从事别，不从事兼。（《墨子·天志》）

上述例子说明，上古汉语的列举，能穷尽列举就穷尽列举，构成穷尽式列举结构。这种穷尽式列举结构语法上构成并列结构，没有列举标记。穷尽式列举后面没有总括项，没有列举标记，一般不表达列举未尽的意义。当然，上古汉语也存在用固化的并列结构表连类列举的情形。

（二）非穷尽式列举和列举标记

上古汉语已经出现非穷尽式列举，非穷尽式列举往往借助"之"构成的"之"类词表达列举未尽，列举项和"之"类词一起构成同位结构。如：

（11）唯能用管夷吾、宁戚、隰朋、宾胥无、鲍叔牙之属而伯功立。（《国语·齐语》）

（12）废敬上畏法之民，而养游侠私剑之属。（《韩非子·五蠹》）

（13）处官得其理矣，则段干木、禽子、傅说之徒是也。……处官失其理矣，则子西、易牙、竖刀之徒是也。（《墨子·所染》）

（14）无风雨霜露，不生鸟兽、虫鱼、草木之类。（《列子·汤问》）

其中，"管夷吾、宁戚、隰朋、宾胥无、鲍叔牙之属"即管仲、宁戚、隰朋、宾胥无、鲍叔牙这批人，"游侠私剑之属"意思是游侠刺客这类人，"段干木、禽子、傅说之徒"意思是段干木、禽子、傅说这些人，"鸟兽、虫鱼、草木之类"意思是鸟兽、虫鱼、草木这类东西。

上面例句中的"之属、之徒、之类"都表达列举未尽并类及其他的意思，有指物的列举，也有指人的列举，连类义非常明显。

第二节 列举的类型

本书所说的列举专指列举未尽的列举，不包括列举已尽的列举即穷尽式列举。表达列举未尽往往还有类及其他的意义，需要一定的语法形式来表示。汉语主要使用列举标记来表示列举未尽并类及其他的意义，其次还有四字格固化结构（包括四字格连用和四字格重叠）表列举义和带列举标记的同位短语表列举义。

列举的类型可以从多个角度分析。从列举项是否开放看，分为封闭式列举（或限定性列举）和开放式列举；从列举标记后面是否有总括名词看，分为总括性列举和连类性列举；从列举项的数量看，分为单项列举和多项列举；从列举项是否为同类看，分为同类列举和异类列举；从列举的对象看，可以分为指人列举、事物列举、活动列举、事件列举、言域列举；从列举项格式是否有固定节律（四字格）看，分为韵律列举和非韵律列举。

列举标记通常附在列举项的后面，列举项又分为同类列举和异类列举；有的列举项后附语法标记以后还出现了总括名词，所以按列举方式又分为总括性列举和连类性列举，总括性列举是指在列举标记后面可以出现总括名词，格式为"列举项+列举标记+总括名词"（总括名词可以省略）；连类性列举是指在列举标记后面不能出现总括名词，格式为"列举项+列举标记"。在这些分类中，总括性列举和连类性列举、单项列举和多项列举相对重要一些，通常所说的列举标记出现在这两种格式中，即"列举项+列举标记+总括名词"和"列举项+列举标记"。在单项连类列举中，往往会产生连类复数标记，如"桌子啊这些"为单项连类列举，而"桌子这些"就可以看成是连类复数，相当于"桌子这一类东西"，里面的"这些"可以看作连类复数标记。又如，"做饭啊什么的"为单项连类列举，而"做饭什么的"就可以看成是连类复数，相当于"做饭这一类事情"，里面的"什么的"可以看作连类复数标记。

一、封闭式列举和开放式列举

按列举项是否开放，列举分为封闭式列举和开放式列举。封闭式列举也叫限定性列举，通过固化结构（比如几个固化的成分并列）来表达列举未尽并类及其他的意思，其列举项必须是多项的，列举项往往已经固化，不能延续。开放式列举通过列举标记（主要是列举助词）来表达列举未尽并类及其他的意思，其列举项可以是单项也可以是多项，列举项能延续，没有固化。封闭式列举不同于列举已尽，封闭式列举有列举未尽义，但列举项已经固化，不能延续。比如"桌椅板凳"为三个名词并列构成的四字格，属于封闭式列举，结构已经固化，并产生了连类义，即"泛指一般的家具"，已收入《现代汉语词典》。

列举已尽，如：

（1）屋里打扫得极为洁净，连<u>桌</u>、<u>椅</u>、<u>板凳</u>都准备得齐齐整整。

（2）居室不仅配备了<u>桌</u>、<u>椅</u>、<u>台灯</u>、<u>电扇</u>、<u>洗衣机</u>，还安了电话。

封闭式列举，如：

（3）老头进屋一看，白墙壁，<u>桌椅板凳</u>俱全，还有个大彩电，床上还有被褥和几套衣服。

（4）帐篷里没有<u>桌椅板凳</u>，正在上小学二年级的女儿萨巴就趴在地上写。

开放式列举，如：

（5）随便走进一间单身员工宿舍，20多平方米的房间里<u>桌</u>、<u>椅</u>、<u>柜</u>、<u>蚊帐</u>等一应俱全。

（6）门被锁着，我们出不去，只有在屋里将<u>桌子</u>、<u>椅子</u>什么的搬来搬去。

开放式列举往往是后附列举标记，列举项可以是单项，也可以是多项。

单项开放式列举，如：

（7）机关评选优秀党员、先进工作者，都以精神鼓励为主，至多奖<u>一支钢笔</u>什么的。（1991年《人民日报》）

例中使用了后附列举标记"什么的"。

多项开放式列举，如：

（8）很多大书画家，比如张大千、齐白石等等都是他的好友。（冯骥才《一百个人的十年》）

（9）当然还有别的一些去处，你也可以考虑，比如像公安处的调研员啦，地委的副秘书长啦什么的，但那样别说别人怎么看了，首先在我这儿就过不去。（张平《十面埋伏》）

以上例句中的多项列举使用了后附列举标记"等等""什么的"，多用于宾语位置。

列举标记还可以配合使用，如上述"啦"与"什么的"配合使用。

另外，在书面语中，列举项后面使用省略号也可以表达列举未尽，有时省略号与列举标记同时出现，限用于宾语位置。如：

（10）现实生活告诉我们，处于恋爱时的人，热情洋溢，富于幻想，充满浪漫情调。但是婚后的家庭生活，却一下子显得非常实际，缺少太多的情趣，每天都要面对非常具体、琐碎，甚至令人心烦的柴、米、油、盐、酱、醋、茶……

（11）她特能瞅准有些名堂的餐馆或摊铺，什么抓饭、丁丁面、黄焖羊羔肉……吃得一溜烟。

（12）"何谓越轨行动？""诸如集会演讲、游行示威……等等，一律严厉禁止。违令者军法从事。"（刘绍棠《狼烟》）

（13）我当然知道抽烟有害健康，一百个医生一百个反对抽烟，他们谆谆告诫烟民：你们会因为抽烟付出沉重的代价，会生肺心病、气管炎、肺结核、肺癌。而我觉得，抽烟和赴宴、剪彩、演讲、呲牙咧嘴等着记者拍照、生病、吃药、打针、拍X光片……等等等等一样，都是生命的过程。（白桦《淡出》）

二、总括性列举和连类性列举

按照列举项后面能否出现总括名词，即列举标记后面是否有总括名词，可以把列举分为总括性列举和连类性列举。总括性列举，其列举项后面可以出现总括名词或省略总括名词；连类性列举，其列举项后面不能出现总括名词。

总括性列举表示列举未尽，其列举项可以延续，后面可以有总括名词，总括名词也可以省略，不强调连类义，所以列举项比较自由。典型的总括性列举标记为"等"，书面语常用。

连类性列举表示列举未尽，其列举类及一个类别，但后面不能出现总括名词。典型的连类性列举为"什么的"，口语中常用。可见，口语和书面语的列举标记在表达上有所不同。由于总括性列举含有总括项或隐含总括项，所以从类别的可及性来说，总括性列举的类别可及性要高，连类性列举的类别可及性要低。随着连类性列举的类别义减弱或消失，连类性列举就逐渐变成了连类复数，即类别义消失，只剩多数义。

指示词"这些/那些""这样的/那样的""之类/之类的"可以构成同位结构来表列举未尽。这类列举，指示词后面出现总括项时，意义上强调总括；指示词后面的总括项不出现时，意义上强调连类。

（一）总括性列举

典型的总括性列举标记是"等"，"等"前面的列举项可以延续，后面可以出现总括名词，且总括义非常明显，我们称之为总括性列举。由于总括项一般在前面或后面出现，列举项之间在词义上不一定属于同一类事物，类及义减弱但总括义增强，并且往往是多项列举项。"等"用于列举的语法形式有："列举项+等+总括名词"、"列举项+等"（总括名词省略）。"等"表列举，按照总括名词出现的位置，可以分为三类形式：总括名词在"等"后出现、总括名词在前一分句出现、总括名词不出现。

总括名词在"等"后出现，形成"列举项+等+总括名词"列举形式。其中，总括名词为类别名词，总括名词和列举项有"上位词—下位词""部分—整体"的关系，是典型的总括性列举。总括性列举后面的总括方式可以是类别的总括，也可以带数量的总括。有的列举项必须有总括名词才能成立。如：

（14）本书如有缺页、倒页、脱页等质量问题，请到所购图书销售部门联系调换。

（15）读《大戴礼记》可知，周人对太子的教育分为婴儿、孩提、少年、弱冠等几个阶段，分别有不同的教育形式与目标，进行严格的、成体系的德性品行教育，要求他成为万民的楷模。（《人民日报》，2014年3月12日）

总括项在前一分句出现，形成回指形式。总括项和列举项有"上位词—下位词""部分—整体"的关系，包括包含关系、例举关系等。如：

（16）这种由生物遗体形成的化石叫做遗体化石。它包括动物的骨骼、牙齿、贝壳及植物的茎干、花叶、种子等。

（17）一类是借助于服饰妆扮的特技。如耍帽翅、耍翎子、耍甩发、耍髯口等。（《中国儿童百科全书》）

"等"的列举项在词义上不一定属于同一类事物，因为它强调列举未尽，不强调类及义或类及义非常弱，并且列举项可以出现多项。如：

（18）大理岩软硬适中，便于铁器雕凿，且很坚韧，不易崩裂。先人早就用它来雕刻佛像、人物、动物、石碑、栏杆等。（《中国儿童百科全书》）

其中，"佛像、人物、动物、石碑、栏杆"从词义上看应该不属于同一类别的词语。

即使总括项在前面或后面出现，列举项也只能借助特定的语境成为同一类事物，脱离这个语境后，列举项就不是同一个类别的词了，也就是说，多个列举项被临时规约为同一个意域。这类总括列举或多项列举结构后附列举标记往往充当宾语。如：

（19）垃圾包括工业废渣和生活垃圾两部分。工业废渣是指工业生产、加工过程中产生的废弃物，主要包括煤矸石、粉煤灰、钢渣、高炉渣、赤泥、塑料和石油废渣等。生活垃圾主要是厨房垃圾、废塑料、废纸张、茶叶、碎玻璃、金属制品等等。（《中国儿童百科全书》）

（20）人为造成的电磁辐射污染，主要有广播、电视发射塔、卫星地面站、雷达站、高压线、输电网等。

（21）推拿的基本方法主要有推、拿、按、摩、叩打和揉捏等。

上面例句中，临时地把"塑料"归为"工业废渣"，把"茶叶""金属制品"归为"生活垃圾"，把"广播"归为"电磁辐射污染"，把"推""按"归为"推拿的基本方法"，体现了列举结构的临时规约功能。

上述总括性的"等"表多项列举时，其句法位置有限制，主要体现为充当宾语，因为这类总括性列举要依赖于一些例举动词（包括其中可能隐含着一个用于例举的动词），这一类动词有：有、如、例如、比如、像、分为、分、为，包括，等等。

从这里可以看出，列举结构充当主语和宾语的能力是不对称的，这类"等"表多项列举主要充当宾语。

（二）连类性列举

"什么的"表列举，为连类列举，总括项不能在后面出现。列举项在词义上往往属于同一类事物，类及义强。由于列举标记本身有类及义，所以后面不需要总括项。语法形式为"列举项+什么的"，连类的功能由"什么的"充当。列举项一般是一两项或几项，不能是许多项。列举项的总括项有的在前一分句出现，有的没出现。

列举项的总括项在前一分句没有出现，即前面没有总括项，说话人只能推测连类项。这是由"什么"作为无定指示词引申出来的功能，即不确定的揣测。如：

（22）院里比刚刚扫过还更干净，破纸什么的都不知去向，只偶然有那么一两片藏在墙角里。（老舍《正红旗下》）

（23）现而今，当瓦匠、木匠、厨子、裱糊匠什么的，都有咱们旗人。（老舍《正红旗下》）

（24）男人将汽水瓶子扔在地上，压低嗓音说："你应该弄些保险套子放在里边，还应该弄些香烟、啤酒什么的，加倍收钱嘛！（莫言《师傅越来越幽默》））

如果列举项的总括项在前一分句出现，可以利用上文推知连类项。如：

（25）王耀先自然是挑了贵菜点，包括法国菜蜗牛什么的要了个齐全。（谌容《梦中的河》）

（26）他说，我从小就好吃甜食，像这红枣银耳羹什么的。真是不好意思，朋友们都说，女人才喜欢吃甜食。（苏童《妻妾成群》）

（27）霍小丽说，他们共吃"六只砂锅，有牛肉、肥肠、豆腐和鸭子什么的"。（莫怀戚《陪都旧事》）

如果前面有总括项且是多项列举，那么列举项后面的"什么的"可以用"等"来说，不过在语体上"什么的"更倾向用于口语。如：

（28）他说，我从小就好吃甜食，像这红枣银耳羹等。真是不好意思，朋友们都说，女人才喜欢吃甜食。

（29）霍小丽说，他们共吃"六只砂锅，有牛肉、肥肠、豆腐和鸭子等"。

言域话语的列举一般用"什么的"，如：

（30）"我妈可不相信命，"林雁冬说，"你要在她面前再说命呀什么

的，又得让她说你一顿。"(谌容《梦中的河》)

口语语体通常用"什么的"，而不用"等"。汉语方言中，很少使用"等"类列举标记，通常使用无定指示词如"什么的"一类列举标记。

"这些"也可以用于连类性列举，后面没有总括名词，如：

(31) 妹妹特别喜欢待在家里，在我们家看那个比如<u>喜羊羊啊这些</u>，自己也喜欢看漫画书，因为黄佳他本身就是一个喜欢漫画的人。

(32) 最近老是吃到一些菜，里面放了些中药的，像<u>当归啊这些</u>能吃吗？

在"北京口语语料查询系统"中，用"等"表列举很少见（只有很少的几例），要用"等"的话要说"等等"（90多例）；最常见的列举是用"什么的"（1900多例）；其次是"伍的"（134例）；较少的有"这些、那些"（25例，"这些"居多）。用"等"的例子，如：

(33) 现在我们这个商店呢主要是，经营<u>这个牛羊肉，是啊，还有烟酒糕点，是啊，冷饮水果儿等这个食品</u>，是啊。

可见，在言域列举和口语语体中，一般使用连类性列举而不是总括性列举。

三、单项列举和多项列举

从列举项的数量看，列举可以分为单项列举和多项列举。单项列举是指列举一项再后附列举标记，如：

(34) 气功一词是五十年代初由<u>刘贵珍等</u>先辈研究确定的，它统一了各家各派名称，以利研究推广。

(35) <u>徐显珍等</u>4名从事碾米加工的教师，进行了认真反省和深刻的检讨，腾出了占用的3间教室，辞退了雇请的代课教师。

(36) <u>办厂什么的</u>，我是外行；可是看过去，实业前途总不能乐观。

在单项连类性列举中，往往会产生连类复数标记，比如"什么的"。

多项列举是指列举多项再后附列举标记，如：

(37) 房里只有一张床，怎么办呢？凑合着两人一起睡算了，反正她也看着他很像<u>她的儿子或兄弟什么的</u>。(《残雪自选集》)

(38) 水果洗净沥干后，草莓切半、猕猴桃去皮切成薄片备用，有<u>凤梨啊，苹果啊什么的</u>都给他改刀。(《菜谱集锦》)

四、同类列举和异类列举

从列举项是否同类看，列举可以分为同类列举和异类列举。同类列举是指各列举项的意义和词类属于同一类，如：

（39）因此早该是退休享福的曾沧海却还不能优游岁月，甚至<u>柴米油盐等等</u>琐细，都得他老人家操一份心。（矛盾《子夜》）

（40）反之，结婚往往促成爱情的崩溃，因为结婚之后，<u>油盐柴米等</u>家务在在都是破坏美的幻想，而性本能也因容易满足而失却吸引力了，因此有人说结婚便是恋爱的坟墓。

异类列举，是指列举各项的意义和词类不属于相同类型。列举项的意义不属于同一个类型，如：

（41）日常生活中，人们的<u>衣、食、住、行、柴、米、油、盐、医疗卫生、社会活动等</u>都离不开计量。

（42）汇票上记载<u>付款日期、付款地、出票地等</u>事项的，应当清楚、明确。

列举项的词类也可以不相同，如：

（43）合营企业职工的<u>录用、辞退、报酬、福利、劳动保护、劳动保险等</u>事项，应当依法通过订立合同加以规定。

其中"录用、辞退、劳动保护"属于动词性成分，"报酬、福利、劳动保险"属于名词性成分，在词类上不相同。由于汉语的动词属于"大名词"（沈家煊，2016），可以直接表指称，所以动词性成分可以和名词性成分并列在一起，充当列举项，表示指称事件的列举。列举标记后面如果用"事"来总括，说明这是事件列举。如：

（44）太宰属下还有<u>内宰、小宰、乐师、仆、小射、底渔等</u>官吏，分管周王的财产、起居及<u>音乐、驾车、射猎、捕鱼等事</u>。

（45）一个摊子管国有资产的经营，将来可以发展成国有资产经营公司或控股公司。一个摊子管<u>行政、计划和协调等</u>事宜，但不负责国有资产的管理和经营。

（46）旅行社千方百计安排好游客的<u>住宿、就餐、交通、购物等</u>事宜。对一些有名额限制的热门线路，把好人数关，宁缺毋滥。

事件列举的结构可以是动宾结构,也可以是定中结构,它们均表指称。如:

(47) 旺杰普布一边请我品尝他自家酿的白酒,一边说:"我每年都抽时间去乡里参加农技学习班,回村后教村民,像选良种、田间管理、施肥什么的。"

其中的"选良种、施肥"为动宾结构,"田间管理"为定中结构。

五、指人列举、事物列举、活动列举、事件列举、言域列举

从列举的对象看,列举可以分为指人列举、事物列举、活动列举、事件列举、言域列举。列举项可以是指人、事物或活动、事件,列举的对象不同,所选用的列举标记也有所不同。

比如"什么的"为连类列举,列举项包括事物、事件,较少用于指人,不能是人名和人称代词。"什么的"用于指人列举、事物列举和活动列举,分别举例如下:

(48) 怎么一回事?他外面还有女朋友什么的?(岑凯伦《蜜糖儿》)

(49) 一位书店营业员说:"球赛什么的都是年轻工人喜欢看,可看书的都是知识分子,您说,这写球的书能好卖吗?"(1994年《人民日报》)

(50) 办厂什么的,我是外行;可是看过去,实业前途总不能乐观。

但是不能说"我什么的""老李什么的"。

活动列举和事件列举,可以严格区分,比如"吃饭""亏钱"属于活动,"吃了饭了""亏了钱了"属于事件。"吃饭什么的"属于活动列举,"假如公司亏了钱什么的"属于事件列举。当然,如果活动列举和事件列举不做区分,那么可以统称为事件列举或行为列举。

活动列举,如:

(51) 让我对你讲实话吧,别看你们吃零食,吃补品什么的,可你们发育所需要的营养缺得很呢,以后你们还会得营养性贫血症,你们的脸色会发黄,胃口不好,皮肤粗糙,头发稀疏,容易疲劳……

(52) 洗衣服、做饭、打扫卫生,基本上都是我在做,其他的像换灯泡、修家具还有保险丝烧断了是我丈夫的事,但你知道的,洗衣做饭这些是天天都得做的,什么灯泡坏掉就是偶发事件,一个月能碰到一次就了不起了。

事件列举，如：

（53）我们的女青年洗完脸，总要<u>擦点雪花膏，抹点紫罗兰什么的</u>，保护皮肤嘛，这是人之常情。

（54）让他们无论如何也要在一个小时以后赶到，等到两个小时过后，你再给他们打个电话，就说<u>你堵了车了什么的</u>，随便找个啥样的借口都行。（张平《十面埋伏》）

言域列举是指引述语的列举未尽，如：

（55）司徒聪脸色十分难看，朱秀芬骂他的时候说了些很伤人的话，<u>"精神病"什么的</u>。（王朔《痴人》）

（56）甩到哪儿，他就得说两句好听的话，就像你刚才说的赵本山他们那种<u>"风景这边独好"什么的</u>，郭达他们的<u>"倒着刷盘子"什么的</u>。（王朔《美人赠我蒙汗药》）

六、韵律列举和非韵律列举

从列举项格式是否有固定节律（比如四字格）看，列举分为韵律列举和非韵律列举❶。

有的列举格式采用固化的四字格，即几个并列的词语连用构成固化的四字格，列举项往往不能延续，属于封闭式列举。我们可以把这种列举方式叫作四字格列举，形式包括四字格连用和四字格重叠，属于韵律列举，包括韵律并列和韵律重叠，是多数表达的一种方式。如"桌椅板凳""花草树木""桌桌椅椅""花花草草"。

四字格后面还可以附"的"表列举未尽，这个"的"用在并列的词语后，表示"等等、之类"的意思。如：

（57）操场上<u>桌子椅子的</u>放了一大片。

（58）<u>破铜烂铁的</u>，他捡来一大筐。

（59）老乡们<u>沏茶倒水的</u>，热情极了。

其中，"桌子椅子的""破铜烂铁的""沏茶倒水的"都是几个并列的词语组成四字格，再后附"的"，相当于"桌子椅子什么的""破铜烂铁

---

❶ 关于韵律语法，见冯胜利（2016，2018）。我们这里提出"韵律列举"，属于多数表达中的韵律语法手段。

"什么的""沏茶倒水什么的",都有类及其他的意思。比如"桌子椅子的"不仅包括桌子、椅子,还包括其他,表达的是连类复数。

后附"的"表列举未尽一般要求四字格,比如"桌子椅子的""破铜烂铁的""沏茶倒水的"不能说成"桌子的""破铜的""沏茶的"。有四字格节律要求的列举为韵律列举,没有四字格节律要求的列举为非韵律列举。比如列举标记"什么的""等"的列举项就没有节律要求,如"桌子什么的""红枣银耳羹等",不能用后附"的"的方式来表达列举未尽,不能说成"桌子的""红枣银耳羹的"。

几个并列的词语组成四字格,后附"地"做状语,构成的状中结构也可以表列举未尽义,这也是一种韵律列举,格式为"NN 地 VP"(N 代表双音节名词)状中结构。如:茶叶毛巾地发、柔鱼海参地吃着、鹿茸麝香地买了几小包。"茶叶毛巾地发"的意思是,除了发茶叶毛巾,还发了其他一类的东西,有类及义。其中"茶叶毛巾"仅仅是个代表项,通过状中结构实现列举未尽义。如:

(60)他们单位有钱,到了过年过节,茶叶毛巾地发。

(61)以后你们成角儿了,不要大鱼大肉地吃,要少抽烟、喝酒,生活要检点。

(62)老奶奶,你以为人家像你呀,……五黄六月地吃酸白菜帮,人家柔鱼海参地吃着还嫌腥气。(肖亦农《没有盖板的排水沟》)

(63)就算是美国的教授比中国的教授多挣几个大子儿,也禁不住成天价飞机汽车地来回折腾。(苏叔阳《故土》)

状中结构表列举未尽,状语一般要求是四字格,比如"茶叶毛巾地发""大鱼大肉地吃""柔鱼海参地吃""飞机汽车地来回折腾"不能说成"茶叶地发""大鱼地吃""柔鱼地吃""飞机地来回折腾"。

注意,多项并列不一定产生连类义,如果要强制性地具备连类义,就必须借助状语这个句法位置。我们把"NN 地 V"结构中多项 NP 连用后附"地"看作列举结构,列举几项并类及其他,但是多项 NP 连用必须在状语位置,如果在主语、宾语位置,就没有连类义。对比:

(64)大堤上的灯笼火把像一条火龙。(主语)

(65)一年前的这个时候,我们点着灯笼火把满山遍野搜寻蒲公英。(宾语)

(66)你妈比你小时就学雷锋,灯笼火把地没比你少拿奖状。(肖亦农

《没有盖板的排水沟》)（状语）

(67) 王夫人知道后"忙命人来看视给药"，吩咐"各上夜人仔细搜查"，灯笼火把地"闹了一夜，至五更天"。（王彬《赖嬷嬷与王嬷嬷》)（状语）

"灯笼火把"为两项NP连用的并列结构，它可以做主语、宾语、状语，但是只有做状语的"灯笼火把"才有类及义。

可见，"NN地V"结构里面NN连用，表示列举两项类及其他，相当于连类列举，但里面的NN连用有韵律要求。"NN地V"属于韵律列举格式，韵律列举是表达列举义的一种语法手段。

第三节　表达列举的语法形式

汉语表达列举的语法形式通常使用的语法手段是列举标记，如"等""什么的"，此外还有四字格固化结构（包括四字格连用和四字格重叠）表列举义和带列举标记的同位短语表列举义。比如列举桌子、椅子、凳子这一类不能穷尽的事物，可以使用的语法手段主要有：①后附列举标记：桌子、椅子等；桌子、椅子什么的；桌子、椅子这些。②四字格固化结构表列举义：桌椅板凳（四字格连用）；桌桌椅椅（四字格重叠）。③同位短语表列举义：桌子、椅子等东西；桌子、椅子这些东西（借助列举标记）。

其中表达列举未尽义最自由的语法手段是使用列举标记。四字格固化结构表列举义属于韵律手段表列举，主要是使用较为固定的四字格形式来表达，接近词汇手段，组合受局限，因为不是所有的列举项都采用四字格连用或重叠，也不是所有的四字格连用或重叠都可以产生类及义。目前学者常常忽略了把四字格的连用和重叠看作表达列举和多数的形式。

同位短语是表达列举义的一个典型的句法环境，也是列举标记和复数标记产生的典型句法环境。同位短语表列举的方法是，列举项和列举标记、总括项一起组成同位短语来表达列举功能，比如同位短语"桌子椅子等东西""桌子椅子这些东西"都表达列举义，里面的"桌子椅子"为列举项，"等""这些"是列举标记，"东西"为总括名词。列举项和总括项组合成同位短语时，往往要借助列举标记，这时的列举标记就相当于联系项，例如不能说"桌子椅子东西""桌子椅子家具"。同位短语是产生列标记重要的句法环境，同时也是产生连类复数标记的句法环境。

本节主要是对这些列举形式进行分析，包括后附列举助词即列举标记表列举、四字格固化结构表列举，四字格固化结构表列举又包括四字格连用表列举和四字格重叠表列举。在以后的章节，我们从共时和历时的角度，选择不同类型的列举标记进行详细分析。

一、列举标记

（一）汉语列举标记的类型

典型的列举标记具有以下句法特点：有很强的附着性；一般后附于代表性的事物表示列举未尽的语法意义；伴随的是语音上有弱化，比如读轻声。

张谊生（2001）把列举助词分为四组十二个：①等、等等；②云、云云；③一类、之类、之流、者流、一流；④什么的、啥的、的。

汉语列举标记具有多样性，我们从形式和来源上把列举标记分为以下七类：类别型列举标记、指示型列举标记、无定型列举标记、语气型列举标记、助词型列举标记、言域列举标记、数量型列举标记。

类别型列举标记，这是较原始的列举标记，使用类别义名词充当列举标记，这类列举形式明显来源于类别义名词，最初是构成"个体名词+类别名词"同位结构，类别名词有总括功能，后来虚化为复数标记和列举标记。典型的类别型列举标记为"等"，"等"原表指人的同辈、同类，后虚化为表示多数和列举的助词。

在方言中，存在复数型列举标记，形式上与人称代词或名词的复数形式同形，是复数标记进一步向列举标记的扩展，这类列举标记应该来源于类别名词，还是属于类别型列举标记。如湖南常德方言的"俺"应该来源于类别名词"人"。

近代汉语和方言还用类别名词"家伙""东西"充当类别义列举标记。如湖南南县方言的"家伙"，湖南东安方言和隆回方言的"东西"。

指示型列举标记，使用指示词充当列举标记，这类列举形式明显来源于指示词。如"这些/那些""这样的/那样的""之类"。

无定型列举标记，使用无定代词充当列举标记，这类列举形式明显来源于无定代词。如前置的"什么"，后置的"什么的"。后置的"什么的"是由无定代词"什么"带语气词"的"构成，已经词汇化为一个词了。北京话列举标记"伍的"也属于无定型列举标记。

语气型列举标记，使用表示句中停顿的语气词充当列举标记，这类列举形式明显来源于语气词。如"啊"（变体有"呀、啦"）。

助词型列举标记，使用助词充当列举标记，这类列举形式明显来源于助词。如"的"。

言域列举标记，使用言域助词充当列举标记，这类列举形式明显来源于言说动词。如"云云"。

数量型列举标记，使用数量成分充当列举标记，这类列举形式明显来源于数量词或表示数量的后缀。如一些方言中的"几个"、后缀"子"有连类复数或连类列举功能。

我们把列举标记分为七类，考虑到了以下因素。

从汉语史的角度看，指示型列举标记早就存在，上古汉语中就有。多项列举跟同位短语有密切联系，形成列举性的同位短语，而这种列举结构里面总含有指示词，所以指示性的同位短语是产生列举标记的一个重要结构。"等"类列举标记也早就存在。

从列举标记的位置看，多数列举标记是后置型的，如"什么的"；但是也有前置的，如"什么"。

从列举项的数量看，有的列举标记既可以附着在单个列举项的后面，又可以附着在多个列举项的后面，如"等""什么的"；但有的列举标记一定要附着在多个列举项的后面才能表达连类列举意义，如"啊""的"、前置的"什么"。单项列举项后附列举标记，一定有类及其他的意思，属于典型的连类列举标记，并有可能向连类复数标记发展；而要借助两个或两个以上列举项的列举标记，是受局限的列举标记。

从列举标记后面能否出现总括名词看，有的列举项后附列举标记以后，还可以出现总括性名词，如"等""之类""这些""这样的"；有的列举项后附列举标记以后，后面就不能再出现总括名词，如"什么的""的""啊""云云"。具体到单个列举标记，也可能有不同，比如"人称代词＋等"后面就不能出现总括项（如：你、我等人），而"名词＋等"后面就能出现总括项（如：张三、李四等人）。典型的连类列举后面是不能出现总括名词的，如"什么的"。其中的单项连类列举跟名词的连类复数有关。

从列举标记的构成看，有的列举标记是由两个词经过词汇化以后凝固而成的，如"什么的""之类""这样的"。

张谊生（2001）把"什么的、的"归为一类，我们根据列举项的来源、列举项的数量和列举标记的自由程度，把它们分成两类，把"什么的"放入无定型列举标记，把"的"放入助词型列举标记。

汉语列举手段的语法地位非常重要，但常常被学者忽视了。张谊生（2001）指出，从汉语助词的自身系统看，比起其他各类助词，列举助词的虚化程度较低，所表示的主要还是一种词汇意义上的语义关系，还没有虚化成为一种严格的语法范畴。这大概也是列举助词未受重视的原因之一。他强调，无论就其表义功用而言，还是就其个性特征而言，无论就其使用范围而言，还是就其绝对数量而言，列举助词都是汉语助词中的重要的一族。

我们从汉语史的角度分析，列举标记在上古汉语中早就存在，并且与复数标记有密切联系（比如"等"），这表明列举是一种表达多数的手段，其语法地位非常重要。

本书运用共时和历时分析相结合的方法，对列举标记进行普方古多角度的考察，我们的研究表明，汉语列举标记比较丰富，我们归纳出了七类并对这七类进行详细分析。连类列举跟名词的连类复数有密切联系，表明列举标记是汉语语法中很重要的语法形式。本书后面几章将详细分析古今汉语和汉语方言里有特色的列举标记。

（二）典型的列举标记和非典型的列举标记

汉语典型的列举标记有以下特点：①句法位置上是后附着的；②多数列举标记后面可以出现总括名词，少数列举标记后面不能出现总括名词；③列举项可以是单项也可以是多项，列举项往往是开放的，列举范围包括人的列举、事物列举、活动列举、事件列举；④列举标记的语法意义是表示列举未尽并类及其他；⑤大多伴随的是语音弱化，比如读轻声。

我们凭借以上五点来确定列举标记。

对现代汉语常见的列举标记及性质归纳，如表 2-1 所示。

表 2-1 现代汉语常见的列举标记及性质

列举标记	等	之类	这些/那些	什么的	啊	的	云云
所属类型	类别型列举标记	指示型列举标记	指示型列举标记	无定型列举标记	语气型列举标记	助词型列举标记	言域列举标记
性质	总括式	总括式连类式	总括式连类式	连类式	连类式对举式	连类式四字格	连类式转述式

现代汉语的"等""之类""这些/那些""什么的"属于典型的列举标记，其中"等"属于典型的总括性列举标记，后面可以出现总括名词，或者总括名词见于上文；"什么的"属于典型的连类性列举标记，后面不能出现总括名词；"之类""这些/那些"属于总括式或连类性列举标记，后面的总括名词可以不出现，也可以省略。这四类列举标记是我们分析的重点。

"啊""的""云云"表列举时要借助特定格式，"啊"表列举用于多项对举，"的"表列举时列举项常常要用四字格，"云云"表列举用于引文或转述语后，它们属于非典型的列举标记。

现代汉语的助词"的"用于列举，语气词"啊"（变体有"呀、啦"）用于列举，前置的无定代词"什么"用于列举，句末助词"云云"用于列举，各有限制条件，都属于非典型的列举标记。助词"的"用于列举限制较多，用在两个同类的词或词组之后才能表示"等等、之类"的意思，如"破铜烂铁的""沏茶倒水的""钳子改锥的放在这个背包里"，不能是单项列举后附"的"。

语气词"啊"用于列举，只能用在每个列举项之后，如"书啊，报啊，杂志啊，摆满了一书架""这里的山啊，水啊，树啊，草啊，都是我从小熟悉的"。这属于分立式列举，即每个列举项都后附列举标记，不能是单项列举，也不能是多项列举后附列举标记，比如一般不说"书啊摆满了一书架"，"书、报啊摆满了一书架"。语气词"啊"用于列举，后面往往借助列举标记，如"演出的节目多半是一些小段子，《蓝水莲卖水》啦，《马寡妇哭坟》啦，《王三姐思夫》啦什么的。（莫言《檀香刑》）"所以语气词"啊"用于列举限制较多，也属于非典型的列举标记。另一个语气词"呢"，严格地说，用于对举而不是列举，如："我们几个都喜欢体育运动：老马呢，喜欢篮球，小张呢，喜欢足球，我呢，就喜欢打羽毛球。"

前置的无定代词"什么"也可以用于列举，列举项一定是多项的，意义上属于列举不确定，也属于非典型的列举标记。

"云云"只用于话语列举，比较特别。

二、同位短语用于列举

同位短语是一种重要的表达列举义的语法形式。同位短语表列举，一般由列举项和总括项两部分组成，但是列举项和总括项之间往往要借助列举标记才能组合，才能构成合法的同位短语，才能表达列举并类及其他义，所以同位短语表列举的结构形式往往是"列举项＋列举标记＋总括词"，这时的列举标记就相当于列举项和总括词的联系项。由于后面有总括词，所以同位短语表列举属于总括性列举。

表列举的同位短语要借助列举标记来实现其总括功能，主要有三类：助词性同位短语、数量性同位短语和指示性同位短语，即分别借助助词、数量词、指示词构成同位短语。同位短语是列举标记产生的一个语法环境，许多列举标记均在同位短语的语法环境中虚化而成。例如在指示性同位短语中，用在列举项后面的指示词具有连类指示的功能，指示词语丢失总括项后，成为后附成分，功能就接近列举助词，在一些方言中还可能成为连类复数标记。正因为这种连类指示义，使得指示性同位短语中的指示词可以语法化为列举助词，如"这些/那些""之类"，其语法化的过程为：表多数的指示词→同位短语中表连类指示→连类列举助词→连类复数标记。

（一）总括性列举形成的同位短语

列举作为一种语法形式，语法界关注比较多的是"等"类助词及其列举义的研究，如张谊生（2001）、邹哲承（2007）、朱军（2008）等。还有一种指示性的列举形式，语法界往往忽视了，它是由指示词"这些、那些"构成的指示性同位短语，如"贾宝玉、林黛玉这些人物""小李飞刀、叶开、傅红雪那些人""苹果、香蕉这些水果""上课说话、随意走动、吃零食这些习惯"。这种结构语法界一般作为同位短语进行研究，如邢福义（1996），刘街生（2004），洪爽和石定栩（2012）。刘街生（2004）分析了三类类标式同位结构，分别为数量式、指别式和列举式，对指示性同位短语做了简单分析。

由于同位列举既涉及表达列举未尽的意义，又涉及对列举项进行总括，体现在句法结构的选择上，既要有列举项和总括项，又要含有列举标记；基本语序是列举标记附着在列举项的后面，总括词在列举项的后面。这种安排在句法结构上的表现就是含列举标记的同位短语。

汉语同位短语一般含有一个总括项，用来说明事物的类属。关于同位短语中同位项的性质和排列，邢福义（1996：266）认为，同位短语是结构成分之间具有同位复指关系的短语，同位短语包含两个结构成分，每个结构成分都是同位项，一般地说，在两个同位项中，一个同位项所指比较具体，一个同位项所指比较概括；同位项的排列，通常是"概括—具体"；如果排列成"具体—概括"，往往采用"A 这个 B"之类的形式。如：

大傻瓜王老三　风水宝地黄流（概括—具体）

王老三这个大傻瓜　黄流这块风水宝地（具体—概括）

这表明，如果用指示词指示同位项，往往采用"具体—概括"这种语序。"A 这个 B"一类的同位短语没有类及义，但是"A 这些 B"一类的同位短语就可能有类及义，如：

a. 沈从文这位作家；贪污腐化这种现象；阿 Q 这种人；抄袭这种行为；闰土这个人

b. 美国、英国这些大国；"太阳系如何形成""地球何以会绕太阳运转"这些问题；《水浒传》《聊斋志异》这样的小说；迟到、旷课这类现象

上述 b 类同位短语值得注意，除了有列举项和概括项，还含有一个复数指示词，表达列举未尽、类及其他的意义。也就是说，这类同位短语含有列举义，里面的复数指示词有表达列举义的功能。

同位短语后面的概括项有：

用列举助词"等"总括，如：北京、上海等城市，《白鹿原》等长篇小说。

用复数指示词总括，如：北京、上海这些城市，英法德意这些国家。

用表概数的数量词总括，如：英法德意一些国家，北京、上海几个城市。

关于指示词的研究，学者详细地研究了它的指示功能，例如吕叔湘（1985）分析了指示词的当前指、回指、前指功能。除此之外，学者还非常关注指示词在主语或话题位置的语篇功能。如张伯江、方梅（1996）分析了"这"表示类指（通指）的功能；方梅（2002）认为北京话中的

"这"已经产生了定冠词的语法功能，作为定冠词的"这"是指示词在篇章中"认同用"进一步虚化的结果；刘丹青（2002）认为口语中类指 NP 也常带定冠词性的标记，比如北京话中轻读的"这"，在北京口语中，类指成分前常常加"这"。

其实，指示性同位短语是一种重要的列举形式，里面的复数指示词"这些/那些"就具有列举功能。吕叔湘（1985）认为，在列举多种事物时，"这些"常用在列举若干事物之后所加的总括性名词之前，例如"笔墨纸砚这些东西"，吕叔湘认为这里的"这些"多少兼有"等等"的意思。"这些、那些"作为列举形式分析，学者关注得比较少，很多论著都没有提及"这些、那些"的列举功能，比如《现代汉语八百词》对"这些、那些"有详细的解释，但没有列出这个用法；张谊生（2001）分析了现代汉语的列举助词，里面没有提到指示词"这些、那些"具有列举的功能。我们在前人研究的基础上，比较重视"这些、那些"的列举功能。

（二）三类列举义同位短语

同位短语由两部分组成，前后两部分的词语不同，但所指相同。并不是所有的同位短语都能表列举，即同位短语的两个部分不一定是列举项和总括项。列举项和总括项组成同位短语往往要借助类及性词语即列举标记。同位列举的情况一般是列举一项或多项并类及其他，列举格式往往是"列举项+列举标记+总括词"。例如同位短语"张三这个人"不是列举，因为没有列举义，没有类及其他项，"张三"不是列举项，"这个"没有连类指示的功能，不是列举标记。但是同位短语"张三等人""张三、李四这些人"就属于列举，因为列举一项或两项并类及其他，里面的"等""这些"有类及功能。"张、王二人"中数量词为总括标记而不是列举标记，因为没有类及其他；"张、王这些人"属于列举，里面的指示词"这些"有类及功能，为列举标记，相当于"张、王等人"。这些同位短语后面均有表示类属的总括名词。而"张三、李四等""张、王等"一般被看作后附助词的列举结构，总括名词省略了，不被看成同位结构。

列举包括指人的列举、指物的列举和指事的列举。在语法成分上，列举项可以由人称代词、指人名词、指物名词、动词性成分充当。同位列举后面的总括项主要包括助词性总括（由"等"类列举助词充当）、指示性总括（由"这些、那些"充当）和数量性总括（由数量词充当），在语法上主要形成三类同位列举结构：助词型列举结构、指示型列举结构和数量型列举结构。

1. 助词性同位列举短语

格式为"X+列举助词+总括名词"（其中的X代表列举项），里面的列举助词有"等"。如：

王华、李江等人　　军长、总司令等职　　毛泽东、朱德等领袖
桑植、永顺等地　　油茶、银杏、乌桕等树种
工商注册、税务登记等事务　　宗庙礼仪、占卜祭祀等事

这类同位短语实现其类属总括的方式，往往要借助助词"等"，否则不成立。如：

＊王华、李江人　　＊军长、总司令职　　＊毛泽东、朱德领袖
＊桑植、永顺地　　＊油茶、银杏、乌桕树种
＊工商注册、税务登记事务　　＊宗庙礼仪、占卜祭祀事

注意，列举标记"什么的"只能构成附着式列举结构，不能构成同位结构。

桌子、椅子什么的　　　＊桌子、椅子什么的家具
烟花、爆竹什么的　　　＊烟花、爆竹什么的东西
格言、警句什么的　　　＊格言、警句什么的话语
洗衣做饭什么的　　　　＊洗衣做饭什么的家务
用水、用电什么的　　　＊用水、用电什么的事情

2. 指示性同位列举短语

格式为"X+指示词+总括名词"，里面的指示词有"这些/那些""这样/那样""之""诸"等。

"这些/那些"构成的同位短语，如：

贾珍、贾赦这些人　　　　　上海、北京这些大城市
荣誉、奖励啊这些东西　　　甲醛、水啊这些成分
证券、股市这些东西　　　　洗衣做饭这些家务活
跷二郎腿、肩膀夹电话这些习惯动作

其中的列举项也可以是一项，如：

贾珍这些人　　　　上海这些大城市　　　荣誉啊这些东西

甲醛啊这些成分　　　跷二郎腿这些习惯动作

"这样/那样"构成的同位短语，如：

贾珍、贾赦这样的人　　　　　上海、北京这样的大城市

跷二郎腿、肩膀夹电话这样的习惯动作

指示词"之""诸"也可以构成同位短语表列举未尽，如：

（1）幸亏雪下有些黍秸秆儿、断草绳、落叶之类，倒也不很滑。（杨绛《干校六记》）

（2）只见一灯大师、黄蓉、武三通、耶律齐诸人都坐在大厅一角。（金庸《神雕侠侣》）

其中指示性同位短语以连类指示的列举方式区分于其他同位短语。

指示性同位短语用于列举，汉语中早就存在，如：

（3）废敬上畏法之民，而养游侠私剑之属。（《韩非子·五蠹》）

（4）魏令孟卬割绛、汾、安邑之地以与秦王。（《吕氏春秋·应言》）

"绛、汾、安邑之地"意思是绛、汾、安邑这些地方。

3. 数量性同位列举短语

格式为"X+数量词+名词"，里面的数量词主要是"一些"。"一些"常常用于指物名词的列举，但往往要借助列举助词"等"。如：

英国、美国等一些国家　　　　北京、上海等一些城市

伏尔加格勒、图拉等一些城市　约旦和巴林等一些国家

房地产价格疲软、就业增长缓慢等一些问题

里面的数量词也可以用"几（个）、一伙人、一类"，如：

张亮、魏素荣几个人　　　　　杏花杏枝杏叶几位姑娘

林彪、江青一伙人　　　　　　冥神、瘟神一类神灵

注意，严格地说，"纪洪礼和赵金喜二人"中数量词为总括标记而不是列举标记，因为已经是列举已尽，没有类及其他。对比：

非列举结构：刘邦、项羽两人　　民族和民主两个主题　　　语文、数学两门功课

列举结构：刘邦、项羽一些人　　民族和民主一类主题　　　语文、数学一些功课

三、四字格固化结构表列举

(一) 四字格并列表列举

多个列举项并列连用,形成固化的四字格,有固定的节律,属于韵律并列,固化的多项列举可以产生连类列举义。

四字格并列连用可以产生列举义,是表达列举的一种语法形式。对比"桌椅板凳"和"桌子、椅子、凳子",前者是固化的四字格并列结构,后者是一般的多项并列,"桌椅板凳"有连类义,"桌子、椅子、凳子"没有连类义。四字格并列连用产生连类列举义有三种形式:一是四字格形式的多项并列表列举,凝固性强,词与词之间没有停顿,有词汇化倾向,如"桌椅板凳";二是四字格并列借助后附助词"的"表列举义,构成"N_1N_2的"结构,如"破铜烂铁的";三是状语位置四字格并列表列举义,借助状语位置,形成"N_1N_2地V"状中结构,如"茶叶毛巾地买"。

这样看来,通常所说的多项并列分为有连类义的多项并列和无连类义的多项并列,有连类义的多项并列主要指四字格连用,为列举义的表达形式。四字格连用,其列举项使用四字格形式,具有代表性,能产生连类义。

1. 四字格并列产生连类列举义

四字格形式的列举结构,如"柴米油盐""桌椅板凳",邢福义(1988)、储泽祥(1999)认为它们是多项NP连用,是汉语"连用"的语法手段,与"连用"相对应的句法—语义范畴是"代表性",并且"连用"不限于NP连用式,它是有一定的普遍性的。多项NP连用以及产生的"代表性",跟我们所说的列举有类似之处,均可以产生类及义。有的四字格句法上已经固化或词汇化,语义上有泛指义或连类义,已收入词典。注意,多项连用不同于多项并列,前者为固化结构,可以产生类及义。

四个词并列连用,可能只表加合、联合义,不涉及连类义、总括义;也可能在加合义的基础上,产生类及其他的总括义。

表加合义的并列:爸爸妈妈、爷爷奶奶,联合结构的意义是多个并列项相加。

有连类义的并列:柴米油盐、桌椅板凳,联合结构的意义是在多个并列项相加的基础上，产生类及其他的意思，通常是泛指义。

下面是《现代汉语词典》（第 7 版）给出的解释：

柴米油盐：泛指人们的日常生活必需品。

桌椅板凳：泛指一般的家具。

酸甜苦辣：指各种味道，也比喻幸福、痛苦等种种遭遇。

多项 NP 连用不少具有固定性，形成四字格。已收入《现代汉语词典》（第 7 版）的如：柴米油盐、桌椅板凳、鸡毛蒜皮、小肚鸡肠、酸甜苦辣。

趋向固定用法的多项并列结构，如：

花草树木、油盐酱醋、鸡鸭鱼肉、芝麻绿豆、大包小包、冷锅冷灶、风里雨里、水里火里、泥里水里

储泽祥（1999）认为，已经固定的 NP 连用式，《现代汉语词典》的解释也明显地包含着"代表性"，如用"柴米油盐"泛指人们的日常生活必需品，用"桌椅板凳"泛指一般的家具。里面的"泛指"，表示所指对象不限于 NP 各项本身，而是指称它们所代表的一类事物。这表明 NP 连用式从意义上来说也是具有代表性的，列举代表项并类及其他事物。

"桌椅板凳""柴米油盐"一类四字格并列结构属于连类列举，通过多项名词连用来指称它们所代表的一类事物。这类四字格有词汇化的趋势。

多个词语并列连用时有直接组合形式和非直接组合形式，它们的意义不同。比如"柴米油盐"为直接连用，泛指人们的日常生活必需品，有类及其他的总括义；而"柴、米、油、盐"为非直接连用（借助了顿号），就没有类及义。对比下面的例子：

（5）我们要解决群众的穿衣问题，吃饭问题，住房问题，<u>柴米油盐</u>问题，疾病卫生问题，婚姻问题。

（6）父亲终岁胼手胝足，百事操劳，既要春种秋收，耕云播雨，又要<u>柴米油盐</u>，浆洗补连，时时为我牵肠挂肚，从无怨气烦言。（徐子芳《故乡的年饭》）

（7）布匹鞋袜，锥子针线，犁耧锄耙，牛套扎鞭，<u>油盐酱醋</u>，红糖白碱，鸡鸭鱼肉，葱韭芥蒜……任看任摸，任挑任拣。（周同宾《龙王庙庙会记》）

以上的"柴米油盐""油盐酱醋"直接组合，或多或少含有类及义。

下面是非直接组合，没有类及义：

（8）王振营又出资 13.4 万元建造了两层教学楼，学生们告别了过去

的土台子，三条腿的桌、椅、板凳。

（9）你至少该替他们弄间房子，买一张大床，还有桌、椅、板凳，哪样少得？

（10）俗话说：开门七件事，柴、米、油、盐、酱、醋、茶。

（11）过去是"开门七件事"，现在已经变成了"开门八件事"——柴、米、油、盐、酱、醋、茶、乳。

非直接组合形式后面可以出现列举标记或省略号，表示这种并列组合充当的是列举项，列举项本身没有类及其他的意义，要类及其他，后面要用列举标记。如：

（12）他还几次微服私访，了解物价和市场情况，从解决群众柴、米、油、盐等实际问题入手，开展工作。

（13）现实生活告诉我们，处于恋爱时的人，热情洋溢，富于幻想，充满浪漫情调。但是婚后的家庭生活，却一下子显得非常实际，缺少太多的情趣，每天都要面对非常具体、琐碎，甚至令人心烦的柴、米、油、盐、酱、醋、茶……

（14）日常生活中，人们的衣、食、住、行、柴、米、油、盐、医疗卫生、社会活动等都离不开计量。

2. 四字格并列后附"的"产生连类列举义

四字格并列后附"的"，形成"NN的"结构（N为双音节名词），表示两个名词性成分连用后再后附"的"，即"列举项 X_1 + 列举项 X_2 + 的"形式，表示列举未尽义。该结构可以两个名词性成分连用，表示事物列举；也可以两个动词性成分连用，表示活动列举。其中"的"的性质，《现代汉语八百词》（增订本，163页）认为：

助词"的"用在并列的词语后，表示"等等、之类"，跟"什么的"相似。如"钳子、改锥的，放在这个背包里""老乡们沏茶倒水的，热情极了"。

《现代汉语词典》（第7版）认为，"的"用在两个同类的词或词组之后，表示"等等、之类"的意思。如"破铜烂铁的，他捡来一大筐""老乡们沏茶倒水的，待我们很亲热"。又如：

（15）附近这一带，也就是这家小店还能买到针头线脑的。

（16）礼堂里，桌子椅子的放了一大片，连走路都成了问题。

（17）一个大闺女家，不说在家里学个针头线脑的，天天跟她爹一样去上班。（杨朔《三千里江山》）

(18) 一到庄上，乡亲们忙着沏茶倒水的，待我们可亲热啦。

这些例子中的"的"都可以用"什么的"来说。其中"针头线脑的"指针头线脑的一类的东西，即针线活。

名词性多项列举"NN 的"结构，主要充当主语、宾语；动词性多项列举"VV 的"结构，主要充当谓语。但是它们做定语时就没有类及义。如"沏茶倒水"，在"老乡们沏茶倒水的"中，有类及义；在"沏茶倒水的服务人员"中，没有类及义；"破铜烂铁"在"破铜烂铁的，他捡来一大筐"中有类及义，在"这些破铜烂铁的圈圈环环"中没有类及义。看实例：

(19) 第二天我们参加会议的时候，会场的保安、清洁工、给我们沏茶倒水的服务人员都认出了我们，带来的好处就是：出入方便了。

(20) 便是我老顽童传她几手三脚猫把式，不也强过你这些破铜烂铁的圈圈环环吗？

后附"的"的列举结构，列举项也可以不是四字格，但列举项也有明显的节律特征，依然属于韵律列举。如：

(21) 老胳膊老腿的，还跳什么迪斯科？

3. 状语位置的四字格并列产生连类列举义

状语位置的四字格并列结构有连类义，即不同的名词连用形成四字格，构成"NN 地 V"状中结构（N 为双音节名词），表达列举义。如：柔鱼海参地吃着、喇叭唢呐地热闹了好几天、鹿茸麝香地买了几小包、香港台湾地跑、大包小包地拎回家。关于"NN 地 V"状中结构，陆俭明（1982）、邢福义（1988）、储泽祥（1999）有详细研究。从意义上看，"NN 地 V"状中结构有连类列举义，属于固化的四字格表连类列举，是表达列举义的语法手段。

陆俭明（1982）认为，这类结构的各个组成成分都是体词性的，都表示事物，但是就这类结构本身来说，却是非体词性的，跟一般所说的名词性联合结构的性质不同。从功能上看，这类结构常做状语，如她常常张家、李家说个没完。从意义上看，这类结构包含的各项不一定是实指，带有举例的性质；整个结构的意义并非各项意义的机械的总和，而总带有比况性。陆俭明强调"比况性"，带有总括性列举的性质。

邢福义（1988）认为，在"NN 地 V"结构中，NN 做状语在语义上具有突举性，即 NN 状语表示需要突出列举的项目，突举性表示 NN 状语需要突出的列举的项目，包括部分突举和整体突举，部分突举是突举代表性事物，NN列举未尽；整体突举是把动作涉及的事物全部作为突举对象，NN列举详尽。这里的NN状语在语义上具有突举性的特点，和我们提到的列举义相近。

多项并列不一定产生连类义，如果要强制性地具备连类义，就必须借助句法手段，比如状语位置，或者后附"地"（有时也写作"的"），这个"地"可以当作列举标记。我们把"NN地V"结构中多项NP连用后附"地"看作列举结构，列举几项并类及其他。

多项NP连用必须在状语位置，如果在主语、宾语位置，就没有连类义。如：

（22）大堤上的灯笼火把像一条火龙。（主语）

（23）一年前的这个时候，我们点着灯笼火把满山遍野搜寻蒲公英。（宾语）

（24）你妈比你小时就学雷锋，灯笼火把地没比你少拿奖状。（肖亦农《没有盖板的排水沟》）（状语）

（25）王夫人知道后"忙命人来看视给药"，吩咐"各上夜人仔细搜查"，灯笼火把地"闹了一夜，至五更天"。（王彬《赖嬷嬷与王嬷嬷》）（状语）

"灯笼火把"为两项NP连用的并列结构，它可以做主语、宾语、状语，但是只有做状语的"灯笼火把"才有类及义。

从意义上看，"NN地V"结构里面NN连用，表示列举两项或几项并类及其他，相当于连类列举。

在"NN地V"状中结构里，充当列举项的往往是两个名词的连用，这两个状语位置上的名词具有代表性，通过代表性产生结构的列举义。

储泽祥（1999）论述了NP连用式的"代表性"语义特征，他认为NP连用式具有代表性的语义特征。连用的各项NP，是某事物（包括物体、现象和活动）的几个个体或几个部分，它们黏合在一起，代表该事物的全部或某一个方面。例如：

（26）老奶奶，你以为人家像你呀，……五黄六月地吃酸白菜帮，人家柔鱼海参地吃着还嫌腥气。（肖亦农《没有盖板的排水沟》）

例中NP连用式"柔鱼海参"表示的是"山珍海味"的意义，但"柔鱼"和"海参"只不过是海味中有代表性的两样，它们连用在一起，就能够起到代表海味甚至山珍海味的作用。

我们认为这里提到的代表性符合"列举几项并类及其他"的语义特征，并且代表性有利于总括，即能代表该事物的全部或某一类事物。"NN 地 V"结构可以看作一种表达列举义的语法结构，以区分于没有类及义的一般的并列结构。对比：

并列结构：如"天天吃柔鱼海参"，语序为"VN₁N₂"，并列的几个名词在动词后做宾语，没有隐含总括义。

列举结构：如"天天柔鱼海参地吃"，语序为"N₁N₂ 地 V"，并列的几个名词在动词前做状语，需要借助状语标记，表示"列举几个并列项并类及其他"，隐含总括的意思，即"山珍海味"。

"天天柔鱼海参地吃"相当于"天天吃柔鱼海参等山珍海味"，这时的列举结构充当动词的宾语，说明"N₁N₂ 地 V"有列举义。

看实例：

（27）玉佛押送着天九一伙慢行，路上<u>好酒好肉</u>地款待，并且请名医为天九调治烫伤。（郭明荣《夜游玉佛寺》）

（28）他到底<u>热茶热水</u>地侍候了人，您给谁作过什么呀？（老舍《女店员》）

句中的"好酒好肉"是用代表性事物来突显"款待"的内容，其实款待内容不限于此，还类及其他好的食物；"热茶热水"是用代表性事物来突显"侍候"的内容，其实侍候内容也不限于此，还类及其他。又如：

（29）不抽烟的人偏要抽庄之蝶一支烟，……倒呛得<u>鼻涕眼泪</u>地直咳嗽。（贾平凹《废都》）

（30）庄之蝶挤着眼睛给她笑，唐宛儿立即双手去捂了他的眼睛，却也<u>脏脚脏腿</u>地上了床。（贾平凹《废都》）

（31）闲着时特别喜爱扎堆儿，东拉西扯，天上地下，<u>长江黄河</u>地谈论着消磨时光。（阎连科《坚硬如水》）

（32）我们<u>南瓜西红柿</u>地种了一园子。

（33）四嫂又说小菊往后回家就远了，<u>汽车火车</u>地转，二三天才到家。（池莉《太阳出世》）

（34）就算是美国的教授比中国的教授多挣几个大子儿，也禁不住成<u>天价飞机汽车</u>地来回折腾。（苏叔阳《故土》）

状语位置的名词并列表列举，也可以是非四字格，但列举项也有明显的节律特征，依然属于韵律列举。如：

（35）细瞅着这一对小女孩绿衣裳紫衣裳地同在西窗下飞针走线串花刺绣，像两朵并蒂的姊妹花。（谭易《红纸伞》）

（36）梁志达就油鸡、卤味、海蜇皮地叫了许多东西。（陈浩泉《选美前后》）

（37）你听我的，别弄这么多样数，只管大块肉、大碗酒地往上招呼，庄户人赴宴，好的就是这个。（莫言《蛙》）

（38）临时出差，时间不长，所以用不到大包小包箱子地像个难民。（李大卫《聂小倩》）

某些由列举结构充当宾语的"VNN"动宾结构，也可以按"NN 地 V"的结构特点变换成为"NN 地 V"结构，且都有列举义。如：

（39）他出差了，临走前替她备足了米、面、蛋等日用物品。

（40）他出差了，临走前米、面、蛋、油地替她备足了日用物品。

（二）四字格重叠表列举

两个词使用 AABB 的重叠方式，构成 AABB 重叠式，这种重叠结构可以产生连类列举义，是表达列举的一种语法形式。这种 AABB 重叠式具有凝固性和能产性，一般形成固化的四字格，有固定的节律，属于韵律重叠。下面的分析表明，两个词的 AABB 重叠式可以表示列举，强调连类义，与一般的双音节词的 AABB 式重叠不同。常见的 AABB 式名词重叠表示连类义，动词重叠、形容词重叠也可以表达连类义。

1. 重叠式列举：重叠作为一种列举手段

汉语最主要的语法手段是语序和虚词，其次还有诸如重叠或叠用一类的手段。表达列举的语法手段主要有两种：一种是虚词手段，采用后附列举助词或列举标记的形式来表达，适用于单项列举和多项列举，如"桌子等""桌子椅子什么的"；一种是连用、叠用手段，连用手段分析见上文，叠用手段采用 AABB 重叠形式来表达，适用于比较固化的四字格形式的多项列举，如"桌桌椅椅"，表示以桌椅为代表的一类事物，即列举桌椅类及其他，属于连类列举。这里分析用 AABB 重叠形式来表达的列举。

列举的语义基础是，常常通过列举两项，然后用一定的语法形式来类及其他，达到列举代表项并类及其他的目的。列举的对象可以是人、事物、动作行为、事件、性状，列举项之间在语义上有类义、近义的关系。

列举往往跟多数有关，是表达多数的一种语法手段。事物列举不同于多个事物的联合，多个事物的联合不涉及其他事物，不类及其他，如"桌子、椅子""桌子和椅子"；而事物列举一定会涉及其他事物，即类及其他，可以列举多项类及其他，也可以列举一项类及其他，如"桌子椅子等""桌子椅子什么的"（使用列举标记），"桌桌椅椅"（使用 AABB 重叠手段）。

动作行为的 AABB 重叠也可以表列举。动作行为的列举不同于多个动作行为的联合，多个动作行为的联合不涉及其他动作行为，不类及其他，如"吃、喝""吃和喝""又吃又喝"，"洗衣、做饭""洗衣和做饭"；而动作行为的列举一定会涉及其他动作行为，即类及其他，可以列举多项类及其他，也可以列举一项类及其他；可以列举动词 V，也可以列举动宾短语 VO。如"吃、喝等""吃、喝什么的""吃什么的""洗衣、做饭等""洗衣、做饭什么的"（使用列举标记，列举动词或动宾短语），"吃吃喝喝"（使用 AABB 重叠手段，列举动词）。"吃吃喝喝"就是动作的 AABB 重叠表列举，意思是列举两个动作类及其他相关动作。

性质形容词的 AABB 重叠也可以有类似的列举特征，即列举两个性状类及其他相关性状。邢福义等（1993）把由两个单音形容词构成 AABB 重叠形式叫作 AABB 叠结式。他们认为，现代汉语里形容词的 AABB 有两类：①一个双音形容词的 AABB 重叠，②两个单音形容词的 AABB 叠结。如："高兴"是一个双音节的形容词，"高高兴兴"是形容词的 AABB 重叠形式；"高"和"低"是两个单音节形容词，"高高低低"是形容词的 AABB 叠结式。我们认为"高高低低"一类形容词的 AABB 叠结式含有连类列举义，即列举两种性状类及相关性状。

形容词 AABB 式重叠列举，一种是列举两种极性状态，用 AABB 的形式重叠而成，表示类及该状态领域内各种各样的状态，相当于总括了一类状态。如"高高低低"，是在高低这个纵向长度内，通过列举高低这两种极性状态，然后用 AABB 的重叠形式，表示高低这个纵向长度范围内各种各样的、所有的状态，包括高、低、不高不低、很高、很低等。这种重叠跟数量有关，而跟程度无多大关联，这一点跟列举结构的意义即通过列举一项或几项并类及其他是相同的，所以我们把这种重叠看作一种列举形式。

另一种是列举两种同类状态，用 AABB 的形式重叠而成，表示类及该状态领域内各种各样的状态，如"红红绿绿""花花绿绿"。邢福义等（1993）认为是状态兼容。类似的有：红红黄黄、蓝蓝绿绿、黄黄绿绿、黑黑白白。

这类形容词 AABB 式重叠结构在句法上不具备典型的单个双音节形容词重叠的句法表现。典型的双音节形容词 AABB 式重叠表示程度加深，如"高高大大"不同于"高高低低"，"高高大大"相当于非常高大，而"高高低低"就不是非常高、非常低的意思。"红红火火"不同于"红红绿绿"，"大大方方"不同于"大大小小"。

"高高低低"和"高高大大"的语义认知基础如图 2-1 所示。

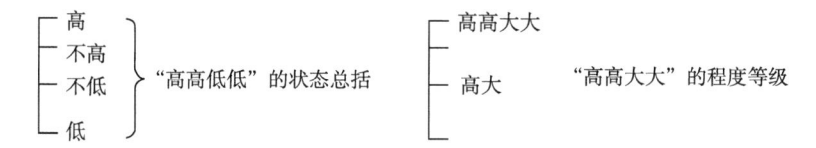

$$\left.\begin{array}{l}\text{高}\\\text{不高}\\\text{不低}\\\text{低}\end{array}\right\}\text{"高高低低"的状态总括} \qquad \left.\begin{array}{l}\text{高高大大}\\\text{高大}\end{array}\right\}\text{"高高大大"的程度等级}$$

图 2-1 "高高低低"和"高高大大"的语义认知基础

"高高低低"含有多种性状，比如高、低、不高、不低等，并且构成一个量级，性状的高低量级为：高→不高→不低→低，这些性状量级总括了性状在"高—低"这个维度的所有状态，其中的代表是两种极性状态"高"和"低"。通过列举或提取高、低这两种极性状态，然后用 AABB 的重叠形式表示列举两种状态类及相关状态。

而"高高大大"在程度等级上，只占据最高的极量表示最高的程度，即"非常非常高大"。它没有涉及各种性状的总括，没有类及其他性状。

这类重叠，一般词典没有给出释义，其实部分在形式和意义上已经固化了（形式为 AABB 重叠式，意义上表示列举两项类及其他），接近固定短语，需要释义。如：是是非非、对对错错、错错对对、真真假假。比如"是是非非"可以解释为：指纠结在一起的许多事物，包括一切好的事物、坏的事物、不好不坏的事物、时好时坏的事物等。

由两个名词构成 AABB 重叠形式也被称为 AABB 叠结式，形成"$N_1N_1N_2N_2$"结构。两个单音节名词重叠连用，储泽祥（1996）叫作叠结，张谊生（1999，2000）叫作"复叠"，李宇明（2000）认为是"加叠"。本书把两个名词构成 AABB 重叠形式看成是表达列举的一种语法形式，并且两个名词构成 AABB 重叠式的连类列举义比两个动作构成 AABB 重叠式、两个形容词构成 AABB 重叠式还要明显。

"山山水水""桌桌椅椅"一类 AABB 叠结式是两个单音节名词重叠后再连用，属于重叠兼连用。其中"桌桌椅椅"的意思有两种：表示许多的桌椅，相当于真性复数；表示以桌椅为代表的一般的家具，即列举两个事物类及一类事物，相当于连类复数或连类列举。如：

（41）<u>桌桌椅椅</u>争着诉说自己的主人是如何地虐待自己，自己又是如何地忍气吞声，现在又是如何地忍无可忍。（吴九月《桌桌椅椅罢工记》，《少年文艺（中旬版）》2014 年第 11 期）

（42）退休后的彭爷爷也经常找来木料在家里亲自做起"木匠"来，为我们家添置了不少<u>桌桌椅椅</u>，而彭爷爷的作品至今依然如新。

说它是"连用"，因为这两项具有代表性，"连用"相对应的句法——语义范畴是"代表性"（储泽祥，1999）。

张谊生（1999）认为，属于官话的四川重庆话、甘肃兰州话、河南南阳话、山西汾西话，以及属于闽方言的福建厦门话等，都具有相当丰富的 AABB 名词重叠现象。这表明 AABB 名词重叠现象具有普遍性。

重叠形式表达的列举，即重叠式列举（或列举义重叠形式），是通过列举两项并以 AABB 式重叠的方式构成的列举形式。用这种方式可以列举事物、动作或性状，A、B 是一类事物、动作或性状中典型的代表项，但是 A、B 只能由单音节名词、动词或形容词充当，不能是双音节词语也不能是短语，表明这类列举在语法上受到限制。列举义的 AABB 重叠形式与一般 AABB 重叠形式有区别，后者一般是一个形容词的构形重叠，如高高兴兴。

可以这样说，两个名词、动词、形容词都有 AABB 重叠形式，重叠（叠结）的意义也有连类重叠和真性重叠之分，连类重叠表示类及其他，真性重叠表示多数或动作量的加强，或性状多。

包括名词、动词和形容词在内的 AABB 重叠式列举，分别表示通过列举两个事物、列举两个动作、列举两个状态，然后类及其他，即一类事物、动作、状态。涉及列举两个有代表性的个体并类及一类，所以是一种表达多数和连类列举的手段。

2. AABB 式名词重叠的列举义

吴吟、邵敬敏（2001）认为，名词重叠 AABB 式的语法意义可以分为基本意义和附加意义。名词重叠 AABB 式的基本语法意义是"多量"，即所有的名词重叠 AABB 式跟它原来的 A 或 B 或 AB 相比，都在"量"上具有增多的意义，这是重叠带来的语法意义。名词重叠 AABB 式的附加意义有六种：①表每一；②表泛指；③表夹杂；④表相继；⑤表遍布；⑥表描写。其中表泛指这一类别名词重叠 AABB 式虽然也是以"多量"为基础，但它们通过代表性地列举，表示不止字面上显示的几样事物，即以部分代替全体来泛指，有一点儿类似于修辞手法中的"借代"（吴吟、邵敬敏，2001）。例如：

（43）他家里坛坛罐罐放了一大堆。

（44）他这人，就喜欢瓶瓶罐罐的东西。

（45）她和别的女孩子一样，身边总是备着一些针针线线。

例中的"坛坛罐罐"可以指种花的、盛放食品、盛放药物的各种坛子、罐子之类的容器；例中用"瓶瓶罐罐"指"他"喜欢瓶子、罐子这样的东西；"针针线线"指女孩子用来缝缝补补所需要的针、线、纽扣、顶针等。这一类还有"盆盆罐罐、桌桌椅椅、箱箱柜柜"等。

如果用列举手段来概括，这类 AABB 就是表示以 A、B 为代表的一类事物，这样概括的好处是：①突出代表性。只要是相关事物的代表，一般都可以使用 AABB 形式，如跟"盆盆罐罐"在一起的事物，有盆子、罐子、瓶子、坛子、碗，于是可以按 AABB 形式组合成：盆盆罐罐、罐罐盆盆、坛坛罐罐、瓶瓶罐罐、盆盆碗碗。②突出事物的类别性。事物有大类，大类下面又有小类，所谓"物以类聚"，在语法上是有体现的，比如瓶子、罐子为一类事物，桌子、椅子、凳子为一类事物，针、线为一类事物，猫、狗为一类事物，分别可以构成：瓶瓶罐罐、桌桌椅椅、针针线线、猫猫狗狗。正因为如此，表事物列举的 AABB 式，其中的 A、B 往往是类义词，并且多项组合时有一定的临时性，与词语较固定的熟语性质 AABB 式不同。又如，沟、坎、坡、洼、坑都可以描述不平坦的地面，可以按 AABB 式组合出：沟沟坎坎、坡坡坎坎、沟沟洼洼、坑坑洼洼、沟沟岭岭、沟沟岔岔、沟沟壑壑、沟沟峁峁、沟沟梁梁、沟沟崖崖、沟沟坳坳等（根据 CCL 语料库的调查）。

注意，"针针线线"有两个意思：表连类列举，相当于针、线一类的东西；表每一，相当于每针每线。如：

（46）等到大功告成，望着镜子里的自己，身穿新装，<u>针针线线</u>都是心意。她们不禁会有一阵惆怅，镜子里的图景是为谁而设的？（表每一）

（47）一般男生的爱好，除了打球、看球赛就是玩游戏，<u>针针线线</u>、<u>花花草草</u>似乎是女生的"专利"，而临沂"85 后"的张超就是一个"例外"，喜欢花艺，闲暇之余最喜欢做的事情就是在家做鲜花礼盒。（《沂蒙

晚报》2014 年 11 月 7 日）（表连类列举）

一些文学作品喜欢用列举的 AABB 重叠式，如路遥《平凡的世界》使用了 AABB 名词重叠的词语有：山山峁峁、沟沟岔岔、山山洼洼、神神鬼鬼、沟沟渠渠、边边畔畔、家家户户、瓶瓶罐罐、盆盆罐罐、坛坛罐罐、行行道道、瓜瓜菜菜、根根稍稍（根根梢梢）。看实例：

(48) 自留地里的瓜瓜菜菜已经可以续肚子了。（路遥《平凡的世界》）

(49) 大家要丢掉坛坛罐罐，洪水已经进城了！（路遥《平凡的世界》）

(50) 神神鬼鬼的事，谁也说不来！（路遥《平凡的世界》）

(51) 那里面装着些给向前带吃喝的瓶瓶罐罐。（路遥《平凡的世界》）

其他文学作品表列举的 AABB 重叠式，如：

(52) 他八年来辛辛苦苦，跟自己的女人喜鹊做窝样的，柴柴棍棍，一根根，一枝枝，都是用嘴衔来的……（古华《芙蓉镇》）

(53) 红萝卜的形状和大小都像一个大阳梨，还拖着一条长尾巴，尾巴上的根根须须像金色的羊毛。（莫言《透明的红萝卜》）

(54) 深沟里，三台公社的山山岭岭被开成了陡立的"挂坡地"和倾斜的"缓坡地"。（碧野《竹山篇》）

(55) 小姑娘在坡坡坎坎的山路上独自一人走着，让人望着就产生一种怜爱之情。（叶延滨《魂牵梦绕》）

(56) 她像奔腾的黄河，源远流长，经久不衰地飘荡在黄土高原的山山洼洼、沟沟岔岔……（李发源《陕北情歌》）

3. AABB 重叠式的凝固性和能产性

有的 AABB 重叠式已经凝固了，里面的类及义已经固定，被收入词典。如：

［坛坛罐罐］泛指各种家什。

列举义：以坛、罐为代表的各种家什，有类及义。

［吃吃喝喝］吃饭喝酒，多指以酒食拉拢关系。

列举义：以吃喝为代表的动作，有类及义。释义为"多指以酒食拉拢关系"。

类似的还有：山山水水、盆盆罐罐、坛坛罐罐、瓶瓶罐罐、沟沟坎坎。

这类凝固性的 AABB 重叠式，其指称义加强，陈述义减弱（不带宾语），可以做主语、宾语，有时"吃吃喝喝"相当于"吃的喝的、吃啊喝啊"。如：

(57) 他记录下我们的吃吃喝喝。

(58) 一周的吃吃喝喝汇总。

有的 AABB 重叠式能产性强，是临时产生的，不宜收入词典。这类 AABB 重叠式一般不单独说，但可以借助语境临时生成一个 AABB 重叠式，表明这种形式的能产性较强，原因是 A、B 是代表性的列举项，可以变换，形成韵律重叠。如下面的"看看吃吃""吃吃洗洗""洗洗弄弄"：

(59) 情人节、愚人节、圣诞节之类也变成了中国人必过的节日。这也不够，还要创新发展出更多的特色节日。牡丹节、桃花节、荔枝节、茶叶节之类，是看看吃吃的节。（百度新闻搜索）

(60) 而且，别人过日子是吃吃洗洗睡睡，莫非你的梦想是吃吃洗洗，然后开百家讲坛？（百度新闻搜索）

(61) 平时在广告公司负责文案统筹，经常在公司熬夜加班到凌晨一两点，甚至到后半夜四五点也是常有的，等回到家，洗洗弄弄，睡三四个小时，甚至不睡，喝杯咖啡，就又赶去公司上班。（新华网江苏频道 2010-8-23）

第四节　列举形式系统和认知因素

本书分析的列举都属于列举未尽，列举未尽需要用语法形式来表达。汉语表达列举义的语法形式可以分为开放式列举和限定式列举（封闭式列举）两大类别。开放式列举的列举项可以延续，列举义的主要语法手段是使用列举标记，意义上强调列举未尽并类及其他；限定式列举的列举项很难延续，列举未尽义的主要语法手段是固化的四字格并列和重叠（即并列式列举和重叠式列举），意义上强调类及其他。根据列举标记的位置，开放式列举分为前置列举标记和后置列举标记。前置列举标记如"什么"。后置列举标记又分为总括性列举和连类性列举，其中总括性列举的列举项后面可以出现总括名词，或者省略总括名词，表示列举未尽并强调总括义，典型的列举标记是"等"；连类性列举的列举项后面一般不能出现总括名词，表示的列举未尽强调连类义或类别义，即通过列举推测出一个类别或类及一个类别，典型的列举标记是"什么的"。

汉语表达列举义的语法形式可以图示为以下结构形式（见图2-2）。

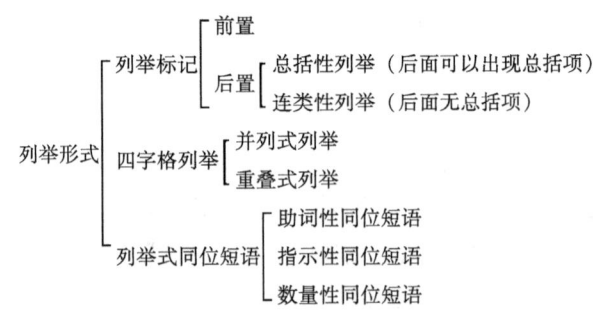

```
           ┌─ 列举标记 ┬─ 前置
           │          └─ 后置 ┬─ 总括性列举（后面可以出现总括项）
           │                  └─ 连类性列举（后面无总括项）
列举形式 ─┼─ 四字格列举 ┬─ 并列式列举
           │            └─ 重叠式列举
           │
           └─ 列举式同位短语 ┬─ 助词性同位短语
                            ├─ 指示性同位短语
                            └─ 数量性同位短语
```

图2-2　汉语表达列举义的语法形式

表达列举的语法形式的形成跟认知因素和语用原则有关。

列举跟象似性原则有关。根据功能主义的观点，语言结构是经验结构或概念结构的模型，因此形式和意义之间的联系不是任意的，而是"象似的"、有理可据的（沈家煊，1999）。例如名词性的列举结构象似于多个事物的同时出现或存在。列举结构的象似性涉及顺序象似和复杂性象似❶。顺序象似是指列举项的语序来自于经验结构，复杂性象似说明列举成分形式的简单和复杂性对应于经验结构的简单和复杂性。有时需要尽量多地列举，导致出现多个列举项，是追求临摹性的表现。

列举方式的不同来源于认知方式的不同。"扫描"是认知语言学中的重要概念，心智扫描是人类的一种基本认知能力。关于扫描，认知语言学一般的定义是：扫描指的是在建构一个复杂的场景时所做的认知处理，它是将某个比较标准和一个对象关联起来，并记录其间差异的操作。这种操作类似我们用目光跟踪一只飞鸟的轨迹，或一条小路的走向。扫描的方式有两种，一种为"总括扫描"（summary scanning），一种为"次第扫描"（sequential scanning）❷。前者的成分状态尽管也是次第相连，扫描时却是以累积的方式平行地激活它们，复杂场景的所有方面会同时呈现出来，也就是说，所有状态组合起来作为一个单一的完形被感知。后者的成分状态则是一个接着一个被处理，尽管为形成一个一致的经验，状态之间的关联

---

❶ 邓云华、储泽祥（2005）用象似性分析了联合短语，认为任何语言中的联合短语都存在象似性，它涉及顺序象似和复杂性象似。本书分析的一些列举结构属于他们提到的联合短语，本书借鉴了他们的观点。

❷ 关于扫描的概念、总括扫描和次第扫描，详细分析见张敏（1998）。

也必须被感知到，但这些状态不被处理为共现的，扫描它们所得到的资料是依次得到而不是同时呈现的，这种扫描的结果定义出时间过程。作一个简单的类比，总括扫描就像是看一幅静止的图片，而次第扫描就像是看电影。(张敏，1998：108)

显然，限定式列举的认知方式是"整体扫描"，开放式列举的认知方式是"次第扫描"。比如"桌桌椅椅""高高低低"，选取两个代表点，在两个点所代表的类（两点的连线）中扫描，表示一类或一个域，成员为该域的全体，属于整体扫描。而开放式列举比如"桌子、椅子等""桌子、椅子什么的""什么桌子啊，椅子啊"，列举项一个接着一个出现，是选取几个点进行扫描，属于次第扫描。另外，次第扫描非常适用于多个事物列举，或列举连续的几个动作，如：

(1) 后来去看书架，上面有好多巴金的作品，什么《家》啊，《春》啊，《灭亡》啊等，都有。(依次出现几个事物)

(2) 办个婚礼，度个蜜月什么的，需要一个月吧。(依次出现几个动作)

(3) 我告诉你，我现在有危机感，不许你在我面前提那个"老"字，我忌讳！什么皱啊，松啊，垂啊，走样啊，都不许讲！(依次出现几种状态)

列举跟经济原则有关。绝大部分列举结构来自于人们使用语言进行信息交流的一些原则，如经济原则。经济原则即说话人总想一方面取得精确传递信息的效果，另一方面尽量减少自己说话的付出，即省力。表现在列举结构中，说话人总想一方面详细而精确地列举出所有要表达的列举项，另一方面尽量减少所要列举的项，选择代表项类及其他项，这时会使用语法手段。因为把所有的列举项全都穷尽，在很多情况下几乎不可能或没有必要，即不经济。因此，列举结构一般遵守的是经济原则，即在不影响语言意义表达的前提下，尽量使用语法手段简化语言的形式结构。

列举还跟合作原则有关。列举结构中的列举项要适量，往往多于一项，一般是两项，原因是合作原则参与了列举结构的形成。合作原则中有适量准则和方式准则。适量准则要求使自己所说的话达到所要求的详尽程度，方式准则的一个要求是说话要简要。(何自然，1988)根据适量准则和方式准则，说话人在使用列举结构时，要求所说的项的详尽程度要符合列举的要求，即适量。列举一项或两项从而及类其他，符合适量原则。

第三章 列举标记的产生

历时的材料表明，同位短语是列举标记产生的一个语法环境，许多列举标记均在同位短语的语法环境中虚化而成。古代汉语"X 之 N"指示性同位短语和"X 诸 N"指示性同位短语都可以表列举，先秦时期就已经出现，属于总括性列举。在这类同位短语中凝固而成的"之属""之徒""之类""之流"都可以充当列举标记。"X 诸 N"同位结构为指示性同位结构中的一类，表示列举未尽。"诸"的复数义和列举义的关系是："诸"前置表复数，在同位结构中后项表列举。

第一节 古汉语"之"类指示性同位短语表列举

古汉语中"之"类指示性同位短语可以表列举，形式为"X 之 Y"同位短语。"X 之 Y"同位短语表列举先秦时期早就存在了，所以"之"类指示性同位短语可以被看作汉语表达列举义的最初的形式，而在这种结构中凝固而成的"之属""之徒""之类""之流"都可以充当列举标记，它们都来源于指示性同位短语，是汉语表达列举义的最初的列举标记。

一、"之"类同位短语表列举

上古汉语的"之"可以用作指示代词，用在名词性成分的前面，主要用作近指，在句中做定语。可译为"这""此""这个"等。如：(何乐士，2006)

(1) 之子于归，远送于野。(《诗经·邶风·燕燕》)(这个姑娘)

(2) 之二虫又何知？(《庄子·逍遥游》)(这两个小虫)

(3) 均之二策，宁许以负秦曲。(《史记·廉颇蔺相如列传》)(这两种情况)

指示代词"之"和表示类别义的词连用，构成"X之类""X之属""X之徒"一类同位结构，"之类""之属""之徒"充当同位短语的后项表示总括，它们在同位结构中固化为一个词。何乐士（2006）认为，"之类"中"之"是指代词，有"这"义，可译为"这一类"等，或仍作"之类"。如：

（4）故王之不王，非挟太山以超北海之类也；王之不王，是折枝之类也。（《孟子·梁惠王上》）

其中"挟太山以超北海之类"意思是夹着泰山跳过北海这一类，"折枝之类"意思是折取树枝这一类，结构都是同位短语。

"之类""之属""之徒"在同位结构中固化为一个词，这个观点学者已经注意到了。比如何乐士（2006）认为"之类"为惯用词组，"之伦""之属""之徒"用法同"之类"。如：

（5）于是六国之士，有宁越、徐尚、苏秦、杜赫之属为之谋；齐明、周最、陈轸、昭滑、楼缓、翟景、苏厉、乐毅之徒通其意；吴起、孙膑、带佗、倪良、王廖、田忌、廉颇、赵奢之伦制其兵。（贾谊《过秦论》）

句中的"……之属""……之徒""……之伦"相当于这类人、这班人、这批人的意思，它们附加在多个列举项的后面，表示同类别的人列举未尽，连类列举义非常明显。

张万起（1993）《世说新语词典》也认为，"之"用于"徒、流、属、类"之前，构成一些固定用法。"之"的前后，在概念上有小类与大类、具体与抽象等关系。杨伯峻、何乐士（1992）认为"之属"多在名词语后，表"类"意。如：

（6）中有蓬莱、方丈、瀛州、壶梁，象海中神山龟鱼之属，其南有玉堂、壁门、大鸟之属。（《史记·封禅书》）

我们可以说，上面的"之类""之伦""之属""之徒"其实是附在多个列举项的后面，均表示列举未尽并类及一类事物，相当于列举标记。这类列举结构可以被看作指示源列举结构。

"之类"作为一个用于列举的词，表示列举未尽，许多学者有类似的看法。周定一《红楼梦语言词典》（1995：1128）认为，"之类"用在同类物品名词之后，表示列举未尽。如：

（7）几上放着茶铫、茶碗、漱盂、洋巾之类，又有一个眼镜匣子。（《红楼梦》53回）

(8) 果然贾珍煮了一口猪，烧了一腔羊，余者桌菜及果品之类，不可胜记。(《红楼梦》75回)

莫衡等主编《当代汉语词典》(2001) 认为，"之类"表示略去某些列举的事物。如：桌上放着碗筷之类的东西｜近来写了些杂感之类的文章。任超奇主编《新华汉语词典》(2006：1099) 认为，"之类"为助词，表示不一一列举。如：箱子里都是些衣服之类的东西｜她喜欢泥人、刺绣之类的手工艺品。张谊生（2001）认为"之类""之流"是列举助词，表示列举未尽。

二、"X 之 Y" 同位短语表列举古已有之

春秋战国时期，"X 之 Y"同位结构可以表列举，属于指示源列举结构，表示"X 这一类 Y"的意思，列举 X 一类人或事物并类及其他。其中 X 表示列举项；Y 表示总括项，是对前面列举项的类属的总括，X 和 Y 之间的关系为同位关系而非领属关系；指示词"之"在同位结构中有列举的用法，相当于"这些"。

"X 之 Y"同位结构，列举项常常为事物，表示列举事物并类及其他。如：

(9) 非滨之东，夷秽之乡，大解、陵鱼、其、鹿野、摇山、扬岛、大人之居，多无君；扬、汉之南，百越之际，敝凯诸、夫风、馀靡之地，缚娄、阳禺、驩兜之国，多无君；氐、羌、呼唐、离水之西，僰人、野人、篇笮之川，舟人、送龙、突人之乡，多无君；雁门之北，鹰隼、所鸷、须窥之国，饕餮、穷奇之地，叔逆之所，儋耳之居，多无君。(《吕氏春秋·恃君》)

其中"敝凯诸、夫风、馀靡之地"意思是敝凯诸、夫风、馀靡这些地方；"缚娄、阳禺、驩兜之国"意思是缚娄、阳禺、驩兜等国家，或缚娄、阳禺、驩兜这些国家，它们为同位性的列举结构，里面的"之"为指示词。又如：

(10) 魏令孟卯割绛、汾、安邑之地以与秦王。(《吕氏春秋·应言》)
"绛、汾、安邑之地"意思是绛、汾、安邑这些地方。

(11) 秦孝公据殽函之固，拥雍州之地，君臣固守以窥周室，有席卷天下，包举宇内，囊括四海之意，并吞八荒之心。(贾谊《过秦论》)

"殽函之固"即殽山、函谷关那样险固的地方（关隘），"雍州之地"即雍州一带那样的地方。

在指示性的"X之Y"同位结构中，"之类""之伦""之属""之徒"这些词可能被重新分析为列举标记。

要注意区分"X之Y"的结构类型，它可以是偏正结构，也可以是同位结构。只有同位结构中的"之"有列举的用法。下面的"X之Y"结构属于领属结构，不是同位结构：

（12）使名姓之后，能知四时之生、牺牲之物、玉帛之类、采服之仪、彝器之量、次主之度、屏摄之位、坛场之所、上下之神、氏姓之出，而心率旧典者为之宗。（《国语·楚语》）

例中"玉帛之类"即玉帛的种类。

（13）小方，大方之类也；小马，大马之类也；小智，非大智之类也。（《吕氏春秋·别类》）

（14）子未察吾言之类未明其故者也。（《墨子·非攻》）

（15）孝公既没，惠文、武、昭襄蒙故业，因遗策，南取汉中，西举巴、蜀，东割膏腴之地，北收要害之郡。（贾谊《过秦论》）

例中"膏腴之地"即肥沃的土地，"要害之郡"即非常重要的地区。

三、"之属"充当列举标记

在表列举的同位结构"X之Y"中，表示类别意义的"属""徒"可以和前面的"之"密切组合，形成固化了的"之属""之徒"。"之属""之徒"用在列举项的后面，表示列举未尽，相当于列举标记。

"之属"充当列举标记，列举项可以指人、指物。

（一）春秋战国时期用例

"之属"用在指人、指物名词的后面，表示类属义，相当于"这一类"。"X之属"属于同位结构。如：

（16）宗庙之事，脂者膏者以为牲，臝者、羽者、鳞者以为笋虡，外骨、内骨、却行、纡行、以脰鸣者、以注鸣者、以旁鸣者、以翼鸣者、以股鸣者、以胸鸣者，谓之小虫之属，以为雕琢。（《周礼·冬官考工记》）

其中，"小虫之属"表示小虫这一类。

如果"之属"用在多个名词的后面,列举义明显。如:

(17) 唯能用管夷吾、宁戚、隰朋、宾胥无、鲍叔牙之属而伯功立。(《国语·齐语》)

(18) 废敬上畏法之民,而养游侠私剑之属。(《韩非子·五蠹》)

"管夷吾、宁戚、隰朋、宾胥无、鲍叔牙之属"即管仲、宁戚、隰朋、宾胥无、鲍叔牙这批人;"游侠私剑之属"意思是游侠刺客这类人。多项列举义非常明显。

上古汉语的"属"用在代词之后表复数,如"吾属""若属",应当来源于它的类属义。表列举的"之属"也来源于它的类属义而不是复数义,"之属"大致相当于"这一类",词汇化过程是"类属义→连类复数"。张永言、杜仲陵、向熹等(2001:755)把"之属"与"吾属""若属"里面的"属"都释义为"类、辈"。即:

属:类;辈。《韩非子·五蠹》:"废敬上畏法之民,而养游侠私剑之属。"《史记·项羽本纪》:"章将军等诈吾属降诸侯。"又:"若属皆且为所虏。"

类属义发展而来的表复数的"吾属""若属",相当于"我们这些人""你们这些人"。汉语里复数有真性复数和连类复数之分,上古汉语的"属"类词应该属于连类复数而不是真性复数(王力,1989;杨伯峻、何乐士,1992)。

"属"一类词开始时都是类属义名词,后来发展出复数义,"之属"在同位结构中产生连类列举义。

(二) 两汉时期用例

汉代"之属"表连类列举,可用于指人、指物的列举。"之属"用于列举人并类及其他,列举项一般是多项的。如:

(19) 后数世,民咸归乡里,户益息,萧、曹、绛、灌之属或至四万,小侯自倍,富厚如之。(《史记·高祖功臣侯者年表》)

(20) 顾楚有可乱者,彼项王骨鲠之臣亚父、钟离昧、龙且、周殷之属,不过数人耳。(《史记·陈丞相世家》)

(21) 将相则张安世、赵充国、魏相、邴吉、于定国、杜延年,治民则黄霸、王成、龚遂、郑弘、邵信臣、韩延寿、尹翁归、赵广汉之属,皆有功迹见述于世。(《史记·平津侯主父列传》)

（22）而大臣绛、灌之属害之，故其议遂寝。（《汉书·礼乐志》）

（23）凡木之属皆从木。（《说文解字》）

"之属"指物列举，如：

（24）泰一所用，如雍一畤物，而加醴枣脯之属，杀一氂牛以为俎豆牢具。（《史记·孝武本纪》）

（25）而珠玉、龟贝、银锡之属为器饰宝藏，不为币。（《史记·平准书》）

（26）而珠玉龟贝银锡之属为器饰宝臧，不为币，然各随时而轻重无常。（《汉书·食货志》）

（27）孔氏为之《彖》、《象》、《系辞》、《文言》、《序卦》之属十篇。（《汉书·艺文志》）

（三）魏晋南北朝用例

魏晋南北朝以后，"之属"主要用于指物列举，用于指人较少。如：

（28）旧交阯土多珍产，明玑、翠羽、犀、象、玳瑁、异香、美木之属，莫不自出。（《后汉书·郭杜孔张廉王苏羊贾陆列传》）

（29）土地平旷，屋舍俨然，有良田美池桑竹之属。（陶渊明《桃花源记》）

（30）时有长人巨无霸，长一丈，大十围，以为垒尉；又驱诸猛兽虎豹犀象之属，以助威武。（《后汉书·光武帝纪》）

（31）六年秋，商病笃，敕子冀等曰："吾以不德，享受多福。生无以辅益朝廷，死必耗废帑臧，衣衾饭唅玉匣珠贝之属，何益朽骨。"（《后汉书·梁统列传》）

（四）唐宋以后的用例

"之属"用于指物列举和指人列举。多用于指物列举，如：

（32）皎起自下吏，善营产业，湘川地多所出，所得并入朝廷，粮运竹木，委输甚众；至于油蜜脯菜之属，莫不营办。（《陈书·列传·卷十四》）

（33）凡乐章古辞，今之存者，并汉世街陌谣讴，《江南可采莲》、《乌生十五子》、《白头吟》之属也。（《晋书·东志下》）

（34）观夫《太清》《北神》《中经》之属。（《太平广记·卷二·神仙二》）

(35) 沩曰："寂子说禅如狮子吼，惊散狐狼野干<u>之属</u>。"(《五灯会元》)

(36) 凡物有心而其中必虚，如饮食中<u>鸡心猪心</u><u>之属</u>，切开可见。(《朱子语类》)

(37) 征诸明兵法六十三家以备军吏，以长人巨母霸为垒尉，又驱诸猛兽<u>虎、豹、犀、象</u><u>之属</u>以助威武。(《资治通鉴》)

(38) <u>裸虫、毛虫、羽虫、昆虫、鳞介</u><u>之属</u>，俱无他名。(《西游记》3回)

(39) 篱外山坡之下，有一土井，旁有<u>桔槔辘轳</u><u>之属</u>；下面分畦列亩，佳蔬菜花，一望无际。(《红楼梦》17回)

(40) 刚演完了，一个太监托着一<u>金盘糕点</u><u>之属</u>进来，问："谁是龄官？"(《红楼梦》18回)

(41) <u>珍石宝玉</u><u>之属</u>，王家不能知其名。(《聊斋志异·八大王》)

(42) 章丘李孝廉善迁，少倜傥不泥，<u>丝竹词曲</u><u>之属</u>皆精之。(《聊斋志异·云萝公主》)

"之属"用于指人列举，如：

(43) 今人不合做许多神像只兀兀在这里坐，又有许多<u>夫妻子母</u><u>之属</u>。(《朱子语类》)

(44) 陈平曰："项王骨鲠之臣<u>亚父、钟离昧、龙且、周殷</u><u>之属</u>，不过数人耳。(《资治通鉴》)

(45) 相仿相效，日求所以富强之说，倾诈之谋，攻伐之计，一切欺天罔人，苟一时之得，以猎取声利之术，若<u>管、商、苏、张</u><u>之属</u>者，至不可名数。(《传习录》)

（五）现代汉语列举标记"之属"

现代汉语中，列举标记"之属"见于文言色彩较浓的书面语，通常见于指物的多项列举。如：

(46) 王肇民笔下的<u>苹果、石榴</u><u>之属</u>，大而有力。非尺幅巨大，精神大也。(《人民日报》，2014年5月25日)

(47) 阳气不足的人宜温补，如<u>附子、红参、羊肉</u><u>之属</u>。[《人民日报》(海外版)，2014年1月17日]

(48) 此处为一荒岗，林散之仿效乡里前贤开垦荒岗，辟<u>果园，植竹、</u>

松、桑、桃之属，潜心研究诗书画。[《人民日报》（海外版），2013年4月26日]

(49) 所画为希腊、罗马石刻，为非洲黑人木雕，为狮虎象豹之类、怪兽异禽之属。[《人民日报》（海外版），2014年8月13日]

四、"之徒"充当列举标记

名词"徒"的本义是步兵、兵卒（车后跟着步行的兵叫"徒"，即步卒），如《诗·鲁颂》"公徒三万"。引申为徒党、同一类或同一派别的人。如《史记·孔子世家》"子，孔丘之徒与？"再引申为"人"的意思，如成语：无耻之徒、好色之徒、亡命之徒、好事之徒、饕餮之徒、市井之徒。

"X之徒"可能是领属结构，意思为"X的门徒"，里面的"之"为助词；也可能是同位结构，意思为"X这一类人"，里面的"之"为指示词。"X之徒"是领属结构，如：

(50) 三公子之徒将杀孺子，子将如何？（《国语·晋语》）

(51) 仲尼之徒，无道桓文之事者，是以后世无传焉，臣未之闻也。（《孟子·梁惠王上》）

(52) 陈良之徒陈相，与其弟辛，负耒耜而自宋之滕，曰："闻君行圣人之政，是亦圣人也，愿为圣人氓。"（《孟子·许行》）

例中"三公子之徒即"三位公子的党徒，"仲尼之徒"即孔子的门徒，"陈良之徒陈相"即陈良的门徒陈相。

"X之徒"是同位结构，即"之徒"在同位短语中充当总括项，表示这一类人，它的前面是具体项。如：

(53) 鸡鸣而起，孳孳为善者，舜之徒也；鸡鸣而起，孳孳为利者，跖之徒也。（《孟子·尽心上》）

(54) 乐正子舆之徒笑之。（《列子·仲尼》）

"舜之徒"即舜一类的人，"跖之徒"即跖一类的人，"乐正子舆之徒"即乐正子舆这班人，或乐正子舆等人，都为同位结构。

注意，"跖之徒"也可能是定中短语表领属关系，即跖的门徒。对比：

(55) 跖之徒问于跖曰："盗有道乎？"（《吕氏春秋·当务》）

"跖之徒"即跖的门徒。

两汉时期，"之徒"用在多个指人专有名词的后面，列举义明显，"之徒"词汇化为一个词，用于指人的列举标记。如：

（56）太颠、闳夭、散宜生、鬻子、辛甲大夫之徒皆往归之。（《史记·周本纪》）

（57）太公望为师，周公旦为辅，召公、毕公之徒左右王，师修文王绪业。（《史记·周本纪》）

（58）齐威王、宣王用孙子、田忌之徒，而诸侯东面朝齐。（《史记·孟子荀卿列传》）

（59）孟尝、春申、平原、信陵之徒，皆因王者亲属，藉于有土卿相之富厚，招天下贤者，显名诸侯，不可谓不贤者矣。（《史记·游侠列传》）

（60）今大汉继周，久旷大仪，未有立礼成乐，此贾谊、仲舒、王吉、刘向之徒所为发愤而增叹也。（《汉书·礼乐志》）

（61）孙、吴、商、白之徒，皆身诛戮于前，而国灭亡于后。（《汉书·刑法志》）

（62）汉兴，高祖王兄子濞于吴，招致天下之娱游子弟，枚乘、邹阳、严夫子之徒兴于文、景之际。（《汉书·地理志》）

以上的"之徒"相当于"等、等人"的意思。

"之徒"和"之伦""之属"对举，用于指人的列举。如：

（63）楼缓、翟景、苏厉、乐毅之徒通其意，吴起、孙膑、带佗、倪良、王廖、田忌、廉颇、赵奢之伦制其兵。（《史记·陈涉世家》）

（64）于是六国之士有宁越、徐尚、苏秦、杜赫之属为之谋，齐明、周最、陈轸、昭滑、楼缓、翟景、苏厉、乐毅之徒通其意。（《汉书·项籍传》）

五、其他"之"类词用于列举

（一）"之类"用于列举

"之类"有两个用法，一个用法是两个词，"之"为结构助词，"类"为名词，相当于"……的种类/类别"，和前面的成分一起构成偏正结构；一个用法是"之"为指示词，相当于"……这一类""……这些类别"，和前面的成分一起构成同位结构，这种意义的"之类"常常词汇化为一个词，在"类别义"基础上，引申出同类事物列举未尽的意思。

"之类"和前面的成分一起构成偏正结构,"之"为结构助词,如:

(65) 使名姓之后,能知四时之生、牺牲之物、玉帛之类、采服之仪、彝器之量、次主之度、屏摄之位、坛场之所、上下之神、氏姓之出,而心率旧典者为之宗。(《国语·楚语》)

例中的"之"字结构均为偏正结构,意思是"四季的生长、祭祀用的牺牲、玉帛的种类、采服的礼仪、祭器的多少、尊卑的先后、祭祀的位置、设坛的场所、上上下下的神灵、姓氏的出处"。又如:

(66) 子未察吾言之类未明其故者也。《墨子·非攻下》(我的说法的类别)

(67) 毛羽者,飞行之类也,故属于阳;介鳞者,蛰伏之类也,故属于阴。(《淮南子·天文训》)(在天空飞翔的鸟类;在地下冬眠的蛇类)

"之类"和前面的成分一起构成同位结构,后面没有出现表属性的名词,复指前面提到的一类人或事物,相当于"这一类人、这一类事物",强调同类人、事物或同属性事物。如:

(68) 今世之人,多欲治其国,而莫之诛邓析之类,此所以欲治而愈乱也。(《吕氏春秋·离谓》)

(69) 国卿,君之贰也,民之主也,不可以苟,请舍子明之类。(《左传·襄公二十二年》)

(70) 故王之不王,非挟太山以超北海之类也;王之不王,是折枝之类也。(《孟子·梁惠王上》)

(71) 今欲以先王之政治当世之民,皆守株之类也。(《韩非子·五蠹》)

(72) 今使弱燕为雁行而强秦敝其后,以招天下之精兵,是食乌喙之类也。(《史记·苏秦列传》)

(73) 凡草物之类谓之妖,妖犹夭胎,言尚微。虫豸之类谓之孽,孽则牙孽矣。《汉书·五行志中之上》

(74) 假使之然,蝉蛾之类,非真正人也。(《论衡·无形》)

在多个列举项后面,有列举未尽的意思,充当列举标记,常用于指物列举。如:

(75) 其国名曰终北,不知际畔之所齐限,无风雨霜露,不生鸟兽、虫鱼、草木之类。(《列子·汤问》)

(76) 今臣闻秦太后、穰侯用事,高陵、华阳、泾阳佐之,卒无秦王,此亦淖齿、李兑之类也。(《史记·范雎蔡泽列传》)

(77) 既得在下，无嘉瑞之美，若"叶和万国"、"凤皇来仪"之类，非德劣不及，功被若之微乎？此言妄也。(《论衡·齐世篇》)

其中，"叶和万国""凤皇来仪"之类相当于"使所有的诸侯国和睦相处""凤凰来朝"这类吉兆。此句为例举动词后接列举结构。

到了元明清时期，"之类"的列举用法很明显，为列举标记，相当于"什么的""等等"。如：

(78) 陈大郎便问酒保打了几角酒，回了一腿羊肉，又摆上些鸡鱼肉菜之类。(《初刻拍案惊奇》卷八)

(79) 说毕，又吩咐按数发茶叶、油烛、鸡毛掸子、笤帚等物，一面又搬取家伙：桌围、椅搭、坐褥、毡席、痰盒、脚踏之类。(《红楼梦》14回)

现代汉语沿用"之类"的列举用法并产生列举助词"之类的"。

(二)"之流"用于列举

王力(2000)《王力古汉语字典》认为，"流"的类别义是从"河流""水道"义引申出来的。"流"，河流、水道，如："宁赴湘流，葬于江鱼之腹中"(屈原《渔父》)，"延道驰兮离常流"(《史记·河渠书》)。引申为派别、流派，如"逐博通众流百家之言"(《后汉书·王充传》)，"法家者流，盖出于理官"(《汉书·艺文志》)。

魏晋南北朝以后，"之流"有列举用法，用于指人列举。如：

(80) 臣松之以为陈群子泰，陆逊子抗，传皆以子系父，不别载姓，及王肃、杜恕、张承、顾劭之流，莫不皆然，惟董允独否，未详其意，当以允名位优重，事迹逾父故邪？(《三国志·蜀书》)

(81) 皆曰俞跗、扁鹊、和、缓、仓公之流，必能治病，何不勿死？(《抱朴子·至理》)

(82) 至于战国，孟轲、子思、荀卿之流，宗而师之，各有著述，发明其指。(《隋书》)

"之流"的语法化过程为：

河流、水道义→派别、流派义→类别义→列举义

元明清时期，"之流"的列举用法很明显，用于指人列举。如：

(83) 此必是个陶朱、猗顿之流，第一等富家了。(《初刻拍案惊奇》)

(84) 且古耕莘伊尹，钓渭子牙，张良、陈平之流。(《三国演义》)

(85) 此人真扁鹊、仓公之流也！(《三国演义》)

(86) 汝即黄巾张角之流，今若不诛，必为后患！（《三国演义》）

(87) 说是汉文晋字，天下奇才，王、杨、卢、骆之流。（《喻世明言》）

(88) 吏答道："是皆历代将相，奸回党恶，欺君罔上，蠹国害民，如梁冀、董卓、卢杞、李林甫之流，皆在其中。（《喻世明言》）

(89) 如前之许由、陶潜、阮籍、嵇康、刘伶、王谢二族、顾虎头、陈后主、唐明皇、宋徽宗、刘庭芝、温飞卿、米南宫、石曼卿、柳耆卿、秦少游，近日倪云林、唐伯虎、祝枝山，再如李龟年、黄幡绰、敬新磨、卓文君、红拂、薛涛、崔莺、朝云之流，此皆易地则同之人也。"（《红楼梦》）

"之流""之辈"对举，如：

(90) 玄德曰："备虽不才，文有孙乾、糜竺、简雍之辈，武有关、张、赵云之流，竭忠辅相，颇赖其力。"（《三国演义》）

近代汉语的"之流"还可以用于列举事物，如：

(91) 他随把桌子上的灯拿起来，里外屋里一照，只见不过是些破箱破笼衣服铺盖之流；又见那炕上堆着两个骡夫的衣裳行李，行李堆上放着一封信，拿起那信来一看，上写着"褚宅家信"。（《儿女英雄传》）

(92) 一时茶罢，紧接着端上菜来，四碟两碗，无非豆腐面筋青菜之流。（《儿女英雄传》）

现代汉语"之流"只能附在指人名词后表列举，即用于列举人。如：

(93) 这里面有不少的总经理、行长、局长、主任之流的人物。（欧阳山《三家巷》）

(94) 在几天之内，他单向皇上左右的几位大太监如王德化、曹化淳之流已经花去了三万银子，其他二三流的太监也趁机会来向他勒索银子。（姚雪垠《李自成第二卷》）

下面的句子"之流"前面又有"什么"，列举义明显。

(95) 整个市区，什么东霸天，西霸天，黑市长，南天霸，老狼，张大帅之流，哪个没有十万八万？（张平《十面埋伏》）

下面的句子"之流"和"等"对举，明显是列举义。

(96) 你应该姓"坏"，谢欣然自从被川田先生"接见"后，身价倍增，甭说李艺等人，就是车间总管郝君之流也对她刮目相看。（郁秀《花季雨季》）

第二节 "X 诸 N"指示性同位短语表列举

本节分析"X 诸 N"同位结构（X 代表列举项，N 代表总括名词）表列举的用法，为指示性同位结构中的一类，表示列举未尽。"诸"的复数义和列举义的关系是："诸"前置表复数，在同位结构中表列举。

一、名词前"诸"的复数用法

古汉语的"诸"有"众，许多，各"的意思，如：诸位、诸君、诸侯。"诸大夫"相当于"许多大夫"，"诸弟子"相当于"许多弟子"。
"诸"在名词前，表示众多的意思，先秦就有，可以用于指人、指物。如：

(1) 知维天地，能辩诸物，此中德也。（《庄子·杂篇·盗跖》）
(2) 魏文侯燕饮，皆令诸大夫论己。（《吕氏春秋·不苟论》）
(3) 左右皆曰贤，未可也；诸大夫皆曰贤，未可也；国人皆曰贤，然后察之；见贤焉，然后用之。左右皆曰不可，勿听；诸大夫皆曰不可，勿听；国人皆曰不可，然后察之；见不可焉，然后去之。左右皆曰可杀，勿听；诸大夫皆曰可杀，勿听；国人皆曰可杀，然后察之；见可杀焉，然后杀之。（《孟子·梁惠王下》）

上面的"诸大夫"相当于大夫们。
汉代以后"诸 N"的复数用法较多，多用于人的多数，也用于物的多数。
"诸 N"用于人的多数，如：

(4) 自中丁以来，废適而更立诸弟子，弟子或争相代立，比九世乱，於是诸侯莫朝。（《史记·殷本纪》）
(5) 立石，与鲁诸儒生议，刻石颂秦德，议封禅望祭山川之事。（《史记·秦始皇本纪》）
(6) 及楚击秦，诸将皆从壁上观。（《史记·项羽本纪》）
(7) 叔孙通作汉礼仪，因为奉常，诸弟子共定者，咸为选首，然后喟然兴于学。（《汉书·儒林传》）

(8) 吾见诸弟子言，无可复以加诸真人也。(《太平经》卷八十六)

(9) 故真人来，——口口问此至道要也，诸弟子亦宁自知不乎?"(《太平经》卷七十二)

"诸 N"用于物的多数，如：

(10) 其都曰蓝市城，有市贩贾诸物。(《史记·大宛列传》)

(11) 当此时，诸郡县苦秦吏者，皆刑其长吏，杀之以应陈涉。(《史记·陈涉世家》)

(12) 诸物在天地之间也，犹子在母腹中也。(《论衡·自然篇》)

(13) 至於百岁，临且死时，所见诸物，与年十岁时所见，无以异也。(《论衡·齐世篇》)

(14) 故诸物相贼相利，含血之虫相胜服、相啮噬、相啖食者，皆五行气使之然也。(《论衡·物势篇》)

二、"诸"在同位结构中表示列举

"诸"在同位结构中表示列举的用法，在先秦时期就出现，用于指物列举，但不常见。如：

(15) 若曲礼、少仪、内则、弟子职诸篇，固小学之支流余裔，而此篇者，则因小学之成功，以著大学之明法，外有以极其规模之大，而内有以尽其节目之详者也。(《大学·中庸》)

(16) 蔺石、厉矢诸材器用皆谨部，各有积分数。(《墨子·杂守》)

"曲礼、少仪、内则、弟子职诸篇"相当于"《曲礼》《少仪》《内则》《弟子职》等篇"；"蔺石、厉矢诸材器用"相当于"擂石、锋利的箭等防守用的军事器材"，它们前面是列举项，后面是总括项，"诸"在列举项后面充当列举标记。

汉代用例，如：

(17) 纵远方奇兽蜚禽及白雉诸物，颇以加礼。(《史记·封禅书》)

(18) 迁书载《尧典》、《禹贡》、《洪范》、《微子》、《金縢》诸篇，多古文说。(《汉书·儒林传》)

魏晋南北朝以后，"诸"在同位结构中用于列举，可用于指人指物的列举。如：

(19) 遣将徇太山、东莱、城阳、胶东、北海、济南、齐诸郡，皆下

之。(《后汉书·王刘张李彭卢列传》)

(20) 兴平元年，曹操复击谦，略定琅邪、东海诸县，谦惧不免，欲走归丹阳。(《后汉书·刘虞公孙瓒陶谦列传》)

(21) 卿才具秀拔，主公相待至重，谓卿当与孔明、孝直诸人齐足并驱，宁当外授小郡，失人本望乎？(《三国志·蜀书》)

(22) 如《纪辩才塔碑》，则云见《栾城后集》，于《马知节文集跋》、《生日渔家傲词》诸篇之不在集中者，则并为全录其文，以拾遗补阙。(苏辙《栾城集》)

(23) 至于专诸、聂政诸人，不过义气所使，是个有血性好汉，原非有术。(《初刻拍案惊奇》)

(24) 惠妃信的释子，叫做金刚三藏，也是个奇人，道术与叶、罗诸人算得敌手。(《初刻拍案惊奇》)

(25) 且言姬昌坐端明殿，对上大夫散宜生曰："孤此去，内事托与大夫，外事托与南宫适、辛甲诸人。"(《封神演义》10回)

(26) 次日，先送过衣服玩物去，王夫人、凤姐、黛玉等诸人皆有随分的，不须细说。(《红楼梦》22回)

注意，如果"诸"的前后成分之间不构成同位结构，"诸"就没有列举义。例如：

(27) 使者以闻，莽不听，诏下会西域诸国王，陈军斩姑句、唐兜以示之。(《汉书·西域传》)

(28) 凡沙河已西，天竺诸国，国王皆笃信佛法。(晋·《佛国记》)

句中的"西域诸国王"为表示领属义的偏正结构，里面的"诸"为"各"义，不是列举用法；"天竺诸国"相当于天竺里面的各个国家，"天竺"和"诸国"之间的语义关系为领属关系，结构类型为偏正结构。

下面的"诸"构成的结构才是同位结构，里面的"诸"有列举未尽的意思，为列举用法。

(29) 莫何勇毅绝伦，甚得众心，为邻国所惮，伊吾、高昌、焉耆诸国悉附之。(《北史·列传》)

(30) 太延中，魏德益以远闻，西域龟兹、疏勒、乌孙、悦般、渴槃陀、鄯善、焉耆、车师、粟特诸国王始遣使来献。(《北史·列传》)

(31) 其族强盛，东自契丹、室韦，西尽吐谷浑、高昌诸国，皆臣属焉。(《旧唐书·列传》)

同位结构中"诸"的列举用法，一直沿用到现代汉语。

三、现代汉语"诸"在同位短语中表列举

"诸"在同位结构中用于列举，后面一定得出现总括项。"诸"用在同位短语中，构成"列举项+诸+总括项"结构，除了"多、各"的意思，还有列举未完类及其他的意思，如"云南、贵州诸省"。"诸"在同位短语中有列举标记的用法，从来源看，"诸"原本是指示词，在同位结构中是个指示源列举标记。

单项列举后附"诸"表示的是类及其他的意思，说明这个"诸"相当于列举标记，如"曾国藩诸人"。如果是多项列举的列举已尽，"诸"趋向于表示"各"；如果是多项列举的列举未尽，"诸"表示列举，为列举标记。如：

（32）要注意引导学生在<u>体、智、德、美、劳诸方面</u>都得到发展。（相当于"体、智、德、美、劳各个方面"）

（33）要注意引导学生在<u>体、智、德、美诸方面</u>都得到发展。（相当于"体、智、德、美"等方面）

如果"诸"的前后成分之间不构成同位结构，"诸"就没有列举义。如"东南诸省""南部诸省""沿海诸省""乌克兰北部诸省"，两个成分之间的语义关系为领属关系，结构类型为偏正结构；而"云南、贵州诸省""新城、桐庐、富阳诸县"两个成分之间的语义关系为同位关系（具体项+总括项），结构类型为同位结构。例如：

（34）经过长途跋涉，一些货物流入英国、法国、德国和<u>中欧诸国</u>。

句中的"中欧诸国"相当于中欧里面的各个国家，"中欧"和"诸国"之间的语义关系为领属关系，结构类型为偏正结构。如果把句子改为：

（35）经过长途跋涉，一些货物流入<u>英国、法国、德国诸国</u>。

句中的"英国、法国、德国诸国"相当于英国、法国、德国等国，结构类型为同位结构。

（一）单项指人列举

单项指人列举，如：

(36) 哲宗绍圣四年（1097），章敦、蔡卞（蔡京的哥哥）用事，大为<u>王安石诸人</u>翻案，将元佑诸人一律斥为奸党，生者贬窜，死者追回所赠官及谥告，让地方官推倒墓碑。

(37) <u>曾国藩诸人</u>虽向近代化方面走了好几步，但是他们不彻底，仍不能救国救民族。

"王安石诸人"相当于王安石这些人、王安石等人；"曾国藩诸人"相当于曾国藩这些人、曾国藩等人。又如：

(38) 这一曲李莫愁是唱熟了的，黄药师一加变调，她心中所生感应，比之<u>杨过诸人</u>更甚十倍。（金庸《神雕侠侣》）

(39) 杨过大奇，再看郭芙和武氏兄弟三人也是倚赖乱石避难，危急中只须躲到石后，<u>达尔巴诸人</u>就须远兜圈子，方能追及，那时郭芙等又已躲到了另一堆乱石之后。（金庸《神雕侠侣》）

"诸"和列举标记"等"前后对举，可见"诸"有类似于"等"的列举用法。如：

(40) 作为商埠的形成与发展也有 280 年的历史，是上海郊区<u>松江、奉贤、青浦、金山诸县</u>及闵行等卫星城区进入上海的咽喉，是<u>浙、赣、皖、闽等省</u>进入上海的门户。

（二）多项指人列举

多项指人列举，如果是列举未尽，则有类及其他项的意思，属于列举用法。如：

(41) 我们想起明末清初的<u>冯梦龙、金圣叹、李笠翁诸人</u>，觉得这一路真可以有苏杭文学之称。

"冯梦龙、金圣叹、李笠翁诸人"相当于冯梦龙、金圣叹、李笠翁这些人，冯梦龙、金圣叹、李笠翁一类人，属于列举未尽。

(42) 将帅有战前妄自夸大而临战即后退者，也有鞠躬尽瘁死而后已者，如<u>关天培、裕谦、海龄诸人</u>。

该句是举例，为列举未尽，"关天培、裕谦、海龄诸人"相当于关天培、裕谦、海龄这些人，关天培、裕谦、海龄等人。又如：

(43) 只见<u>一灯大师、黄蓉、武三通、耶律齐诸人</u>都坐在大厅一角。（金庸《神雕侠侣》）

(44) 张无忌请问了<u>传功长老、执法长老诸人</u>的姓名之后，便道……

(金庸《神雕侠侣》)

"诸"和"等"一前一后对举，表明"诸"用于表达列举。如：

(45) 海西、建州、野人诸部女真首领，如把剌答哈、阿剌孙等人，都跟随邢枢、张斌等人到来京城，表示臣服。

"诸"也可以用于多项事物列举，如：

(46) 公司是承袭中国核工业集团公司苏州阀门厂的品牌、质保、技术制造和管理诸优势的基础上创立的股份有限公司，是中国阀门行业和核工业系统的首家上市公司。

(47) 社会主义社会对青少年的培养目标，决定了社会主义的家庭教育在德、智、体、美诸方面都有很高的要求，其中许多部分以及教育的方法都和过去社会的家庭教育有根本的区别。

(48) 如日军进攻山西忻口时，即曾借施放催泪毒气突破我军阵地；其后在台儿庄、安庆、香口诸战役中，日军力求速胜而遇我军坚决抵抗时，常使用毒气助战。

(49) 然后，兵分两路，往南打下衢州，往北攻占新城、桐庐、富阳诸县，兵锋直指杭州。

如果是多项列举的列举已尽，则"诸"强调"各"，列举义减弱。如：

(50) 从公元初到十世纪中叶，近一千年，有后汉、三国、两晋、南北朝、隋、唐、五代诸朝代供我们研究。

(51) 救护车来了，由陈璧君、蒋介石、曾仲鸣、褚民谊诸人陪送汪入中央医院。

正因为多项列举后面的"诸"的列举已定或未定不好确定，有时就在"诸"的后面再增加列举标记"等"与它共现，这时，"诸"强调"各"，而"等"强调列举未尽。可见"诸"的列举用法还是不同于"等"。如：

(52) 周汝昌，我国著名红学家。他是继胡适等诸先生之后，新中国研究《红楼梦》的第一人。

(53) 郭沫若、翦伯赞、吴晗、邓初民以及上海的马叙伦等诸先生，经常为《文汇报》写稿。

(54) 多数与会者认为，道家和道教就总体而言对我国古代科技，特别是其中的天文、数学、医学、化学等诸门学科都起过积极的作用和影响。

第四章　类别型列举标记及类别型连类复数

　　类别型列举标记是较原始的列举标记,是使用类别义名词充当列举标记。这类列举形式明显来源于类别义名词,最初是构成"个体名词+类别名词"的同位结构,类别名词有总括功能,后来虚化为复数标记和列举标记。典型的类别型列举标记为"等","等"原指人的同辈、同类,后虚化为表示多数和列举的助词。在方言中,存在复数型列举标记,形式上与人称代词或名词的复数形式同形,是复数标记进一步向列举标记的扩展,这类列举标记应该来源于类别名词,属于类别型列举标记,如湖南常德方言的"俺"具有复数功能和列举功能。在近代汉语和方言中还用类别名词"家伙""东西"充当类别型列举标记,如湖南南县方言的"家伙",湖南东安方言和隆回方言的"东西"。

第一节　"等"充当列举标记及语法化过程

　　现代汉语"等"用于列举,有三种句法形式:"X+等"形式、"X+等+数量名"形式、"X+等+总括名词"形式。这三类格式在"等"的历时发展过程中是不同的。两汉时期,后附的"等"比较常见,主要用于指人的列举,很少用于指物的列举。主要列举形式有两种,一是"X+等"形式,即"等"附着在列举项的后面表示列举未尽;二是"X+等+数量词语"形式,即"等"附着在列举项后,后面再用数量词语来总括。魏晋南北朝时期"等"的句法格式有两个特点:一是"X+等"列举形式扩展到指物列举;二是"X+等+总括名词"列举形式逐渐被广泛使用,这种列举形式的总括项不需要借助数量词语,后面直接用名词来总括列举项的属性,并且列举项逐渐向事物、活动列举扩展,标志着"等"类列举结构的成熟。唐宋时期出现的变化是,列举标记"等"列举适用范围进一步扩大,格式中的列举项可用动词、形容词,表示活动、事件、性状的列举;

许多列举形式伴随着前置的"如、若"等引导动词;另外,列举项可以是言域小句,表示话语引语的列举,属于言域列举。唐宋以后的"等"基本沿用唐宋时期表列举的"等"的用法。"等"的语法化路径为:类别义(名词)→连类复数(助词)→列举未尽(助词)→总括性列举(助词)。从中可以看出"等"的多数义和列举义的联系:"等"由类别义发展出连类复数用法,再成为总括性列举标记;"等"由类别义发展成连类复数的过程中,总括义增强,复数义受限,这是"等"最终没能发展为复数标记的原因。

关于表多数的助词"等",《现代汉语词典》(第7版)认为:

"等",助词,①〈书〉用在人称代词或指人的名词后面,表示复数:我~|彼~。②表示列举未尽(可以叠用):北京、天津~地|纸张文具~~。③列举后煞尾:长江、黄河、黑龙江、珠江~四大河流。

《现代汉语八百词》认为:

"等(等等)",助词,①表示列举未尽。用在两个或两个以上并列的词语后,用于书面语。如:本次列车开往成都,沿途经过郑州、西安等地|唐代著名诗人李白、杜甫、白居易等。②列举之后煞尾,后面往往带有前列各项的总计数字。如:中国有长江、黄河、黑龙江、珠江等四大河流|这学期我们学了语文、代数、几何、化学、英语等五门课程❶。

邢福义(1996)认为"等、等等"乃至"等等等等"跟"们"有点相似,因为可以附着指人名词,还可附着事物名词、时间名词,甚至附着于短语句子。但从"等"类词本身的形式和所附着的对象来看,又不像"们"那样具有明显的词尾性,所以邢福义称之为"准复数助词"。邢福义(1996)把"等"看作"准复数助词",对分析列举形式和复数形式的联系很有启发。

张谊生(2002)、董志翘(2003)、朱军(2006)、邹哲承(2007)等对助词"等"的语法特点有比较详细的分析。

董志翘(2003)分析了助词"等"表列举后煞尾用法,认为"等"用在"列举项+等+数量名"这类结构中,因为前面已经全部列举出所要

---

❶ 关于"等"表示列举后煞尾,《现代汉语八百词》和《现代汉语词典》(第5版)使用的说法是"列举后煞尾",而不是"列举已尽"。我们注意到,如果里面的确数词不出现,或者换成概数词,"等"还是表列举未尽,如"长江、黄河、黑龙江、珠江等河流""长江、黄河、黑龙江、珠江等几大河流"。可见这里的"等"不一定是表列举已尽。

表述的各项，后面又有精确的统计数字，所以已无暗示"前文有省略，列举未尽"的意味，仅存穷尽列举后"煞尾""打住"的语法功能。

从现代汉语的角度看，助词"等"的研究还存在一些分歧：①如何理解"等"列举功能，"等"的复数义和列举义怎样关联；②后面带有前列各项的总计数字时，"等"是表示列举后煞尾（起协调音节作用），还是表示列举已尽（相当于总括功能）；③如果后面没有前列各项的总计数字时，多项列举的"等"是表示列举已尽的概括煞尾，还是表示列举未尽的替代省略。

一、现代汉语的"等"用于列举的三种句法形式

现代汉语"等"用于列举，有三种句法形式："X+等"形式、"X+等+总括名词"形式、"X+等+数量名"形式。

"X+等"形式，如：

（1）会后，我随杨勇等来到邓小平同志家里，向他报告善后方案。(1994年《作家文摘》)

（2）去年以来，香港李嘉诚先生等携巨资进军大陆微利房地产市场。(1994年《报刊精粹》)

"X+等+总括名词"形式，如：

（3）宾主又谈了一会儿，商定第二天开始工作。吴克功等人就送汉斯到招待所休息。（张贤亮作品）

（4）根据墓碑上残存的字迹，袁继和等老师来到了石浦港对面的高塘岛上打听。(2000年《人民日报》)

"X+等+数量名"形式，如：

（5）陈某某等三人走上犯罪道路，首先有自身的原因。(1993年《人民日报》)

（6）过了大约不到一小时，杨友梅等三人垂头丧气地回来了。(1994年《报刊精粹》)

（7）北京铁路公安处经过严密侦查，将高某某等一批犯罪分子抓获归案，收缴铁路器材70余吨。(1993年《人民日报》)

对比：

（8）我们学过语文、数学等。（"X+等"形式）

(9) 我们学过语文、数学等课程。（"X＋等＋总括名词"形式）

(10) 我们学过语文、数学等四门课程。（"X＋等＋数量名"形式）

其中"X＋等"形式"等"的后面没有概括项，"X＋等＋数量名"形式和"X＋等＋总括名词"形式"等"的后面有概括项，一个用总括名词来概括，一个用数量词语来概括。由于"等"的后面可以出现总括项，我们把"等"归入总括性列举标记。

（一）"X＋等"列举形式

"X＋等"列举形式，直接用助词"等"对列举项进行总括，总括名词或者在上文出现，或者省略。如：

(11) 周恩来等认真总结了前两次失败的教训，成立了指挥部。

(12) 之后，各市县有关执法部门还组织人员，对各宾馆、饭店、集市等进行突击检查。

(13) 古巴武装部队的坦克、飞机、军舰、弹药等几乎都是苏联提供的。

(14) 我们的铺盖、书籍、背包、箱子、洗脸用具等都安置得井井有序。

(15) 音节、元音、辅音、主语、谓语等是语言学的术语；有机、无机、催化、卤素、稀土等是化学术语。

（二）"X＋等＋总括名词"列举形式

"X＋等＋总括名词"形式，是使用总括名词对列举项进行总括。如：

(16) 7月初以来，江西、浙江、福建、广西等省、自治区暴雨成灾，洪水泛滥，大批房屋倒塌，农田被淹，铁路受阻。

(17) 因为领导机关的指示、决议、命令和书信之类，都必须经过打字、印刷、发行和通讯等工作，才能送到接收和执行的人员手上去。

(18) 1985年，为重修黄崖关长城清基时，曾发现了妇女用的簪子、顶针等物品，还出土了一块河南营都司"鼎建碑"。

有的概括项已经在上文出现，"等"后面没有概括项名词，属于概括项回指的"X＋等"列举形式，可以看作"X＋等＋总括名词"列举形式的一种变化形式。如：

(19) 有些语言如英语、法语、西班牙语、阿拉伯语等，通用于许多

075

国家，但已分别掺杂着当地的语音。

（20）这些民族大致统属于四个语族：藏、么些、栗粟、倮黑、山头、彝、窝尼、撒尼、阿细、阿卡等属藏缅语族；仲、泰、沙、侬、土僚属侗台语族；苗族属苗徭语族；卡瓦瓦崩龙语族。

概括项在上文出现，一种常见的情形是用于列举的"等"。即上文已经出现了概括项，用列举动词引出列举结构，构成"如/比如＋X＋等""有/包括＋X＋等"一类列举格式。这类列举前面有列举动词"如、比如"或"有、包括"等引导，即有前置的列举引导词。

"如/比如＋X＋等"列举形式，如：

（21）不论在大学中学，我们青年同志们进行适当的课外活动，如旅行，参观等，也是必要的。

（22）文化交流可以通过许多途径，如贸易、战争、移民等等，然而教育始终是一条重要的途径。

（23）不合法的血统，如非婚生子、庶生子等，就不是完整意义上的宗祧，或者是地位较为低下的宗祧。

（24）（《毛泽东选集》）涉及的历史人物既有政治家、军事家、文学家、诗人、学者，如曹操、孙武、司马迁、韩愈、朱熹等，又有佞臣奸相，如魏中贤、李林甫、刘瑾、秦桧等。对农民起义领袖，如陈胜、吴广、朱元璋、李自成、洪秀全等，倾注相当大的热情。

（25）取之不尽、用之不竭的资源，如空气、水等；有限但可以更新的资源，如森林、粮食等；有限又不能更新的资源，如石油和煤等矿物。

"有/包括＋X＋等"列举形式，如：

（26）常见的普通仪器有浪纹计、语图仪等。

（27）在我国，70年代后期与环境科学结合，著名学者有刘培桐等。

（28）由于研究对象的特点，它与许多学科有密切关系，除心理学和语言学外，还有信息论、人类学等。

（29）品牌扩展决策是指企业利用其成功品牌名称的声誉来推出改良产品或新产品，包括推出新的包装规格、香味和式样等。

（30）其教学方式也比较多样化，包括模拟和游戏等。

（31）拉丁语族，包括法语、意大利语、西班牙语、葡萄牙语和罗马尼亚语等。斯拉夫语族有俄语、保加利亚语、波兰语等。波罗的海语族包括拉脱维亚语和立陶宛语等。

(三)"X+等+数量名"列举形式

"X+等+数量名"列举形式,使用数量词对列举项进行总括,数量词语显示为列举未尽或列举已尽。数量词语显示为列举未尽,如:

(32) 这次展出了他们的<u>速写、漫画、插图、油画、国画、版画等百余幅作品</u>。

(33) 去年十一月,他联合四户农民办起罐头厂,两个月生产<u>牛肉、兔肉、鸡肉、红枣、梨、苹果等九个品种</u>,共十二万二千瓶,总产值二十五万元,获纯利三万六千元。

数量词语显示为列举已尽。如:

(34) 考察团将分别对<u>苏州、杭州、福州和泉州等四个历史文化名城</u>进行考察。

(35) 该书每篇分<u>"片头介绍"、"故事梗概"、"点评赏析"、"思考题"等四个部分</u>。

(36) 现在钻井一公司的足迹遍及<u>黑龙江、吉林、内蒙古、新疆等六个省区</u>的16个县市,战线连绵2000余公里。

(37) 教育部日前组织<u>京、津、沪、鄂、粤、陕、苏、赣等十省市</u>党委教育工作部门,在75所高校中开展了高校学生思想政治状况滚动调查工作。

注意,在"X+等+数量名"格式中,列举项的列举未尽和列举已尽是由数量词带来的,而不是由"等"带来的。没有或有数量词,都显示为列举未尽。对比:

没有数量词,显示为列举未尽:

苏州、杭州、福州和泉州等历史文化名城

"片头介绍"、"故事梗概"、"点评赏析"、"思考题"等部分

黑龙江、吉林、内蒙古、新疆等省区

京、津、沪、鄂、粤、陕、苏、赣等省市

有数量词,显示为列举未尽:

苏州、杭州、福州和泉州等六个历史文化名城

"片头介绍"、"故事梗概"、"点评赏析"、"思考题"等六个部分

黑龙江、吉林、内蒙古、新疆等六个省区

京、津、沪、鄂、粤、陕、苏、赣等十省市

这说明"X+等+数量名"格式属于总括性列举，使用数量词对列举项进行总括和计数。

（四）"等"与总括项

有的"等"字格式，后面必须要有总括项，否则句子不成立。如：

(38) 西域的棉花、葡萄酒、工艺品、舞蹈、音乐等，先后传入内地；内地的丝绸、瓷器、书籍、医药等等，也流传到西域、吐蕃等地。

该句有三处"等"，前两处没有总括项，后一处有总括项，但是后一处的概括项不能省，否则句子不成立。即：

(39) *内地的丝绸、瓷器、书籍、医药等等，也流传到西域、吐蕃等。

下面的"等"字句来自留学生作文，后面缺少概括项，句子不成立。

(40) 水是有限的东西，像石油等一样。

(41) 所以在瑞典等，安乐死是合法化的。

(42) 星期天，爸爸妈妈常常带我去公园、动物园等玩。

(43) 在公园等，我常常看到我的同学。

(44) 吸烟可以引起各种癌症等。

(45) 在街上、车上等吸烟的话，要给予罚款等。

应该在"等"的后面添加总括项，说成：

(46) 水是有限的东西，像石油等物质一样。

(47) 所以在瑞典等一些国家，安乐死是合法化的。

(48) 星期天，爸爸妈妈常常带我去公园、动物园等地方玩。

(49) 在公园等一些地方，我常常看到我的同学。

(50) 吸烟可以引起各种癌症等疾病。

(51) 在街上、车上等公共场所吸烟的话，要给予罚款等。

从"等"的发展来看，表列举的"等"也存在三种句法格式："X+等"形式、"X+等+数量名"形式、"X+等+总括名词"形式，这三种格式在汉语史各发展时期使用情况不同，比如出现的先后顺序、列举项的范围等都存在差异，其中"X+等"还跟复数有关。

二、"等"充当列举标记的语法化过程

关于"等"的语法化过程，学者有不同的看法。朱军（2006）把

"等"看作列举代词,列举代词"等"有"列举未尽""列举未定"和"列举已尽"三个语义等级,它们之间构成逐步虚化的过程。朱军(2006)认为"等"的虚化过程是:

名词"等"(表类、属义)→复代词"等"(列举未尽)→列举代词"等"(列举未定)→列举代词"等"(列举已尽)

陈秀兰(2011)认为,在汉语的发展史上,助词"等"有两种用法,一是表示列举,二是表示复数,并且助词"等"表示列举的用法早于表示复数的用法。

杨永龙(2014)认为:表示列举未尽的"等"与复数的连类而及功能有关,"等"一个明显的语法化路径是:真性复数→连类复数→不完全列举→完全列举。

我们关心的问题:①"等"的语法格式的历时演变,②"等"的意义的变化,③"等"的语法化过程中,"等"的复数义和列举义如何关联。

根据前人的研究,我们认为:

"等",《说文》:"齐简也,从竹从寺。寺,官曹之等平也。"依据《说文》,"等"的本义为"整齐的简册"。引申为等级。清代段玉裁《说文解字注》:"凡物齐之,则高下历历可见,故曰等级。"《康熙字典》:"等级也。《礼·乐记》:'则贵贱等矣'。《周礼·春官》:'以玉作六瑞,以等邦国'。《左传·隐五年》:'明贵贱,辨等列'"。类似的意思有:类曰等,即种类,如《易经·系辞》:"爻有等,故曰物";辈曰等,同地位者之称,如《礼记·曲礼》:"见同等不起"。《康熙字典》解释:"类也,比也,辈也。《易·系辞》:'爻有等,故曰物。'《礼·曲礼》:'见同等不起。'"再引申出同辈、同类义,指人,如:"我等、尔等"。进一步虚化为表示多数和列举的助词。"等"大致的虚化过程为:

齐简→等级、类别→(指人)同辈、同类→表一类人的助词→表列举助词

名词→名词/后附成分→连类复数→列举标记

前人对助词"等"的句法格式及其历时演变不怎么关注,而考察"等"的句法格式及其历时演变对认清"等"的意义和语法化过程非常重要。

现代汉语"等"用于列举,有三种句法形式:"X+等"形式、"X+等+数量名"形式、"X+等+总括名词"形式,这三类格式在"等"的历时发展过程中是不同的。下面我们分析这三种形式在古代汉语各个历史

时期使用的情况。

（一）两汉时期"等"的句法格式

"等"表连类多数和列举，先秦时期极少见，主要见于两汉时期。我们检索了 CCL 古代汉语语料库，"吾等""臣等"这类表多数的用例在先秦文献里没有检索到。

下面的"等"比较特别，见于先秦时期《墨子·公输》，"等"附在指人名词后再接数量词语，先秦时期"等"的这种用法目前检索到的文献仅见一例，格式为"人名＋等＋数量词语"，即借助数量词语构成同位结构。如：

（52）然臣之弟子<u>禽滑厘等三百人</u>，已持臣守圉之器在宋城上而待楚寇矣。（《墨子·公输》）

（52）例中的"等"一般认为表列举未尽，其实也可能是连类义，同"禽滑厘等"。

由于只有一例，我们不把列举义当作虚化为连类复数的起点，即不构成"列举→连类复数"的语法化链。

两汉时期，后附的"等"比较常见，主要用于指人的列举，很少用于指物的列举。主要列举形式有两种，一是"X＋等"形式，即"等"附着在列举项的后面表示列举未尽；一是"X＋等＋数量词语"形式，即"等"附着在列举项后，后面再用数量词语来总括。"X＋等＋总括名词"列举形式非常少，即"等"后面直接用名词来总括的情况非常少。

"等"前面的项有人称代词、指人名词，指人名词后附"等"又以指人专名后附"等"最常见，普通指人名词后附"等"用例较少。而"等"附着在指物名词（即非指人名词）后面表列举的用例极少。下面选择《史记》中的"等"做详细分析。

1. "X＋等"形式

X 是人称代词。如：

"等"附着在人称代词的后面，构成"人称代词＋等"形式，"等"表连类复数。其中"吾等"三例，相关的"吾属"九例；"彼等"一例；"若等"一例，相关的"若属"二例；无"我等""我辈"，但有"我属"一例。

"吾等"的用例，如：

（53）今吾三族皆以论死，岂以王易吾亲哉！顾为王实不反，独吾等为之。《史记·张耳陈馀列传》

（54）乃吾等非也。吾王长者，不倍德。且吾等义不辱，今怨高祖辱我王，故欲杀之，何乃污王为乎？（《史记·张耳陈馀列传》）

"臣等、公等、君等"本来是名词后附"等"，用在对话中，用作人称代词，已经代词化了，充当人称代词复数形式，相当于"我们、我们这些人""你们、你们这些人"。其中"臣等"24例，"公等"9例，"君等"2例。如：

（55）功臣皆曰："臣等身被坚执锐，多者百余战，少者数十合，攻城略地，大小各有差。今萧何未尝有汗马之劳，徒持文墨议论，不战，顾反居臣等上，何也?"（《史记·萧相国世家》）

（56）卢生说始皇曰："臣等求芝奇药仙者常弗遇，类物有害之者。……"（《史记·秦始皇本纪》）

（57）是时赵相赵午等数十人皆怒，谓张王曰："王事上礼备矣，今遇王如是，臣等请为乱。"（《史记·田叔列传》）

"臣等"后面可以有数量词语，如：

（58）梁王念太后、帝在中，而诸侯扰乱，一言泣数行下，跪送臣等六人，将兵击却吴楚，吴楚以故兵不敢西，而卒破亡，梁王之力也。（《史记·韩长孺列传》）

"臣等"和"群臣"意义不同，"群臣"为名词的真性复数，相当于"大臣们"。

"群臣"和"X等"前后出现，"群臣"表示真性复数，相当于"大臣们"；"X等"是人名后附"等"，表示连类复数。

（59）群臣如袁盎等称说虽切，常假借用之。（《史记·孝文本纪》）

（60）群臣如张武等受赂遗金钱，觉，上乃发御府金钱赐之，以愧其心，弗下吏。（《史记·孝文本纪》）

叙述用"群臣"，对话用"臣等"。"群臣"为真性复数，即"大臣们"，叙述时表示许多大臣发出的动作行为。对话时，说话的只选择了一个代表，适合用"臣等"，为连类复数，相当于我们这些人，列举一个类及一群。如：

（61）群臣皆曰："大王起微细，诛暴逆，平定四海，有功者辄裂地而封为王侯。大王不尊号，皆疑不信。臣等以死守之。"（《史记·高祖本纪》）

081

（62）群臣皆伏固请。代王西乡让者三，南乡让者再。丞相平等皆曰："臣伏计之，大王奉高帝宗庙最宜称，虽天下诸侯万民以为宜。臣等为宗庙社稷计，不敢忽。大王幸听臣等。臣谨奉天子玺符再拜上。"（《史记·孝文本纪》）

当然，叙述时用"群臣"，对话也可以用"群臣"。但不能是叙述用"臣等"而对话却用"群臣"。如：

（63）群臣皆顿首言："皇太后为天下齐民计所以安宗庙社稷甚深，群臣顿首奉诏。"（《史记·吕太后本纪》）

（64）管仲病，桓公问曰："群臣谁可相者？"（《史记·齐太公世家》）

（65）晏子曰："臣笑群臣谀甚。"（《史记·齐太公世家》）

同时期的《战国策》用例，如：

（66）诚如是，臣等之罪免矣。（《战国策·楚一》）

（67）今君相万乘之楚，御中国之难，所欲者不成，所求者不得，臣等少也。（《战国策·楚三》）

"公等"本来也是"名词+等"，用在对话中，充当第二人称复数形式，相当于"你们、你们这些人"。如：

（68）谁令公为之？今王实无谋，而并捕王；公等皆死，谁白王不反者！（《史记·张耳陈馀列传》）

（69）公等遇雨，皆已失期，失期当斩。（《史记·陈涉世家》）

（70）曰："公等皆去，吾亦从此逝矣。"（《史记·高祖本纪》）

"君等"用在对话中，充当第二人称复数形式，相当于"你们、你们这些人"。如：

（71）辟强曰："帝毋壮子，太后畏君等。君今请拜吕台、吕产、吕禄为将，将兵居南北军，及诸吕皆入宫，居中用事，如此则太后心安，君等幸得脱祸矣。"（《史记·吕太后本纪》）

X是指人专有名词。如：

"等"附着在指人专有名词的后面，构成"指人专有名词+等"形式，"等"表连类复数。

"专有人名+等"形式有表连类复数兼列举的功能。如果附着在单项专有人名后，"等"表连类复数义，相当于"这些人""这样的人"；也可能有连类列举义，相当于现代汉语的"……等"。区分的依据是：列举项不能延续，是连类复数义；列举项能延续，有连类列举义。"等"如果附着在多个列举项的后面，主要表示列举未尽。

"等"附着在单项专有人名后，是连类复数义，表示一类人。如：

（72）故老子曰"美好者不祥之器"，岂谓扁鹊等邪？（《史记·扁鹊仓公列传》）

其中，"岂谓扁鹊等邪？"的意思是"哪里说得是扁鹊这样的人呢？"

又如：

（73）方士徐市等入海求神药，数岁不得，费多，恐谴，乃诈曰……（《史记·秦始皇本纪》）

（74）章邯进兵击李归等荥阳下，破之，李归等死。（《史记·陈涉世家》）

（75）春使使报但等。吏觉知，使长安尉奇等往捕开章。（《史记·淮南衡山列传》）

"专有人名+等"第二次出现，回指前面的指人名词，往往表连类复数，如：

（76）丞相臣青翟、御史大夫臣汤昧死言：臣青翟等与列侯、吏二千石、谏大夫、博士臣庆等议：昧死奏请立皇子为诸侯王。（《史记·三王世家》）

其中的"臣青翟等"是回指前面的"丞相臣青翟、御史大夫臣汤"，第一次列举穷尽，第二次用"等"表列举未尽类及其他。

又如：

（77）丞相臣青翟、太仆臣贺、行御史大夫事太常臣充、太子少傅臣安行宗正事昧死言：臣青翟等前奏大司马臣去病上疏言……（《史记·三王世家》）

"等"如果附着在多个专有人名的后面，主要表示列举未尽。如：

（78）十三年，齐人管至父、连称等杀其君襄公而立公孙无知。（《史记·秦本纪》）

（79）萧、曹等皆文吏，自爱，恐事不就，后秦种族其家，尽让刘季。（《史记·高祖本纪》）

（80）当是时，诸吕用事擅权，欲为乱，畏高帝故大臣绛、灌等，未敢发。（《史记·吕太后本纪》）

（81）臣青翟等与列侯、吏二千石、谏大夫、博士臣庆等议：昧死奏请立皇子为诸侯王。（《史记·三王世家》）

下面的多项列举是用在例举动词的后面，构成"如……等"形式：

（82）於是少年豪吏如萧、曹、樊哙等皆为收沛子弟二三千人，攻胡

陵、方与，还守丰。(《史记·高祖本纪》)

可见，例举动词"如"后接列举形式的用法早就出现。

下面例句的"公子及重臣等"，可以分析为真性复数，相当于"公子和重臣们"；也可以分析为多项列举，相当于"公子和重臣等等"：

（83）质使，令公子及<u>重臣等</u>往楚为质，使秦疑楚，又得不信周也。(《史记·周本纪》)

X 是指物名词。如：

指物名词（即非指人名词）后附"等"，指物名词一般是地点名词，"等"表连类列举。《史记》中"等"附着在指物名词后面表列举的用例极少，如：

（84）至下邑，汉王下马踞鞍而问曰："吾欲捐<u>关以东等</u>弃之，谁可与共功者？"(《史记·留侯世家》)

2. "X＋等＋数量名"形式

"等"附着在指人的专名后面（X 为指人的专名），并且后面再带有数量词语来总括，构成"指人专名＋等＋数量词语"列举形式。"等"后再用数量词语来总括，表明列举项数量情况；如果列举项与后面的数量不符，即列举项少于后面的数量，就为列举未尽；如果列举项与后面的数量相符，为列举已尽。这类列举形式用例最多，表明这个时期"等"用于列举往往伴随数量总括。这种形式是列举表达精确化的体现，加速了"等"向列举标记发展。

"指人专名＋等＋数量名"形式，可以是单项列举也可以是多项列举，其中数量词后面的总括性名词常常为"人"。

多项指人专名列举，如：

（85）乃命宋昌参乘，<u>张武等六人</u>乘传诣长安。(《史记·孝文本纪》)

（86）唯<u>孟舒、田叔等十余人</u>赭衣自髡钳，称王家奴，随赵王敖至长安。(《史记·田叔列传》)

（87）<u>大夫但、士五开章等七十人</u>与棘蒲侯太子奇谋反，欲以危宗庙社稷。(《史记·淮南衡山列传》)

（88）<u>赵王彭祖、列侯臣让等四十三人</u>议，皆曰："淮南王安甚大逆无道，谋反明白，当伏诛。"(《史记·淮南衡山列传》)

（89）秦大败我军，斩甲士八万，虏我<u>大将军屈匄、裨将军逢侯丑等七十馀人</u>，遂取汉中之郡。(《史记·楚世家》)

单项指人专名列举，如：

（90）及惠王即位，夺其大臣原以为圉，故大夫边伯等五人作乱，谋召燕、卫师伐惠王。(《史记·周本纪》)

（91）是时万石君奋为汉王中涓，受平谒，入见平。平等七人俱进，赐食。(《史记·陈丞相世家》)

（92）言之而非邪，使何等二十人伏斧质淮南市，以明王倍汉而与楚也。(《史记·黥布列传》)

（93）贯高事明白，赵王敖得出，废为宣平侯，乃进言田叔等十余人。(《史记·田叔列传》)

3. "X＋等＋总括名词"形式

在两汉时期，"等"后一般不出现总括名词，就直接构成"X＋等"形式；如果"等"后面出现总括项，多数情况是"等"后的总括项为数量词语，构成"X＋等＋数量词语"形式，其中X限于指人的专有名词；但是极少数"等"后面是直接用名词来总括的，即很少有"X＋等＋总括名词"形式。《史记》"X＋等＋总括名词"形式用例极少，如：

（94）兴于熊耳、龙门等山，亦各万八千岁。(《史记·三皇本纪》)

上例中"等"后面直接跟总括名词"山"，形成"X＋等＋总括名词"格式，其中的列举项X是指物名词。

下面这一句"等"后面没有总括项：

（95）至下邑，汉王下马踞鞍而问曰："吾欲捐关以东等弃之，谁可与共功者？"(《史记·留侯世家》)

"吾欲捐关以东等弃之"翻译成现代汉语是"我打算舍弃函谷关以东一些地方作为封赏"，可以看出翻译成现代汉语时"等"后面需要总括项。

"X＋等＋总括名词"形式表达列举义时为同位短语，区别于非列举义的"X＋等＋总括名词"形式，这种形式为偏正短语。如：

（96）章邯遂击破杀周市等军，围临济。(《史记·魏豹彭越列传》)

（97）侯入朝，臣意从之长安，以故得诊安陵项处等病也。(《史记·扁鹊仓公列传》)

（98）陈王怒，捕系武臣等家室，欲诛之。(《史记·陈涉世家》)

"周市等军"意思是周市等率领的援军；"安陵项处等病"意思是安陵的项处等人的病；"武臣等家室"意思是武臣等人的家室。这些"X＋等＋

总括名词"形式都不是同位结构，而是偏正短语。又如：

（99）减宣亦奏<u>谒居等事</u>。（《史记·酷吏列传》）

（100）九年，<u>赵相贯高等事</u>发觉，夷三族。（《史记·高祖本纪》）

意思分别是："减宣也上奏书报告鲁谒居等人的犯法之事"，"赵相贯高等之事"。

4.《汉书》中的助词"等"

句法格式分布与《史记》同，主要有两种格式："X+等"形式和"X+等+数量词语"形式，"X+等+总括名词"格式依然很少出现。列举形式最多是指人的列举并且"等"后有数量词语，格式为"专有人名+等+数量名"，典型的语法意义是列举未尽类及其他。

1)"X+等"形式。

"X+等"形式主要是"人称代词+等"和"指人专有名词+等"，"等"表连类复数。

"人称代词+等"中的"等"表连类复数，如：

（101）吾等非也。吾王长者，不背德。且吾等义不辱，今帝辱我王，故欲杀之，何乃污王为？（《汉书·张耳陈馀传》）

（102）独吾等为之。（《汉书·张耳陈馀传》）

"公等"的用例如：

（103）谁令公等为之？今王实无谋，而并捕王。公等死，谁当白王不反者？（《汉书·张耳陈馀传》）

"指人专有名词+等"，即指人名词限于专有名词，"等"表连类复数。如：

（104）二月，<u>右将军长史姚尹等</u>使匈奴还，去塞百余里，暴风火发，烧杀尹等七人。（《汉书·元帝纪》）

（105）<u>楚元王子蓺等与濞等</u>为逆，朕不忍加法，除其籍，毋令污宗室。（《汉书·景帝纪》）

2)"X+等+数量词语"形式。

"X+等+数量词语"形式主要是"指人专有名词+等+数量词语"，"等"表列举未尽。"X+等+数量名"结构为同位短语，其中X为专有人名，数量词后面的总括性名词为"人"。

X为单项列举并类及其他，如：

（106）封<u>项伯等四人</u>为列侯，赐姓刘氏。（《汉书·高帝纪》）

（107）二月，右将军长史姚尹等使匈奴还，去塞百余里，暴风火发，烧杀尹等七人。(《汉书·元帝纪》)

（108）荆王臣信等十人皆曰……(《汉书·高帝纪》)

（109）广汉男子郑躬等六十余人攻官寺，篡囚徒，盗库兵，自称山君。(《汉书·元帝纪》)

X 为多项列举并类及其他，如：

（110）乃令宋昌骖乘，张武等六人乘传诣长安。(《汉书·文帝纪》)

（111）以太仆与阎迁、陈崇等八人使行风俗齐同万国功侯，各千户。(《汉书·外戚恩泽侯表》)

（112）唯田叔、孟舒等十余人赭衣自髡钳，随王至长安。(《汉书·田叔传》)

两汉时期的"等"用于列举属于萌芽时期，使用最多、最常见的列举格式为"X＋等"和"X＋等＋数量词语"，列举项是指人专有名词，很少是其他指人名词或指物名词；"X＋等"跟复数有联系，表连类复数；"X＋等＋数量词语"形式的列举伴随数量词语的总括，这种形式是列举表达精确化的体现，典型的语法意义是列举未尽类及其他；"X＋等＋总括名词"列举形式很少出现。

（二）魏晋南北朝时期"等"的句法格式

魏晋南北朝时期表列举的"等"，通常有三种形式，即"X＋等"形式、"X＋等＋数量词语"形式和"X＋等＋总括名词"形式。"X＋等"形式除了用于指人列举，也可以用于指物的列举；"X＋等＋数量词语"形式依然是最普遍的列举格式，但是里面充当列举项的名词范围逐渐扩大，可以是指物名词。这个时期"等"的句法格式有两个特点：一是"X＋等"列举形式扩展到指物列举；二是"X＋等＋总括名词"列举形式逐渐被广泛使用，这种列举形式的总括项不需要借助数量词语，后面直接用名词来总括列举项的属性，并且列举项逐渐向事物、活动列举扩展，标志着"等"类列举结构的成熟。魏晋南北朝时期"等"用于列举的显著变化是：由指人的列举扩展到指物的列举，句法格式上"X＋等＋总括名词"形式被广泛使用。

1. "X＋等"形式

包括："人称代词＋等""专有人名＋等""指物名词＋等"，"等"前面的名词可以是指物名词了。

"人称代词+等"，如：

(113) 问之，男子曰："我等汉人，名户来，我等辈千五百人伐材木，为韩所击得，皆断发为奴，积三年矣。"(《三国志》)

(114) 或曰："我等不知今人长生之理，古人何独知之?"(《抱朴子》)

(115) 佛言："汝等善听，今为汝广说众喻。"(《百喻经》)

(116) 鹭曰："吾等贫贱，是以主人以贫贱遇之，固其宜也，当何所耻?"(《三国志》)

"臣等""公等"用作代词的例子，如：

(117) 久稽天命，罪在臣等。(《三国志》)

(118) 公等善相吾弟！(《三国志》)

(119) 贯高独怒骂曰：谁令公等为之？(《昭明文选》)

"专有人名+等"，如：

(120) 于是与攸等结谋。《三国志·魏书·武帝纪》

(121) 急追珪等，珪等悉赴河死。帝得还宫。(《三国志·魏书·董二袁刘传》)

(122) 韩遂等起凉州，复为中郎将，西拒遂。(《三国志·魏书·董二袁刘传》)

(123) 权以陆逊为督，督朱然、潘璋等以拒之。(《三国志·吴书·吴主传》)

这个时期"X+等"形式出现了用于指物名词的列举，即构成"指物名词+等"。如：

(124) 凡人家秋收治田后，场上所有穰、谷积等，并须收贮一处。(《齐民要术·杂说》)

(125) 应空闲地种蔓菁、莴苣、萝卜等，看稀稠锄其科。(《齐民要术·杂说》)

(126) 夏二十日，春秋五十日，冬百日，乃好熟。食时下姜、酢等。(《齐民要术·卷八》)

(127) 葱、薤等寸切，令得一石许，胡芹寸切，令得一升许，油五升，合和蒸之，可分为两甑蒸之。(《齐民要术·卷九》)

(128) 芜菁、肥葵、韭等皆得。苏油，宜大用苋菜。(《齐民要术·卷

九》）

（129）欲知岁所宜，以<u>布囊盛粟</u>等诸物种，平量之，埋阴地。（《齐民要术·卷一》）

《齐民要术》为北魏时期贾思勰所著的一部综合性农书，里面的口语性较强。

2．"X+等+数量名"形式

列举项多数是指人名词，也可以是指物名词；"等"后面的数量名的总括名词也扩大了，列举项指人时，数量词后面的总括名词不限于用"人"，可以是其他指人名词；用于总括的数量词语由指人扩展到指物，列举项扩展到事物。

"指人名词+等+数量名"，表示列举未尽。如：

（130）何进秉政，征海内名士<u>攸等二十余人</u>。（《三国志·魏书·荀彧荀攸贾诩传》）

（131）刘备之自京还也，权乘飞云大船，与<u>张昭、秦松、鲁肃等十余人</u>共追送之，大宴会叙别。（《三国志·吴书·周瑜鲁肃吕蒙传》）

（132）遣<u>虎牙大将军盖延等七将军</u>从陇道伐公孙述。（《后汉书·光武帝纪》）

（133）<u>黑山贼张牛角等十余辈</u>并起，所在寇钞。（《后汉书·孝灵帝纪》）

也可以是列举已尽，后面再加数量词，如：

（134）<u>贼洪明、洪进、苑御、吴免、华当等五人</u>，率各万户，连屯汉兴，吴五六千户别屯大潭，邹临六千户别屯盖竹，（大潭）同出余汗。（《三国志·吴书·贺全吕周钟离传》）

（135）王敬则先结昱左右<u>杨玉夫、杨万年、吕欣之、汤成之、陈奉伯、张石留、罗僧智、钟千载、严道福、雷道赐、戴昭祖、许启、戚元宝、盛道泰、钟千秋、王天宝、公上延孙、俞成、钱道宝、马敬之、陈宝直、吴璩之、刘印鲁、唐天宝、俞孙等二十五人</u>，谋共取昱。（《宋书·后废帝纪》）

"指物名词+等+数量名"，用于总括的数量词语由指人扩展到指物，列举项扩展到事物。如：

（136）<u>韩那奚等数十国</u>各率种落降。（《三国志·魏书·三少帝纪》）

（137）晏疏<u>丁、邓等七姓</u>。（《三国志·魏书·诸夏侯曹传》）

（138）省<u>南桂林等二十四郡</u>，悉改属桂州。《梁书·卷三·武帝下》

089

也可以是列举已尽再接数量词，如：

（139）中平五年，拜司马，从讨<u>长沙、零、桂</u>等三郡贼周朝、苏马等，有功，坚表治行都尉。(《三国志·吴书·朱治朱然吕范朱桓传》)

（140）庚辰，魏司徒侯景求以<u>豫、广、颍、洛、阳、西扬、东荆、北荆、襄、东豫、南兖、西兖、齐</u>等十三州内属。《梁书·卷三·武帝下》

3. "X+等+总括名词"形式

"X+等+总括名词"形式用于列举，前面的列举项可以是指人名词，也可以是指物名词。在结构类型上，"X+等+总括名词"为表列举的同位结构，是"等"在中古时期用于指物列举的一种主要形式。这种列举形式的总括项不需要借助数量词语，后面直接用名词来总括列举项的属性，标志着"等"类列举结构的成熟。

列举项为指人名词，如：

（141）时<u>博陵崔孝芬、范阳卢道约、陇西李瓒</u>等女，俱为世妇。(《北史·后妃上》)

（142）辛巳，<u>夏侯亶、胡龙牙、元树、曹世宗</u>等众军克寿阳城。(《梁书·武帝下》)

（143）十二月朔丙申，大风雷电，魏使将军<u>诸葛诞、胡遵</u>等步骑七万围东兴，将军王昶攻南郡，毌丘俭向武昌。(《三国志·吴书·三嗣主传》)

这个时期，"等"后面出现了用表示多数的"诸N"充当总括项的形式。如：

（144）由是<u>王谧</u>等诸人时失民望，莫不愧而悼焉。(《宋书·武帝纪》)

（145）<u>谦</u>等诸军，一时土崩。(《宋书·武帝纪》)

列举项为指物名词，指物名词可以多种多样。如：

（146）柘叶饲蚕，丝好。作<u>琴瑟</u>等弦，清鸣响彻，胜于凡丝远矣。(《齐民要术·卷五》)

（147）戊戌，侯景举兵反，擅攻<u>马头、木栅、荆山</u>等戍。(《梁书·武帝下》)

（148）秋八月甲申，以关中流民出汉川，置<u>京兆、扶风、冯翊</u>等郡。(《宋书·卷三十五·文帝纪》)

（149）及平，赐群臣<u>黄金、牲口、铜器</u>等物，演之所得偏多。(《宋书·卷六十三·沈演之列传》)

（三）唐宋时期"等"的句法格式

唐宋时期表列举的"等"沿用了魏晋南北朝时期表列举的"等"的三种形式，即"X+等"形式、"X+等+数量词语"形式和"X+等+总括名词"形式。这三种形式都可以用于指人、指物的列举。这样，"等"用于指物名词的列举有了三种形式，即"X+等"形式（如"《禅诠》百卷、《礼忏》等"）、"X+等+数量词语"形式（如"菜蔬、果栗等物"）、"X+等+总括名词"形式（如"《金刚》《法华》《维摩》《涅槃》等经"）。这表明"等"类列举结构更加成熟。

这个时期出现的变化是，宋代的列举标记"等"列举适用范围进一步扩大，格式中的列举项可以是动词、形容词，表示活动、事件、性状的列举；许多列举形式伴随着前置的"如、若"等例举引导动词；另外，列举项可以是言域小句，表示话语引语的列举，属于言域列举。

1. "X+等"形式和"X+等+数量名"形式

"人称代词+等""指人名词+等""指物名词+等"继续使用。下面是《祖堂集》的用例：

（150）汝等须达一相三昧，一行三昧。

（151）愿和尚教某等作摩生即是。

（152）愿和尚为某等说看。

（153）我等四人不造余过，忽然摈我出国，何也？

（154）我等诸人，谩作供奉，自道解经、解论。

（155）汝等诸人自心是佛，更莫孤疑。

（156）诸菩萨等知是世尊加被，众疑悉遣。

（157）乃作行次，剃发沐浴，至中夜，告徒弟等云……

（158）时四童子所生庶母并眷属等闻此事已，疾至王所……

（159）制数本《大乘经论疏钞》，《禅诠》百卷、《礼忏》等见传域内。

"等"用于人称代词后表示一类人，如"我等、汝等、某等"，表连类复数。如"某等"相当于"我们这一类人"。

下面是"X+等+数量名"形式用例：

（160）六枝者，牛头、融禅师等六祖。（《祖堂集》）

（161）六祖弟子祥岑等三十三人，祥禅师位于峡山。（《祖堂集》）

2. "X+等+总括名词"形式

"名词+等+总括名词"形式继续使用并大量用于指物的列举。如《祖堂集》的用例：

(162) 禅师授以《金刚》、《法华》、《维摩》、《涅槃》等经，一览无遗。

(163) 长讲《华严》《涅槃》等经。时谓生肇不泯，琳远再兴。

"等"后面有总括性的同位语，表示类别总括，形成"名词+等+总括名词"形式，《史记》中已经萌芽，这种形式用于指物的列举在唐代大量出现。如下面唐代"史记三家注"中的《史记索隐》（唐·司马贞注）和《史记正义》（唐·张守节注）的用例。

(164) 《正义》：河外，同、华等地也。

(165) 《正义》：洛水一名漆沮水，在同州洛西之地，谓洛西之丹、坊等州也。

(166) 《正义》："江、淮北谓广陵县。徐、泗等州是也。"

(167) 《索隐》：河外谓陕及曲沃等处也。

(168) 《索隐》：先王指黄帝、帝尧、帝舜等言。

到了宋代，列举标记"等"列举适用范围进一步扩大，"X+等"格式中的列举项 X 可以为动词、形容词，表示动作、状态列举。如《朱子语类》的用例：

(169) 若把忿懥做可疑，则下面忧患、好乐等皆可疑。

(170) 忿懥等是心与物接时事，亲爱等是身与物接时事。

(171) 若把敫惰做不当有，则亲爱、敬畏等也不当有。

"X+等+总括名词"格式大量分布，并且列举项 X 扩展到抽象名词、动词或形容词。"等"附着在动词性成分、形容词性成分后面，表示活动、事件、性状的列举。如《朱子语类》的用例：

(172) 夫人盖有意诚而心未正者，盖于忿懥、恐惧等事，诚不可不随事而排遣也。

(173) 心既不正，则凡有爱恶等事，莫不倚于一偏。

(174) 学者苟于此一节分别得善恶、取舍、是非分明，则自此以后，凡有忿懥、好乐、亲爱、畏敬等类，皆是好事。

许多列举形式伴随着前置的"如、若"等例举引导动词。如：

(175) 小学是事，如事君、事父、事兄、处友等事，只是教他依此规

矩做去。(《朱子语类》卷七)

(176) 若<u>修身与絜矩</u>等事，都是各就地头上理会。(《朱子语类》卷八)

(177) "仁者，爱之理。"看孔门答问仁多矣，<u>如克己</u>等类，"爱"字恐未足以尽之。(《朱子语类》)

(178) 这说自有一项难穷底事，<u>如造化、礼乐、度数</u>等事，是辛急难晓，只得且放住。(《朱子语类》)

另外，列举项可以是言域小句，表示话语引语的列举，属于言域列举，"等"后常常有言域总括项。如：

(179) 如云<u>"三月无君则吊"</u>等语，似是逐旋去寻个君，与今世不同。(《朱子语类》)

(180) 若细说，则如<u>"操则存"，"克己复礼"</u>等语，皆是也。(《朱子语类》)

(181) 只把<u>"上下"、"前后"、"左右"</u>等句看，便见。(《朱子语类》)

(182) 却是汉儒解<u>"天命之谓性"</u>，云<u>"木神仁，金神义"</u>等语，却有意思，非苟言者。(《朱子语类》卷五)

(183) 如说<u>"出门如见大宾，使民如承大祭"</u>等类，皆是敬之目。(《朱子语类》)

（四）唐宋以后"等"的句法格式

唐宋以后的"等"基本沿用唐宋时期"等"表列举的用法，没有大的变化。"等"用于列举的范围逐渐扩大，除了用于指人的列举，还大量用于事物列举，即用于活动、事件、性状的列举，以及用于言域列举。下面以《红楼梦》为例说明。

"X＋等＋总括名词"列举形式，前面的列举项可以是事物列举，指物名词可以充当后面的总括项。如：

(184) 雨村道："更妙在甄家的风俗，女儿之名，亦皆从男子之名命字，不似别家另外用这些<u>"春""红""香""玉"</u>等艳字的。何得贾府亦乐此俗套？"(《红楼梦》2回)

(185) 正面五间上房，皆雕梁画栋，两边穿山游廊厢房，挂着各色<u>鹦鹉，画眉</u>等鸟雀。(《红楼梦》3回)

(186) 左边几上文王鼎匙箸香盒，右边几上汝窑美人觚——觚内插着

时鲜花卉，并<u>茗碗痰盒</u>等物。(《红楼梦》3 回)

(187) 因见秦钟不甚宽裕，更又助他些<u>衣履</u>等物。(《红楼梦》9 回)

(188) 自父亲死后，见哥哥不能依贴母怀，他便不以书字为事，只留心<u>针黹家计</u>等事，好为母亲分忧解劳。(《红楼梦》4 回)

列举项可以是动词性成分，"等"用于活动、事件的列举。如：

(189) 就连<u>作诗写字</u>等事，原不是你我分内之事，究竟也不是男人分内之事。(《红楼梦》42 回)

(190) 可巧连日有王公侯伯世袭官员十几处，皆系荣宁非亲即友或世交之家，<u>或有升迁，或有黜降，或有婚丧红白</u>等事，王夫人贺吊迎送，应酬不暇，前边更无人。(《红楼梦》55 回)

(191) 供奠举哀已毕，亲友渐次散回，只剩族中人分理<u>迎宾送客</u>等事。(《红楼梦》64 回)

列举项也可以是话语小句，即言域列举。如：

(192) 却说黛玉同姊妹们至王夫人处，见王夫人与兄嫂处的来使计议家务，又说<u>姨母家遭人命官司</u>等语。(《红楼梦》4 回)

(193) 雨村断了此案，急忙作书信二封，与贾政并京营节度使王子腾，不过说"<u>令甥之事已完，不必过虑</u>"等语。(《红楼梦》4 回)

(194) 王夫人未及留，贾母也就遣人来说："<u>请姨太太就在这里住下，大家亲密些</u>"等语。

(195) 凤姐犹笑说<u>太简薄</u>等语。(《红楼梦》7 回)

(196) 凤姐又在一旁帮着说"<u>过日他还来拜老祖宗</u>"等语，说的贾母喜欢起来。(《红楼梦》8 回)

(五)"等"的语法化路径

1. 列举标记"等"的历时演变情况归纳

两汉时期的"等"用于列举属于萌芽时期，使用最多、最常见的列举格式为"X+等"和"X+等+数量词语"，"X+等+总括名词"列举形式很少出现。列举项通常是指人专有名词，很少是其他指人名词或指物名词。在意义上，"X+等"表示连类复数，而"X+等+数量词语"往往伴随数量词语，典型的语法意义除了列举未尽类及其他义还有总括义。可见"X+等"跟复数有联系，而"X+等+数量词语"逐渐跟总括有联系。

魏晋南北朝时期表列举的"等"，通常有三种形式，即"X+等"形式、"X+等+数量词语"形式和"X+等+总括名词"形式。"X+等"形式除了用于指人列举，也可以用于指物的列举，列举义增强，复数义减弱；"X+等+数量词语"形式依然是最普遍的列举格式，但是里面充当列举项的名词范围逐渐扩大，可以是指物名词，总括义增强。这一时期重要的变化是"X+等+总括名词"列举形式逐渐被广泛使用，这种列举形式的总括项不需要借助数量词语，后面直接用名词来总括列举项的属性，并且列举项逐渐向事物、活动列举扩展，标志着"等"类总括性列举结构的成熟。魏晋南北朝时期"等"用于列举的显著变化是：由指人的列举扩展到指物的列举，句法格式上"X+等+总括名词"形式被广泛使用，意义上属于总括性列举。

唐宋时期表列举的"等"沿用了魏晋南北朝时期表列举的"等"的三种形式，即"X+等"形式、"X+等+数量词语"形式和"X+等+总括名词"形式。这三种形式都可以用于指人、指物的列举，"等"类列举结构更加成熟。这个时期出现的变化是，宋代列举标记"等"列举适用范围进一步扩大，格式中的列举项可以是动词、形容词，表示活动、事件、性状的列举；许多列举形式伴随着前置的"如、若"等例举引导动词；另外，列举项可以是言域小句，表示话语引语的列举，属于言域列举。

宋以后的"等"基本沿用唐宋时期表列举的"等"的用法，没有大的变化。

2. "等"的语法化路径

"等"分布在同位结构中表示多数和列举，涉及的句法格式有：

（1）"人称代词+等"，这种形式表示连类复数，是"等"向列举义发展的基础。

（2）"X+等"形式，意义上表示连类复数或连类列举。

（3）"X+等+数量名"形式，意义上表示总括列举。

（4）"X+等+总括名词"形式，意义上表示总括列举。

唐以后，"等"的复数义逐渐衰退。现代汉语里面的"等"只有列举义，没有复数义，主要原因是列举义的句法格式压制了复数义的发展。

我们得到的列举标记"等"的语法化路径为：

类别义（名词）→连类复数（助词）→列举未尽（助词）→总括性列举（助词）

从中可以看出"等"的多数义和列举义的联系："等"由类别义发展

出连类复数用法，再成为总括性列举标记；在"等"由类别义发展成连类复数的过程中，总括义增强，复数义受限，这是"等"最终没能发展复数标记的原因。

第二节　总括名词"东西"用于连类列举和连类复数

一、"东西"的总括义

普通话的"东西"（dōng·xi），后一音节读轻声，是个泛指名词或总括名词。《现代汉语词典》（第7版）解释为：泛指各种具体的或抽象的事物，如：他买东西去了｜雾很大，十几步以外的东西就看不见了｜语言这东西，不是随便可以学好的，非下苦功不可｜咱们写东西要用普通话。

"东西"具有回指总括的功能，总括事物的类别为"东西"。

（1）正是春耕时节，各地农民憋足了劲，决心大干一场，盼的是把庄稼种好、果实卖好，丰产又丰收。但不少农民心里仍不踏实，因为如今种地不仅是力气活，还需信息、知识、技术。这些东西不好买、不易学，但对农民来说又实在太重要了。（2000年《人民日报》）

列举项和总括名词"东西"组合成同位短语受限制，比如不能说"苹果、香蕉东西""鸡鸭东西""药品东西""祖母绿、猫儿眼东西"等。个别的可以这样说，如"金银这些东西"可以说成"金银东西"。看实例：

（2）有谣言说咱们的人马逃在商洛山中，所以只要是从商洛山出去的小商小贩，官军看见了都说是奸细，轻则把银钱东西没收，重则人财两失。（姚雪垠《李自成》）

在大多数的列举项和总括名词"东西"组合时，往往要借助复数指示词"这些"，说成"苹果、香蕉这些东西""鸡鸭这些东西""药品这些东西""祖母绿、猫儿眼这些东西"，构成"列举项+这些+总括项"形式，属于总括性同位短语，有总括（属于"事物"）和连类（数量上属于这一类事物）的功能。比如"药品这些东西"相当于"药品这一类东西"。看实例：

（3）我们做生意要规规矩矩的，宁可慢一点，但一定要配好货。药品

这些东西是救命的，千万不能马虎。（周而复《上海的早晨》）

（4）字画、沙发和写字台这些东西放在这里，再也不必操心了。（周而复《上海的早晨》）

（5）像祖母绿、猫儿眼这些东西，你临时想要，拿银子也很难买到。（姚雪垠《李自成》）

（6）按说金银这些东西，还是银行的金库最安全，可首饰不比别的，为和衣裳匹配，得一天三换。（毕淑敏作品）

（7）证券、股市这些东西好不好，有没有危险，是不是资本主义独有的东西，社会主义能不能用？允许看，但要坚决地试……（1994年《报刊精粹》）

（8）逻辑实证论者的毛病就在他们因为不喜欢形而上学、道德、宗教这些东西，所以他们把语言二分，把这些通通说成情感语言。

可见，在现代汉语中，"东西"要借助指示词才能构成总括性同位短语，才能表列举。但是，在近代汉语和汉语方言中，"东西"具有列举功能和连类复数功能，格式为"列举项+东西"。

二、近代汉语"东西"的列举功能

《汉语大词典》解释为：物产于四方，约言称之为东西。古代亦指产业。据徐时仪（2010）的研究，"东""西"本为方位名词，常并列组成词组表示"方向"。"东""西"由方位名词连用而可泛指四方，如汉刘向《九叹·远逝》："水波远以冥冥兮，眇不睹其东西。"又由"四方"义引申可指四方的物产，进而成为各种具体事物或抽象事物的通称。"东西"一词通称"各种具体事物或抽象事物"义始于何时，学术界有认为始于东汉、南朝和唐代等说法。

据文献记载，唐代"东西"已可以指具体的事物。如唐道世《法苑珠林·俗女部·奸伪》："又善为人子，不惟养恩，治生制财，不以养亲，但以东西，广求淫路，怀持宝物，招人妇女。"例中"东西"指财物，但唐代用例不多，以说"物"为主。宋元时用例渐多。"东西"泛指各种具体的事物，如：

（9）临刑，其子市北饭以进。佑叱曰："此岂是吾吃底的东西？亟将去！"复市南饭以后进，饭讫临刑。（宋《昭忠录·密佑都统制》）

（10）家庭中添些盖作，囊筐里攒些东西，教好人每看做甚的。（元张养浩《朱履曲》）

（11）姐夫得了官，岂无这几件东西？"（王实甫《西厢记》）

宋以后，特别是明清时期，"东西"用在同位结构中表示总括义。如：

（12）官人道："寻常交关钱物东西，何尝推许多日！讨得时，千万送来！官人说了自去。（南宋·《清平山堂话本》卷二《简帖和尚》）

（13）众人道："也说得是。"连忙将蔡武带来的好酒，打开几坛，将那些食物东西，都安排起来，团团坐在舱中，点得灯烛辉煌，取出蔡武许多银酒器，大家痛饮。（明·《醒世恒言》第三十六卷）

（14）我们合族的人都搬到他家住，前后管住了老婆子，莫教透露一些东西出去，再逼他拿出银子来均分，然后再把房产东西任我们两个为头的凡百拣剩了，方搭配开来许你们分去。"（明·《醒世姻缘传》）

（15）童七做熟了这行生意，没的改行，坐食砸本，眼看得要把死水舀干，又兼之前后赔过了陈公的银七百余两，也就极头么花上来。后陈公赏出那铜东西来，他不胜之喜，寻思一遭，还是干那旧日的本把营生。（明·《醒世姻缘传》）

（16）我的儿，偌多金银东西，我与你两人一生受用不尽！今番不要看牛了，只在我庄上吃些安乐茶饭，掌管帐目。（明·《二刻拍案惊奇》）

（17）其实铜铁东西没有新旧，只要拆开来擦过，又是新的了。（清《二十年目睹之怪现状》）

（18）其余切菜刀、劈柴刀、杓子，总而言之，是铜铁东西，是局里人用的，没有一件不是私货。（清·《二十年目睹之怪现状》）

（19）欢娘笑道："啐，废物东西，青天白日，羞搭搭说这样话来。尚丫头进房看见，丑也丑杀了。"（清·《说唐全传》）

（20）怎么才拿铁器东西打起了？（清·《绿野仙踪》）

上述例句中，"钱物东西"是指钱一类的东西；"铜东西"是指铜一类的东西；"金银东西"是指金银一类的东西；"铜铁东西"是指铜铁一类的东西。这个位于同位短语后项的"东西"明显有连类义，只不过适用范围不是很广。

近代汉语和现代汉语的事实表明，同位短语后项的"东西"为总括名词，已经产生了连类复数义，只不过不普遍。在汉语方言中，"东西"的连类复数用法比较明显，比如湖南省境内的东安方言、隆回方言等。

三、汉语方言"东西"表连类复数

（一）湖南东安方言总括名词"东西"表连类复数

据胡乘玲（2019）的研究，湖南东安方言中的"东西"可以表示事物连类复数。例如：

(21) 日子苦的时候，屋后头的树东西都有人偷。
(22) 书东西都装好没得没有？
(23) 田东西没得人管得。
(24) 你把衣衫东西带好，明朝早起我们直接走。（早起：早上）
(25) 他最喜欢水果东西了。
(26) 他最喜欢买零食东西吃了。

例中带连类复数标记"东西"的名词，指的是该名词类及的同类事物，分别表示"树草一类、书笔一类、田地一类、衣服裤子一类的事物"等。连类复数标记"东西"也可用于抽象名词之后，如"年轻人思想东西要开通些""你啊，意见东西还是要多听下"等。

"东西"表连类复数只能用在非指人事物后，用在植物或无生命事物后〔如：树东西（树草一类事物）、汤东西（汤及汤里的其他东西）〕以及动物名称后〔如：养牲东西（鸡鸭等家禽类事物）、鸭子东西（鸡鸭鹅等同类事物）〕表示连类复数，但不能用于人称代词后面表复数〔如：*我东西（我们）、*你东西（你们）、*他东西（他们）〕，东安方言中人称代词的复数形式是"我们、你们、他们"；"东西"也不能用在指人的名词后面表复数〔如：*老师东西（老师们）、*领导东西（领导们）、*客人东西（客人们）〕，指人名词的复数只能用"这些/那些"来表示，如"医生那些（医生们）都走没得""领导那些（领导们）明天要上班"。这个"东西"是表连类复数的标记。

动词性成分后带"东西"，表示该动词性成分所类及的同类事件。如：

(27) 煮饭东西他一点都晓不得。
(28) 都二年级了，他写作业东西还要姆妈陪。
(29) 我们住到这里，买菜东西不方便。
(30) 你奶奶那蛮大年纪了，抹桌子东西就莫让她做了。

(31) 纯纯这蛮大人了，<u>洗衣衫东西</u>还晓不得。

(32) 其他的他不狠，<u>困觉东西</u>最狠。（其他的他不厉害，睡觉什么的最厉害。）

(33) 有些小人仔怕水，最恼讨厌<u>洗澡东西</u>了。（小人仔：小孩子）

例中"煮饭东西"指与做饭相关的一类家务事件，"写作业东西"指与写作业相关的一类学习事件，"买菜东西"指与买菜相关的一系列事件，"抹桌子东西"指与抹桌子相关的同类打扫事件，"洗衣衫东西"指洗衣服所类及的洗浣类事件。

在东安方言中，动宾短语也都能通过后附连类复数标记"东西"来表示动词所类及的一类事件，属于事件复数。例如：

(34) 这桥修好之后，<u>走人东西</u>也方便些。

(35) 路修好了，<u>过车东西</u>也快些。

(36) 他心脏不好，<u>坐飞机东西</u>蛮危险。

(37) 你莫太跑远了，<u>回学校东西</u>不方便。

(38) 他虽然拢挣的钱不多，但是<u>跑生活东西</u>还是可以的。

（二）湖南隆回方言"东西"表连类复数

隆回方言总括名词"东西"［təŋ⁵⁵·si］在同位短语的后项起总括作用。如：肉东西、壶壶东西、养生东西、小菜东西、白菜东西、果子食东西、糖东西、酒东西（各种各样的酒）、饼干东西、衣衫东西。看实例：

(39) 咯滴<u>养生东西</u>下担关倒算哩。

具体名词后附"东西"，构成同位短语，既表示"东西"对前面具体项的总括，又表示以该事物为代表的一类事物，含有类及其他的意思，属于连类复数，相当于"N 一类东西"。如：

(40) 那样个<u>白菜东西</u>我蛮喜欢吃。

(41) 那样个<u>蛋东西</u>其吃唔得，吃过上火。

(42) 那样个<u>炮仗东西</u>要多放滴。

(43) 我栽起滴白菜，吃眯滴<u>鸡鸭东西</u>尽啄完过。

(44) 平时节子，其一概还兴滴<u>礼性东西</u>子。（平时，他往往兴些礼物什么的。）

(45) 咯滴<u>衣衫东西</u>担收起。（把这些衣服什么的收好。）

(46) <u>蒜唵㖿、辣子东西</u>还是要秧滴。（蒜、辣椒什么的还是要种一些。）

充当列举标记的"东西"也可以附着在动词性词语的后面，表示列举一类动作并类及其他的意思，表示事件连类复数。如：

（47）拉屎、拉尿东西其还奈得何。（拉屎、拉尿什么的他还行。）

（48）宰鸡、宰鸭东西尽要喊老师傅宰。（杀鸡、杀鸭子什么的都要叫老师傅来杀。）

（49）办饭东西其还奈得何。（做饭什么的他还能胜任。）

（50）解手东西其还奈得何。（上厕所什么的他还行。）

（51）洗衣衫东西其晓得做么？（洗衣服什么的他会做吗？）

用在动词性词语后面的"东西"已经不是总括义了，因为"拉屎、拉尿"不属于"东西"，即不属于事物范畴而属于事件活动范畴。这个"东西"表示的是列举一类事件并类及其他事件。如果说"东西"用在多项名词性成分后具有连类兼总括的作用，那么"东西"用在动词性成分后明显表连类复数了，"东西"从总括义发展出连类复数义。

"N东西"可以用于指物的连类，但不能用于指人的连类，不说"＊学生东西、我东西"即"东西"不能用于人称代词后面表复数〔如：＊我东西（我们）、尔东西（你们）、＊其东西（他们）〕，隆回方言中人称代词的复数形式是"吾、你、其翁"；"东西"也不能用在指人的名词后面表复数〔如：＊老师东西（老师们）、＊学生东西（学生们）〕，指人名词的复数用"这滴/那滴＋名词"来表示。

隆回话的"东西"已经发生语音弱化，只能对事物和活动进行总括性列举，即列举一类活动并类及其他，强调类及义。

（三）湖南醴陵方言"东西"用于列举

湖南醴陵板衫乡方言"东西"可以用于事物和活动的列举，如：

（52）鸡鸭东西关好。

（53）桌子椅子东西搬出去。

（54）吃烟吃酒东西他不会。

（55）洗衣服、做饭东西他不做。

（56）打牌、赌博东西他不做。

这个"东西"也可以说成"啥哩个"，相当于"什么的"。如：

（57）鸡鸭啥哩个关好。

101

(58) 碗筷啥哩个收一哈。

(59) 桌子椅子啥哩个搬出去。

(60) 吃烟吃酒啥哩个他不会。

(61) 洗衣服、做饭啥哩个他不做。

(62) 打牌、赌博啥哩个他不做。

综合近代汉语和汉语方言的事实，泛指名词"东西"的语法化过程应该是：

泛指名词→同位总括→连类复数（指物、指事）

第三节 总括名词"家伙"用于连类列举和连类复数

一、近代汉语"家伙"的列举功能

"家伙"最早写作"家火"，指家内日常生活所用的火。如：

(1) 临邛县郡西南二百里。本有邛民，秦始皇徙上郡实之。有布濮水，从布濮来合文井江。有火井，夜时光映上昭。民欲其火，先以家火投之。顷许，如雷声，火焰出，通耀数十里，以竹筒盛其光藏之，可拽行终日不灭也。（六朝，《华阳国志》）

(2) 井有二，一燥一水。取井火煮之，一斛水得五斗盐；家火煮之，得无几也。（六朝，《华阳国志》）

引申为泛指器具，又写作"家伙"。例如：

(3) 却说这里刘官人一觉直至三更方醒，见桌上灯犹未减，小娘子不在身边，只道他还在厨下收拾家火，便唤二姐讨茶吃。（南宋，《话本选集》）

(4) 第三日，同小二来取家火，就领这一半钱。（元，《元代话本选集》）

(5) 惟有萧颖士不论事体大小，略触着他的性子，便连声喝骂，也不用什么板子，也不要人行杖，亲自跳起身来，一把揪翻，随手掣着一件家火，没头没脑乱打。（明，《今古奇观》）

(6) 只得听凭分析，同孩儿谢了众亲长，拜别了祠堂，辞了善继夫

妇，教人搬了几件旧<u>家火</u>和那原嫁来的两只箱笼，雇了牲口骑坐，来到东庄屋内。(明，《今古奇观》)

(7) 众水手将贼船上<u>家火</u>东西，尽情搬个干净，方才起篷开船。(明，《今古奇观》)

(8) 霎时间，众人赶上楼来，将<u>家火</u>什物打得雪片，将慧空浑身衣服扯得粉碎。(明，《初刻拍案惊奇》)

(9) 至次日早上，带着<u>家伙</u>，经到西院，将木子量划尺寸，运动斧锯裁截。(明，《醒世恒言》)

(10) 那石雪哥当初原是个做小经济的人，因染了时疫症，把本钱用完，连几件破<u>家伙</u>也卖来吃在肚里。(明，《醒世恒言》)

(11) 顾先生道："且住，颠倒你我两个，没啥意思，你这些管家既都会使<u>家伙</u>，何不大家顽着热闹些？"(清，《儿女英雄传》18回)

在"列举项+家火（家伙）"同位结构中，"家火（家伙）"充当总括项，表示对前面名词的总括，含有总括义。如：

(12) 那老嬷嬷去掇盆脸水，拿些<u>梳头家火</u>出来，叫滴珠梳洗。(明，《初刻拍案惊奇》)

(13) 说罢，起身看时，<u>箱笼家火</u>已自都搬下船了。(明，《喻世明言》)

(14) 另收拾一所洁净房室，其<u>床帐家火</u>无物不备。(明，《今古奇观》)

(15) 众人齐声道是，急忙引着陆氏就走，连<u>锄头家伙</u>到弃下了。(明，《醒世恒言》15卷)

(16) <u>酒器家伙</u>都是金银，自不必说。(明，《拍案惊奇》十八卷)

(17) 飞起来，轮开玉爪，响一声掀翻桌席，把些素果素菜、<u>盘碟家火</u>，尽皆捽碎，撇却唐僧，飞将出去。(明，《西游记》)

(18) 那伙贼，拿着刀，点着火，将他家箱笼打开，把些金银宝贝，首饰衣裳，<u>器皿家火</u>，尽情搜劫。(明，《西游记》)

(19) 李逵看他屋里都是<u>铁砧、铁锤、火炉、钳、凿家伙</u>，寻思道："这人必是个打铁匠人，山寨里正用得着，何不叫他也去入伙？"(明，《水浒全传》)

(20) 说不得，姐姐担个不是，暂且把老太太查不着的<u>金银家伙</u>偷着运出一箱子来，暂押千数百银子支腾过去。(《红楼梦》72回)

(21) 这不是样：前儿老太太生日，太太急了两个月，想不出法子来，还是我提了一句，后楼上现有些没要紧的<u>大铜锡家伙</u>四五箱子，拿去弄了

三百银子，才把太太遮羞礼儿搪过去了。(《红楼梦》72回)

(22) 家里这点子衣裳家伙，只好听凭嫂子去，那是没法儿的了。(《红楼梦》100回)

(23) 那姑娘先向张老说道："老人家劳动你，先把这一桌子的酒菜家伙捡开，擦干净了桌子，大家好说话。"(清，《儿女英雄传》8回)

(24) 安老爷笑道："不妨，若无破浪扬波手，怎取骊龙颔下珠？就是老妈妈论儿，也道是没那金刚钻儿，也不揽那瓷器家伙。(清，《儿女英雄传》16回)

以上例句中，"家伙"都是对前面那个名词的总括，并且还有连类义，相当于"X一类东西"。

(25) 到了堂中便立住脚不行，见卓椅家伙之类，俱是自家故物，愈加凄惨。(明，《醒世恒言》17卷)

(26) 次日，富翁准准兑了二千金，将过园子里来，一应炉器家伙之类，家里一向自有，只要搬将来。(明，《拍案惊奇》18卷)

(27) 潘三替他在书店左近典了四间屋，假银四十两，又买了些桌椅家伙之类，搬了进去。(清，《儒林外史》19回)

上面句子里"家伙"所处的结构是"名词+家伙+之类"同位结构，"之类"表示与前面那个名词有连类义的其他名词。"桌椅家伙之类"除了总括义，还有连类义，表示与桌子、椅子相关的一类东西。

二、汉语方言"家伙"用于列举和连类复数

先看湖南长沙方言的"家伙"。

《长沙方言词典》(鲍厚星等，1993，53页) 词条解释：①泛指各种具体的事物：有么子好家伙吃吧？咯只家伙 (指武器) 的威力就大来。你不带家伙 (指工具) 何是修车子啰。②指人 (轻视或玩笑)：咯些家伙不是他的对手。你咯只家伙才会享福来！

"家伙"的泛指义为"家伙"充当列举标记提供了语义基础，它可以对各种具体事物进行总括。如"桌子椅子家伙"，"家伙"是对"桌子椅子"进行总括。但是这个后附位置上的"家伙"还有类及其他的意义，比如"桌子椅子家伙"不表示桌子椅子两样东西，而是表示桌子椅子一类东西，含有列举义。

"家伙"轻读,前常常伴随有语气词"啊",表示列举。比如"吃家伙","家伙"的"家"读原调值33,表示吃东西,为动宾短语;"吃啊家伙","家伙"的"家"读轻声,表示吃什么,为列举义。

表示列举义的"家伙"可以用于事物、活动的列举。

事物列举,如:

(28) 你把桌子啊,椅子啊家伙搬进去。

你去把那些桌子椅子家伙擦下啰。

他屋里的鸡啊,鸭啊家伙好足的。(他家里的鸡啊,鸭啊什么的很多。)

衣服洗完哒,就把洗衣粉啊家伙下拣起。

活动列举,如:

(29) 洗衣做饭家伙他不会。

他读书的时候,吃啊家伙下在亲戚屋里。

他一扯皮就喜欢扯书啊、绊电视啊家伙。(他一吵架就喜欢扯书啊、摔电视啊什么的。)

他一个暑假就在屋里看书啊,打游戏啊家伙,哪里都冒去。

列举事物的"家伙"还含有总括义,"家伙"对这类列举项进行总括。但是列举活动的"家伙",由于列举项是表示动作或活动的,"家伙"一般不会用来总括动作或活动,总括事物的功能弱化了,此时的"家伙"就只有列举义,即列举一类或几类活动并类及其他,强调类及义,是个典型的列举标记。

湖南衡山话(长江镇)的"家伙"用于事物列举,活动列举用指示词。如:

(30) 碗筷家伙收一哈、桌子椅子家伙

吃烟吃酒那些、洗衣做饭那些、打牌赌博那些

益阳大通湖话事物列举用"么子的""家伙",如:

(31) 鸡鸭家伙、鸡鸭么子

活动列举用"么子的""啊路",相当于"什么的",如:

(32) 洗衣做饭么子的/洗衣做饭啊路哈都搞得。

打架、吃酒么子的/啊路哈都搞得。

洗衣做饭啊路哈都搞得。

湖南澧县宜万方言列举标记用"家伙"[tɕia⁵⁵·xuo],用于列举事物

105

和活动。如：被絮、桶阿子家伙；鸡子、鸭子家伙；拉牛阿子、割草家伙。看实例：

(33) 一搬家咧就被絮、箱子、桶阿子家伙一大堆。（一搬家就被絮、箱子、桶子什么的一大堆。）

哭啊闹啊家伙又没的用。（哭啊闹啊什么的又没有用）

他早晨一起来，就去拉牛阿子、割草家伙。（他早晨一起来，就去放牛、割草什么的。）

请人吃饭家伙也是要用钱咧。（请人吃饭什么的也是要用钱呢。）

湖南常德市（鼎城区）用"家伙"[tçia^{55}·xuo]表事物列举，如：

(34) 萝卜、白菜家伙；油盐家伙。

三、湖南南县方言"家伙"的列举用法和复数用法

湖南南县方言表达多项事物的列举标记是列举项后附"家伙"[·tçiA^{55}·xo]，表示连类列举义，相当于"什么的"。如：（淳佳艳，2010）

(35) 牛啊、猪啊家伙哈要卖咖。

花草、树木家伙要爱护呢！

把桌上的水啊、灰啊家伙抹咖了啰！

她过生日那天，同学、朋友家伙来好多。

亲戚、朋友家伙来哒一屋，好热闹喔！

她唱歌跳舞（啊）家伙样样都来得。（她唱歌跳舞什么的样样都行。）

么子扫屋、拖地、洗衣服啊家伙都归她管。（什么扫地、拖地、洗衣服及其他家务之类都是她管。）

单项列举，往往在名词后加上"啊"，然后再附上"家伙"，即："X+啊+家伙"，表明这是连类列举。如：

(36) 蘑菇啊家伙又涨价哒。

湖南南县方言"家伙"还可以附着在名词后面充当名词的复数标记。"家伙"附在名词性成分后表复数，如：（淳佳艳，2010）

(37) 女同学家伙喜欢吃瓜子。（女同学们喜欢吃瓜子。）

咯里新砌的楼房家伙很洋气。（这里新建的很多楼房很洋气。）

喜鹊子家伙叫唔哒，只怕会来客呢！（很多喜鹊子放肆叫，<u>恐怕</u>

会来客人呢!)

猫啊家伙在那里抓老鼠子。(很多猫正在捉老鼠)

根据吕叔湘(1985),复数有两种意义,即真性复数和连类复数。"家伙"的真性复数义也可称为群体义,指的是"家伙"表两个或两个以上同一种事物的个体组成的多数关系。用公式表示为"A 家伙 = $A_1 + A_2 +$ ……";"家伙"的连类复数义通常举一个或两个具有代表性的人或事物类及一类的数量关系,相当于"……一类""……之类"等,用公式表示为"A 家伙 = A + 其他"。

连类列举与复数往往很接近,理解时容易产生歧义。如:(淳佳艳,2010)

(38)蚊子家伙都有打咖就困觉啊!(蚊子家伙:指很多蚊子,或蚊子及其他的虫类)

他结婚的话,同学朋友家伙都有好几桌。(同学朋友家伙:指很多同学朋友,或同学朋友一类人)

快点把桌子家伙抹咖!(桌子家伙:指很多桌子,或桌子及相关的椅子之类。)

今年那橘子家伙很难卖出去。(橘子家伙:指很多橘子,或橘子之类的水果。)

把那鱼啊家伙剖咖啦!(鱼啊家伙:指很多鱼,或鱼一类的。)

他用钱啊家伙很大。(用钱啊家伙:指用很多钱,或用钱及其他消耗方面。)

上述方言中的"家伙"可以充当列举标记和复数标记,是由具有实在意义的名词"家伙"虚化而来的。典型的语法化现象是语言中意义实在的词语或结构式变成无实在意义、仅表语法功能的语法成分,或者一个不太虚的语法变成更虚的语法成分。(吴福祥,2006)

上述事实表明,明清时期的"家伙"在同位结构中主要表总括性列举义,充当列举标记,在南县方言中,"家伙"已经语法化为列举标记和连类复数标记了。"家伙"的语法化轨迹应该是:

泛指名词→同位结构后项表总括→后附充当连类复数标记→复数标记
(词汇义) (总括义)   (连类复数) (连类复数/真性复数)

第四节 湖南常德话复数标记"俺"及表事件连类复数的"VP 俺"结构

湖南常德方言人称代词和名词的复数标记为"俺",本字应该是"人",属于类别义名词,在"人称代词+俺""指人名词+俺"同位短语中虚化为复数标记,与古汉语的"等"属于一类词。本节以湖南常德话为例,分析表复数标记"俺"用于事件复数和连类列举,作为列举标记,可以称为复数型列举标记。

湖南方言这个复数标记"俺",学者对它有一些研究,这些研究包括:

陈蒲清(1983)描写了湖南桃源方言的复数语尾"岸"的用法与意义,"岸"不仅可以用在人称代词、表人的名词和无生命的事物名词之后表示复数,而且可以用在动宾词组之后表示事件的复数。"岸"不能与数量词同用,但可以与表约数的"些"同用。

应雨田(1994)提到了湖南安乡方言人称代词的复数词尾"俺"。例如:我俺、你俺、他俺;名词的复数词尾"俺紧",表示某一类人或物,如:大人俺紧、伢儿俺紧、同学俺紧、桌子俺紧。

郑庆君(1999)提到了湖南常德方言"安"的用法,主要用于人称代词后,也可用于表人的名词后,偶尔可用在个别表事物的名词后,但需有一定的语境,如在列举时。"安"作后缀,在常德方言中一般用于口语。

易亚新(2007)分析了湖南常德方言用"俺"表示复数。"俺"的用法有:①出现在人称代词后面,表示复数。②出现在普通指人名词和专有指人名词后,表示名词所代表的这一类人。③出现在几个不同的指人名词后,分别表示名词所代表的几类人。④指物的名词后加"俺"。单个指物的名词后加"俺",表示名词所代表的一类事物。几个不同的指物的名词后加"俺",表示几类相关的事物。⑤时间名词、地点名词加"俺",表示时间或处所不止一个。⑥动词或动宾短语加"俺",表示某一类相关的事情或方面。

我们的调查发现,在湖南的一些方言中,人称代词和名词的复数标记可以附着在名词性成分、动词性成分的后面,表示多个事物、活动(事件)连类列举,如常德话、桃源话、澧县话、临澧话(以上属于西南官话常澧片），南县话、洞口话（以上属于湘语长益片）等。

本节以常德话为研究对象，分析名词复数后缀"俺"［·ŋan］用在名词性成分、动词性成分后面表示连类列举意义的用法。本节常德话的材料主要来自常德市武陵区德山开发区。常德话声韵调系统，请参看郑庆君（1999）。研究湖南常澧片方言的学者对复数标记"俺"字的写法存在差异，比如陈蒲清（1987）记作"岸"，应雨田（1994）记作"唵"，郑庆君（1999）、易亚新（2007）记作"俺"，其本字应该都是"人"。

值得注意的是，在湖南常德话中，名词的复数标记"俺"［·ŋan］还可以附着在动词性成分的后面，形成"VP 俺"复数结构。"VP 俺"结构的语法意义是以 VP 所代表的事件为主，类及其他多个事件，属于事件连类复数或活动连类复数。如果在动词后加"啊"，构成"V 啊俺"，就表示连类列举。这种结构往往要在"俺"后加"搞"，构成"V 啊俺搞"形式表示动作的连类列举。

一、常德话复数标记"俺"

常德话名词性成分的复数标记是"俺"，包括人称代词、名词、"的"字短语这些成分后附"俺"。人称代词的复数标记，是在人称代词"顽 uan^{13}、您 lin^{13}、他 t'ɑ^{55}"后面附后缀"俺"，说成：顽俺（我们）、您俺（你们）、他俺（他们）。名词的复数标记，是在普通名词后面附"俺"。指人名词后附"俺"表示复数，如：大人俺（大人们）、老师俺、朋友俺；指物名词后附"俺"表示复数，如：鸡俺（许多鸡）、鸭子俺（许多鸭）、碗俺、饼干俺。另外，名词性联合短语可以后附"俺"表示复数，如：衣服袜子俺（衣服袜子一类的东西）。"的"字短语也可以后附"俺"表示复数，如：男的俺（男人们）、老的俺、买菜的俺（买菜的人们）、洗衣的俺、开车的俺。"的"字短语附"俺"后只能表示人的多数，不能表示物的多数，不能说"妈妈买的俺""他洗的俺"。

名词性成分后附"俺"，语法意义可以是真性复数，如"鸡俺"表示许多鸡；也可以是连类复数，如"饼干俺"表示饼干一类的东西。结构附"俺"后不能与表示确数的数量词组合，例如不说"三个同学俺""两本书俺"，但可以与表示不定量的数词组合。

指人名词后附"俺"表真性复数，如：

(1) 屋里的大人俺出去搞事去哒。（家里的大人们出去做事了。）

(2) 小伢俺的话你莫信。（小孩子的话你莫相信。）

(3) 男伢俺喜欢打篮球，女伢俺喜欢打羽毛球。（男孩子们喜欢打篮球，女孩子们喜欢打羽毛球。）

(4) 顽屋里的亲戚俺好多。（我家的亲戚很多。）

(5) 我的朋友俺都来帮忙哒。（我的朋友们都来帮忙了。）

(6) 老师俺都到哒没有？（老师们都到了没有？）

(7) 学生俺都放学哒。（学生们都放学了。）

(8) 同学俺都回去哒。（同学们都回去了。）

专有人名后附"俺"表连类复数，如：

(9) 这几碗粉，你给娟娟俺吃吵。（这几碗粉，你给娟娟及其他人吃。）

(10) 莉莉俺么时就来哒。（莉莉及其他人早就来了。）

(11) 李明俺出去钓鱼哒（李明他们出去钓鱼哒。）

(12) 张军俺提哒好多的水果来看奶奶。（张军他们提了好多的水果来看奶奶。）

指物名词后附"俺"，表真性复数或连类复数。如：

(13) 把鸡俺都赶出去。（快把小鸡赶出去。）

(14) 鸡、鸭俺都喂哒食哒。（鸡和鸭都喂了食了。）

(15) 来客哒，菜俺多炒几个。（来客人了，多炒几个菜。）

(16) 把这些书俺都清好。（把这些书都整理好。）

(17) 萝卜、白菜俺都长得蛮好。（萝卜、白菜什么的都长得挺好。）

(18) 饼干俺有么得吃头，干巴巴的。（饼干类的食物不好吃，干巴巴的。）

下面的指物名词后附"俺"，可以有真性复数和连类复数两种意思的理解。

(19) 鸭子俺到那里吃食。（许多鸭子在吃食。/鸭子及其他家禽在吃食。）

(20) 他屋里喂的狗子俺恶的很。（他家里养的几条狗很凶。/他家里养的狗及其他动物很凶。）

(21) 把桌子俺抹一下。（把几张桌子抹一下。/把桌子及其他东西抹一下。）

注意，在指物名词后的"俺"可以用"家伙"[tɕia⁵⁵·xuo]替代。例如：

（22）菜俺/家伙都洗好哒，只弄的哒。（几个菜都洗好了，只等着炒了。）

（23）筷子、碗俺/家伙都洗索利哒。（筷子、碗及其他餐具都洗干净了。）

易亚新（2007）也认为，常德方言"俺"一部分方言也可以说成"家伙"，如：

（24）猪伢儿俺/家伙食都喂哒。
（25）菜俺/家伙都洗好哒，只弄的哒。
（26）筷子、碗俺/家伙都洗索利哒。
（27）客厅（啊）俺/家伙都摆满哒。
（28）吃饭（啊）俺/家伙还可以。

名词与名词构成的联合短语后附"俺"，表真性复数或连类复数。如：

（29）老师、同学俺到一起讨论问题。（老师、同学们在一起讨论问题。）

（30）亲戚朋友俺到顽屋里拜年来哒。（亲戚朋友们来我家拜年了。）

（31）我几得喜欢吃水果，苹果、梨子俺，我都爱吃。（我很喜欢吃水果，像苹果、梨这一类的，我都爱吃。）

"的"短语后附"俺"，表真性复数。如：

（32）男的俺出去搞事去哒，女的俺留斗屋里管小伢。（男人们出去做事了，女人们留在家里照顾孩子。）

（33）开车的俺赚是赚钱，但是蛮吃亏。（开车的人赚是赚钱，但是很辛苦。）

（34）卖菜的俺一大清早就出来摆摊子哒。（卖菜的人一大清早就出来摆摊子了。）

二、动词性成分后附复数标记"俺"

在常德话里，名词的普通复数标记"俺"还用在动词性成分的后面，构成"VP俺"复数结构，表多个事件的连类。比如"洗衣俺"表示以洗衣服为主的一类事；"买菜俺"表示以买菜为主的一类事。充当"VP"的动词性成分可以是一项，也可以是两项。动词性成分后附复数标记"俺"，主要有以下四种形式。

1. 动宾短语后附"俺"

这是常德话中常见的事件连类复数形式，动宾短语的宾语在语义上要求是受事，动词的受事论元得到满足后，"动宾短语+俺"结构才能表达事件。如：买菜俺、弄饭俺、洗衣俺、晒被子俺、看电影俺、交水费俺、吃东西俺、写东西俺、抹桌子俺、拖地俺、扯卵谈俺（扯谈一类的事）。看实例：

（35）住得这里，<u>买菜俺</u>买菜一类的事几得$_{很}$不方便。

（36）<u>弄饭俺</u>几得麻烦。

（37）这个小伢，<u>洗衣俺</u>呢学会哒，<u>弄饭俺</u>还没学会。

（38）<u>抹桌子俺</u>去！（抹桌子、干家务活去！）

（39）周末的晚上可以<u>看电影俺</u>哒。

在"动宾短语+俺"结构中，动词后的宾语只能是普通光杆名词，动词不能再带动态助词，动词前面也不能出现表示正在进行的词语。下面的句子不成立：

（40）*他<u>看哒电影俺</u>哒。

*他<u>看哒一部电影俺</u>哒。

*他到那里<u>正在那里看电影俺</u>。

可见，进入"动宾短语+俺"结构中动宾短语表示的是活动，属于无界动作（沈家煊，1995）。其中的宾语要求是受事，其他由非受事宾语构成的动宾短语，比如施事宾语（如"走人""出太阳""通火车""过汽车"）、处所宾语（如"坐飞机""上馆子""吃食堂""回学校"）、目的宾语（如"跑生活"），都不能后附"俺"。

动宾短语加"俺"有时会产生歧义，有两种理解：既可以理解为活动的连类列举，即：[（动词+宾语）俺]；也可以理解为事物的连类列举，即：[动词+（宾语+俺）]。例如"买菜俺"。

（41）顽妈妈买菜俺去哒，你等一下下。

"买菜俺"既可以理解为"买+菜俺"，也可以理解为"买菜+俺"。前一种理解意思是买菜及买其他东西或者买各种各样的菜。"俺"附加在"菜"后，表示"菜"的复数形式。后一种理解意思是买菜及其干别的事。"俺"附加在"买菜"后面，表示"买菜"这一活动的复数形式。如"洗衣俺"。

(42) 我还要洗衣俺，你先去咯。

"洗衣俺"既可以理解为"洗+衣俺"，也可以理解为"洗衣+俺"。前一种理解意思是洗衣及洗其他东西或者洗各种各样的衣服。"俺"附加在"衣"后，表示"衣"的复数形式。后一种理解意思是洗衣及其干别的事。"俺"附加在"洗衣"后面，表示"洗衣"这一活动的复数形式。

又如：

(43) 我刚刚洗衣俺去哒。(我刚刚洗衣及洗其他东西去了。/我刚刚洗衣及做别的事去了。)

(44) 顽妈妈买菜俺去哒，你等一下下。(我妈妈买菜及买其他东西去了，你等一下。/我妈妈买菜及其干别的事，你等一下。)

(45) 顽爸爸交水费俺去哒。(我爸爸交水费及交其他费用去了。/我爸爸交水费及做其他事去了。)

(46) 抹桌子俺去！(抹桌子及其他东西去！/抹桌子及做其他事去！)

2. 动词后附"俺"

少数双音节动词能直接后附"俺"，动词限于表示活动的动词，如睡觉、洗澡、学习、跑步、唱歌、跳绳。附"俺"后表示事件，如"睡觉俺"表示睡觉一类的事，"洗澡俺"表示洗澡一类的事，"跑步俺"表示跑步及做其他运动。看实例：

(47) 这里睡觉俺还好，就是吃饭不方便。

(48) 我洗澡俺搞去哒。

(49) 现在的学生，学习俺不爱搞，只晓得玩。

(50) 天气热和哒，要跑步俺哒。

单音节动词一般不能直接后附复数标记"俺"，比如不说"洗俺""吃俺""抹俺"。原因是单音节动词不是表达活动或事件的，并且动词的受事论元没有得到满足。如果要表达事件连类意义，需要借助事件动词"搞"，构成"V啊俺搞"结构。如：

(51) 我刚刚洗啊俺搞去哒，来晚哒。

(52) 她不喜欢抹啊俺搞，么得事都要我来搞。(她不喜欢抹啊什么的，什么事都要我来干。)

(53) 到他屋里吃啊俺搞还可以，就是洗啊俺搞不方便。

其中"洗啊俺搞"指洗衣服一类的事，"抹啊俺搞"指抹桌子一类

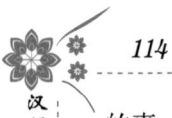

的事。

"光杆动词+俺"往往倾向于在光杆动词后加"啊",在"俺"后加"搞",构成"V啊俺搞",表示动作的连类列举。

3. 动词性联合短语后附"俺",表示事件连类复数

动词性联合短语后附"俺",如:洗衣做饭俺、画画跳舞俺、吃烟喝酒俺、割稻插秧俺、唱歌跳舞俺。看实例:

(54) 这个小伢,<u>洗衣、做饭俺</u>都学会哒。

(55) <u>画画跳舞俺</u>她都奈得何。

(56) 顽哥哥<u>吃烟喝酒俺</u>么得都不搞。

4. 单音节动词叠结后附"俺"

单音节动词叠结后附"俺",如"洗洗刷刷俺""敲敲打打俺""吵吵闹闹俺",是单音节动词 V_1、V_2 重叠并黏结在一起形成叠结形式后再附"俺"❶,意义上表示连类。如"洗洗刷刷俺"表示洗洗刷刷一类的事,"敲敲打打俺"表示敲敲打打一类的事。看实例:

(57) 他一上午<u>洗洗刷刷俺</u>搞哒好久。

(58) 屋里一天到晚<u>吵吵闹闹俺</u>不好。

(59) 他这一天到屋里<u>敲敲打打俺</u>搞,不晓得搞些么得。(么得:什么)

总之,进入"VP俺"结构中动词性成分是有限制的,一般是表示活动的无界动作❷。

三、"VP俺"结构的句法功能

"VP俺"结构的主要功能是充当主语,对事件进行指称,突出指称性,可以用"么得什么"来回答。此时该结构既有事件连类义,又有指称义。如:

(60) 他妈妈专门帮他弄饭,<u>吃饭俺</u>几得方便。

(61) <u>跳绳俺</u>蛮减肥。

(62) 她动作慢的很,一早上<u>漱口洗脸俺</u>要搞好久。

(63) 顽妈妈能干得很,<u>炒菜煮汤俺</u>都搞得几得好。(我妈妈很能干,

---

❶ 单音节动词叠结形式的说法,见储泽祥(2000)、张谊生(2000)。
❷ 活动和事件的区别、无界动作和有界动作的区别,详见沈家煊(1995)。

炒菜煮汤什么的都做得很好。）

"VP 俺"结构也可以用在谓语位置，但受限制。该结构在谓语位置上是对事件进行陈述，可以用"搞么得干什么"来回答。此时结构既有连类义，又有陈述义。如：

（64）顽妈妈<u>买菜俺去哒</u>，你等一下下。
（65）顽爸爸<u>交水费俺去哒</u>。
（66）他到学校里搞么得去哒？还不是<u>上课俺去哒</u>。
（67）他妈妈迷信的很，一天到晚到屋里<u>烧香拜佛俺搞</u>。

"VP 俺"结构独立做谓语的能力很弱，用在谓语位置上多数是跟"去"连用构成连动句，如例（64）（65）（66），其中的趋向动词"去"有指示前面的 VP 为活动的作用❶；或者借助事件动词"搞"，如例（67）。谓语位置上的"VP 俺"结构已经属于动词复数的范畴❷。

"VP 俺"结构充当定语，"VP 俺"结构充当定语，中心语一般是"事"，这说明"VP 俺"结构是表达事件的。如：

（68）<u>拖地俺</u>的家务事他从来没有搞过。
（69）小伢还是莫惯肆他，<u>洗衣俺</u>的事要自己搞。
（70）他正事不爱搞，<u>扯卵谈俺</u>的事来得一包子劲。（他正事不爱做，扯谈一类的事干劲很足。）

四、小结

在常德方言中，人称代词、指人名词、指物名词后附"俺"表示复数。动作行为动词后附"俺"表示事件连类复数（或活动连类复数），即列举一种活动并类及其他的同类活动。如果在动词后加"啊"，构成"V啊俺"，就表示连类列举。这种结构往往要在"俺"后加"搞"，构成"V啊俺搞"表示动作的连类列举。常德话复数标记"俺"的语法化过程为：复数标记→连类复数→事物、活动和事件的连类列举。

汉语方言中有许多关于名词复数的报告，如河北藁城话、山西平遥话的"们"（杨耐思、沈士英，1958；侯精一，1999），贵州贵阳话和沿河话

---

❶ "去+VP"和"VP+去"句式的区别，详见陆俭明（1985）。
❷ 关于动词复数和事件复数，详见科贝特（Corbet）（2005）。

的"些"（涂光禄，1990；肖黎明，1990），四川成都话的"些""们""伙"（张一舟、张清源、邓英树，2001），江西安福话的"物"（雷冬平、胡丽珍，2007）等，但是这些名词复数标记很难类推到动词和动宾短语的后面表示连类复数。贵州省沿河话的名词复数"些"（肖黎明，1990），可以构成"动宾短语+些"结构，但不常见，只见于部分俗语中，并且"动宾短语+些"所指是人，与动作连类无关，如"砍脑壳些不听话，要得报应。"其中"砍脑壳些"指"砍脑壳的人""短阳寿的人"。而常德话的"动宾短语+俺"所指是事件连类，并且比较常见。这些事实显示了湖南常德话复数标记有特别之处，即普通名词复数标记可以用在动词或动宾短语后表连类复数。

第五章　指示型列举标记及指示型连类复数

第一节　"之类"的列举功能

由指示词"之"和类别名词"类"固化而成的"之类",附在列举项后面充当列举标记,表示同类事物列举未尽,主要用于列举事物,也可以用于列举人和活动。从历时的角度看,"之类"表示同类事物列举的用法先秦就有,构成的同位结构在句中主要充当宾语;元以后,"之类"附在多个并列项的后面表示连类列举的用法已经比较普遍了,并且可以用于列举活动。元明清时期"之类"所构成的列举结构主要充当宾语,少数可以充当主语;从列举项的数量看,大多为多项列举,单项列举少;从列举的范围看,大多是事物列举,活动列举和指人的列举少。"之类的"直接附在列举项后面表示列举,是由"之类"后附表示连类而及的"的"固化而成,"之类的"列举结构通常做宾语。古代汉语和近代汉语的事实表明,"之类的"标记只见于现代汉语,近代汉语很少见。可见,列举标记"之类"的语法化过程为:指示性同位结构→后附"之类"→后附"之类的"。

一、现代汉语列举标记"之类"

(一)"之类"的列举义

"之类"附在列举项后面,表示同类事物列举未尽,充当列举标记。"之类"是由指示词"之"和类别名词"类"固化而成,本书归入指示型列举标记。

张谊生(2001)认为"之类""之流"是列举助词,表示列举未尽。即附在多项列举项后面,主要表示同类事物列举未尽;附在单项列举项后面,则重在举出代表性的事物再类及其他。表列举的"之类"和"一类"的一个重要的区别是,"X 之类"既可以充当定语,也可以充当主语、宾语;而"X 一类"则一般只能充当定语,不宜充当主语、宾语。表列举的"之类"和"之流"的区别在于:"之类"以附在指物名词(通常是通名)后面为常,一般不带有明显的主观评价色彩;而"之流"以附在指人名词(通常是专名)后面为常,带有比较明显的讽刺和鄙夷的意味。

莫衡等主编《当代汉语词典》(2001)认为,"之类"表示略去某些列举的事物。如:桌上放着碗筷之类的东西 | 近来写了些杂感之类的文章。

任超奇主编《新华汉语词典》(2006:1099)认为,"之类"为助词,表示不一一列举。如箱子里都是些衣服之类的东西 | 她喜欢泥人、刺绣之类的手工艺品。

周定一主编的《红楼梦语言词典》(1995:1128)认为,"之类"用在同类物品名词之后,表示列举未尽。如:几上放着茶铫、茶碗、漱盂、洋巾之类,又有一个眼镜匣子。(《红楼梦》53 回)果然贾珍煮了一口猪,烧了一腔羊,余者桌菜及果品之类,不可胜记。(《红楼梦》75 回)另外,"之类"用于列举现象之后,表示概括,如:合族中虽有许多妯娌,但或有羞口的,或有羞脚的,或有不惯见人的,或有惧贵怯官的,种种之类,俱不及凤姐举止舒徐,言语慷慨,珍贵宽大。(《红楼梦》14 回)

下面的"之类"与"等"前后对举,显示"之类"有列举义,用于多项事物列举。如:

(1)五畜,指牛肉、羊肉、猪肉、狗肉、鸡肉等禽畜肉食,广义上则包括了畜、禽、鱼、蛋、奶之类的动物性食物。

(2)他们还为职工修建了日托中心、廉价食堂、学校等服务部门,有些美国企业为了改善劳资关系,增加亲近感,改变过去老板、雇员的称谓,而改称同事、伙伴、先生、小姐之类。

"之类"要成为典型的列举标记,后面的总括性名词不能出现,并且在句子中做宾语、主语而不仅仅做定语。后附的"之类"已经固化为一个助词,充当列举标记。其特别之处是指示词要借助类别词"类",固化后表连类列举,是比较原始的指示类别的列举标记,分析见下文。

与"之类"有关的列举标记还有一个"之类的"。如:

(3)洞里一件家具都没有,也没有衣物、餐具之类的。

(二) 列举标记"之类"句法语义分析

1. 列举标记"之类"的句法功能

"之类"附着在列举项后面，这类列举结构在句中主要做定语（"之类的"）和宾语，其次是做主语。而在古代汉语和近代汉语中，后附"之类"的列举结构在句中主要做宾语，其次是做主语，很少做定语。

"之类"列举结构做宾语，如：

(4) 幸亏雪下有些黍秸秆儿、断草绳、落叶之类，倒也不很滑。（杨绛《干校六记》）

(5) 这里的茶，茶叶之外，还放炒熟的芝麻、黄豆、糖，佐以腌生姜、花生米之类。（陈世旭《将军镇》）

(6) 这种武装成分复杂，多为国民党的散兵游勇、兵痞、流氓、惯匪之类，态度游移不定，多为生活所迫被特务收罗。

(7) 她用家里寄来的多余的钱，经常花几个美分买一些棒棒糖啊、爆米花之类，和同学分享。

下面的"X之类"做列举动词的宾语，如：

(8) 秋燥伤津，要多吃些蔬菜水果，以润肺生津，如梨、荸荠、甘蔗之类，尤以柚为最佳果品。

(9) 然后沿京广线北上，途中的大城市比方长沙、武汉、郑州、石家庄之类都打算下一下。（方方《白雾》）

(10) 为了保证碘的摄入量，可以多吃点海产品，如海带、紫菜之类，其含碘量都很高。

(11) 国外的真正名牌，例如可口可乐、耐克之类，从不在自己的产品或包装上印什么"世界名牌"的字样。

"之类"列举结构做主语，如：

(12) 大队几个看家的会计文书之类，在工作组的干部下队之后，也往往找个什么借口溜之乎也。（陈世旭《将军镇》）

(13) 屋檐下的柴草和晾了过冬的辣椒、茄子、玉米、番薯之类收束得整整齐齐。（陈世旭《将军镇》）

(14) 煤炉放在外走廊上，碗橱家什，小桌子，小凳子，缸坛木盆之类都放在当中的客堂里。（陆文夫《人之窝》）

(15) 地板，洗得干干净净，把脚印全都洗掉了；门、窗、桌子、椅

子、杯子、热水瓶之类，也统统擦洗过了，找不到可疑的指纹……（叶永烈《失踪之谜》）

"一类""之类"列举结构做定语。

"一类"做定语，强调一个种类或同一个种类，后面还有属性总括项。如：

（16）目下不知道称为什么了，光复以后，似乎有一时称为雷电学堂，很象《封神榜》上"太极阵"、"混元阵"一类的名目。（鲁迅《朝花夕拾·琐记》）

（17）开门要是真的有油、盐、柴、米之类的七件事，也太便宜我了。（张洁《世界上最疼我的那个人去了》）

（18）她迅疾地下了车，连再见或谢谢之类的话都没说，直接就奔进了屋里。（方方《暗示》）

（19）辣辣也拥有了冰箱、彩电之类的家用电器，当然不是靠辣辣挣的，社员死后她就不卖血了。（池莉《你是一条河》）

（20）牛、马、猫之类的家畜，往往"解人意"、"通人情"，成为人类的得力助手。

"之类"列举结构充当独立语，相当于举例性的小句，如：

（21）不过仍然没有刀光剑影，动用的都是劳动工具，铁锹、钉耙之类。（戴厚英《流泪的淮河》）

2. 列举标记"之类"的语义范围

从列举的对象来看，"之类"表示列举未尽，主要是事物，也可以用于列举活动，极少用于列举人。

"之类"用于活动列举。如：

（22）诸如大人哭，孩子叫，拉拉扯扯，打打闹闹，叩头泣血，苦苦求告之类。（戴厚英《流泪的淮河》）

"之类"也用于人的列举，数量少。如：

（23）桌案上摆的照片，又都是姑姑、婆婆、姐姐、妹妹之类，也全是女的。（欧阳山《苦斗》）

"之类"用于言域列举，即列举项为言域话语。有两种格式，第一种格式是"之类"后面有总括项，为话语类名词。如：

（24）起先人们还尽可能耐心地听一会，再讲几句"不错，不错"之类的客气话，只求脱身。（陈世旭《将军镇》）

（25）倘给婴儿剃胎发，还要念"瑞起蔫门机，吾师诵福喜；婴孩今削发，宅舍现光华"之类的祝词。（陈世旭《将军镇》）

（26）很自然地牺抱住了水香，而水香也抱住了牺，两人也很自然地说了些"我爱你"之类的话。（方方《桃花灿烂》）

（27）一般的丈夫哪怕说"你小心点儿啊"之类的责怪也能让人接受。（安顿《绝对隐私》）

（28）王贤良拍着桌子赶走自己从前的战友，大骂"卑鄙"之类的话。（池莉《你是一条河》）

第二种格式是"之类"后面没有总括项，附在话语后面，相当于"等"。如：

（29）但副组长黄帽子就是不肯，说要讲原则，说了就要算数，县里来的干部也不例外之类。（陈世旭《将军镇》）

"之类"可以构成框式列举结构，即前面是列举引导词，后附"之类"，列举义更加明显。"之类"后面有总括项，如：

（30）饭桌上正在讨论着什么小社会，什么黄金屋和颜如玉之类的问题。（陆文夫《人之窝》）

（31）万一要是有什么障碍物或者栏杆之类东西，那就不保险了。（张平《十面埋伏》）

"之类"后面没有总括项，如：

（32）打的名堂就很多，打的工具（如答、杖之类）、方式和数量都不一样。（余秋雨《文明的碎片》）

（33）这我明白，他们要查一查我身上有挂着什么案子，如杀人放火抢劫强奸以及重大经济犯罪之类。（不光《闽西南》）

（34）我不想表示出我的好奇，比如他什么时候学的开车，这个车子的所有者之类。（陈染《私人生活》）

（35）在雪上滚了几滚，幸好这附近没有什么铁丝网、尖木桩之类，人也就没有受伤。（彭荆风《绿月亮》）

（36）不像自己，许多跟文化沾边的头衔，什么"总策划"、"总主编"、"总顾问"之类，都是权力招来的。（陈世旭《将军镇》）

"之类"的列举项大多是多项，也可以是单项。

（三）列举标记"之类的"句法语义分析

"之类的"可以直接附在列举项后面表示列举，是由"之类"后附表示连类而及的"的"固化而成一个词，类似的词还有"什么的""这样的"，后面没有总括项。表列举义的"之类的"不是名词性的"的"字结构。"之类的"列举结构只见于现代汉语，通常做宾语。这种用法古代汉语和近代汉语很少见。

1. 列举标记"之类的"的语义范围

"之类的"主语用于事物列举，如：

（37）刘夏、柳清就收集了好多的明星照、影像卡和磁带、CD 之类的。（郁秀《花季雨季》）

（38）看上去挺漂亮，谁知道她有没有暗疾，狐臭滴虫之类的，有的人就是金玉其外，败絮其中！（王朔《痴人》）

（39）大不了就是"先锋"、"冲剂"、退烧片之类，再花钱不也是这个！（刘震云《一地鸡毛》）

（40）至于那些有害于广大少儿的读物，如色情、凶杀之类的，则要毫不手软地坚决禁止。

"之类的"用于活动列举，如：

（41）我儿子性格比较外向，做事比较急，喜欢运动、跑步、骑行之类的。

（42）这样写你们可能就离不成了，我还要去调查之类的。（安顿《绝对隐私》）

（43）她对你动心，你如果真的喜欢她，会引导她做某些事，比如一起参与社会活动，一起游玩之类的。

"之类的"也可以用于言域列举，如：

（44）叔叔们正在我头上忙碌着，互相问答，"信号"、"放火"之类的，我又不敢动，心里真别扭死啦！（胡廷楣《我剃了一个大光头》）

（45）我不知道她是怎么说服高晋的，她说话吐字飞快，我听到了些只言片语，"你们真是小孩……"，"太没经过事了……"之类的。（王朔《动物凶猛》）

（46）就在这时，他听到汽车停在门席的声音，隐约听到几声话语，其中有一个轻柔稚嫩的女声，说了谢谢、再见之类的。

"之类的"的列举项大多是多项，如上述各例；也可以是单项，如：

（47）陈昆生一看，有海参，有蛋饺，有鱼肚，有丸子，还有几根绿菜叶，像是"全家福"之类的，说不上是什么特色名菜，也就吃个鲜吧。（谌容《梦中的河》）

（48）本来小非还以为她脸上伤势严重，总得换换药之类的。

（49）我从下午一直睡到夜里，做了一连串的梦，前几个还不错，净是捡钢儿之类的。

2. 列举标记"之类的"的句法功能

"之类的"附在列举项后面，这类列举结构在句中主要充当宾语，少数做主语。"之类的"列举结构充当宾语的见例句（53），做主语的例子如：

（50）那些<u>消毒水、夹子、酒精之类的</u>全是凉的，我的心里也是一样。（安顿《绝对隐私》）

"之类的"列举结构也可以充当独立语，相当于举例性的小句，如：

（51）原来我觉得我的身体挺健康的，没有现在这么多毛病，<u>腰疼啊之类的</u>。（安顿《绝对隐私》）

"之类的"可以构成框式列举结构，前面是列举引导词，后附"之类的"。如：

（52）记不清是哪一天，大约就在我起床不久的时候，看守忽然拿进几样礼物，<u>什么水果点心之类的</u>，说：……（丁玲《魍魉世界 风雪人间》）

列举标记"等"和"之类"可以连用。如"等之类的"：

（53）首先，如果搜集了某个方言的材料，就会发现像<u>传教士等等之类的人</u>也描写过某些方言，但其中有些材料并不可靠，记音不可靠。

（54）比方，我们说人有办法，叫"吃得开"。嘲人无能，叫"吃鳖"。走运，叫"吃香"。倒霉，叫"吃苦头"。还有什么<u>吃惊，吃紧，吃罪不起等之类的</u>词儿。

（55）不过根据平时的诊疗记录，朱发兰主要依据欧某陵原来在福建医科大学附属第一医院的诊断结果、治疗方案和病人服用的药品，对欧某陵做一些简单治疗，<u>如打针、挂瓶等之类</u>。

（56）只要你到市场去仔细调查一番，你不难从众多商品批发部门了解到一系列批发商品的价格，比之于零售商品，不能不说是一个较大的差别。商品<u>诸如饮料、啤酒、食盐、卫生纸等之类</u>。

注意，"之类的"和"一类的"有区别，"一类的"可能构成"的"

字短语，为种类、类别义，不是类及其他的用法了。如：

(57) 男人喜欢女人，无非就这么几种模式，沈凤喜这一类的，何丽娜一类的，关秀姑一类的。

里面的"关秀姑一类的"即关秀姑一类的人，为"的"字短语，强调类别，不表列举义。可见"X一类"表示以X为代表的一类人，不一定类及其他项，不是列举用法。又如：

(58) 另外，还有一些别的民族，像苗族的飞歌，飞歌它也是山歌一类的，但是它的名称叫飞歌。

上例句中"山歌一类的"即山歌一类的歌曲，相当于飞歌也是山歌里面的一类、一种。这一类"X一类"里面的X是上文提到的事物的属概念，整个结构为"的"字短语。

"X一类"如果能说成"X类"，种类义更加明显。"类"前面的成分可以是名词、动词、形容词。如：

消费类电子、保本类产品、百货类商户、资源能源类商品、低级类动物、高级类动物

激励类的经济政策；赃物类的犯罪；窝藏、包庇类的犯罪；关于股市及金融类的内容

二、"之类"充当列举标记的历时分析

（一）"之类"的类别义和列举义

"之类"中的"之"，原为指示代词，是"这"的意思。"之类"中的"类"，本义为种类，名词，表示许多相似或相同事物的综合。具有共同特征的事物所形成的种类。《说文》："类，种类相似，惟犬最甚。"《荀子·王制》："无法者以类举。"《庄子·渔父》："同类相从，同声相应，固天之理也。"《列子·仲尼》："其负类反伦，不可胜言也。"

"之类"大致相当于"这一类"，如何乐士《古代汉语虚词词典》(2006)认为"之类"中的"之"是指代词，有"这"义，可译为"这一类"等，或仍作"之类"。如：

(59) 国卿，君之贰也，民之主也，不可以苟。请舍子明之类。(《左传·襄公二十二年》)

（60）故王之不王，非挟太山以超北海之类也；王之不王，是折枝之类也。（《孟子·梁惠王上》）

"请舍子明之类"意思是请舍弃子明这一类人。"非挟太山以超北海之类"意思是不属于夹着泰山跳过北海这一类；"是折枝之类"意思是属于（替老人）折取树枝这一类。又如：

（61）今欲以先王之政，治当世之民，皆守株之类也。（《韩非子·五蠹》）

（62）夫石，金之类也，质异色钧，皆土瑞也。（《论衡·验符》）

叶正渤、徐娟（2003）也认为，汉语中的"之类"句式早在春秋、战国之际就已形成，是人们用来强调同类事物或同属性事物的一种语言表达形式；"之类"是由指示代词"'之'＋名词"而构成的一种固定形式，"之类"等固定用法正是由"之"的复指代词的用法逐渐凝结而成的固定结构。在现代汉语中，"之类"还分化出"这类""这一类"和"一类"等表达形式。

在"之类"这种结构中，里面"之"的性质曾经被称为是指示形容词。《尔雅·释训》："之子者，是子也。"杨树达《词诠》"之"字条下云："指示形容词，此也。""指示形容词"这个概念现在被称为指示代词。

（二）先秦时期的"之类"：从类别义到列举义

在春秋战国时期，"之类"用于指称同一类事物。与"之类"结构相同的，还有"之属""之徒"等，常用来指称同一类的人。如：

（63）骊姬问焉，曰："吾欲作大事，而难三公子之徒，如何？"（《国语·晋语一》）

（64）处官得其理矣，则段干木、禽子、傅说之徒是也。……处官失其理矣，则子西、易牙、竖刀之徒是也。（《墨子·所染》）

（65）相里勤之弟子，五侯之徒，南方之墨者苦获、已齿、邓陵子之属，俱颂《墨经》而倍谲不同，相谓别墨。（《庄子·天下》）

"之类"表示同一类事物，相当于"这一类"，组合方式是"之＋类"，与前面的成分构成同位结构，"之"具有复指代词的性质，它复指前面出现过的对象。"之"构成同位结构，如：

（66）然谋臣与爪牙之士，不可不养而择也。（《国语·越语》）

（67）公输盘为楚造云梯之械，成，将以攻宋。（《墨子·公输》）

"谋臣与爪牙之士"为同位结构，即谋臣与爪牙这样的士；"云梯之械"也是同位结构，即云梯这种攻城的机械。这几例中的"之"起着复指前指对象的作用，前后成分一起构成同位结构。上述的"之类""之属""之流""之徒"等和前面的成分都组合成同位结构。

先秦时期的"之类"也可以用在多项并列名词后面，表示同类事物列举，此时的"之类"已经凝固成一个词，构成的同位结构在句中主要充当宾语。可见，"之类"充当连类列举标记，这种用法先秦就有。如：

(68) 无风雨霜露，不生鸟兽、虫鱼、草木之类。(《列子·汤问》)

(69) 凡攫杀、援噬之类，必深其爪，出其目，作其鳞之而。《周礼·考工记》

(70) 君子远庖厨，凡有血气之类，弗身践也。《礼记·玉藻》

(71) 今势重者，人主之爪牙也，君人而失其爪牙，虎豹之类也。《韩非子·人主》

(三) 两汉时期"之类"表列举的用法

(72) 夫不肖之臣，豆麦、竹杖之类也。(《论衡·艺增》)

(73) 四曰尽而不汙，直书其事，具文见意，丹楹、刻桷、天王求车、齐侯献捷之类是也。(《昭明文选》)

(74) 先设一铁板，其上以松脂、蜡和纸灰之类冒之。(沈括《梦溪笔谈·活板》)

(75) 酒酤于市，果止于梨、栗、枣、柿之类；肴止于脯、醢、菜羹，器用瓷、漆。(司马光《训俭示康》)

(76) 当时奉使之人，如李承之、沈括、吴雍之类，每一使至，辄以减刻为功。(《东坡文集》)

(四) 唐宋时期"之类"表列举的用法

唐宋时期，特别是宋代，"之类"附着在多个并列项的后面表示连类列举的用法比较普遍。从列举的范围看，大多是事物列举。

唐代的用例，如：

(77) 尔小笔精妙，可图画四时花木虫鸟、锦鸡鹭鸶、牡丹踯躅之类，周于四壁，庶将观瞩焉。(《唐文拾遗》)

(78) 遂礼遗像，既现塔中舍利，兼腾基上神光，仍于龛室之间，采

出斧凿之类。(《唐文拾遗》)

(79) 气序微寒,风飙劲烈。宜<u>牛、羊、橐驼、骡畜之类</u>。(《大唐西域记》)

(80) 出金、银、鍮石、颇胝、水精、奇珍异宝,工织<u>大锦、细褐、氀毼之类</u>,多善马、橐驼。(《大唐西域记》)

(81) 张易之为母阿臧造七宝帐,<u>金银、珠玉、宝贝之类</u>罔不毕萃,旷古以来,未曾闻见。(《野朝佥载》)

到了宋代,"之类"表列举的用法已经很普遍了。如:

(82) 先生使学者各治一事,如<u>边事、河事之类</u>。(北宋《童蒙训》)

(83) 及夫人嫁吕氏,夫人之母,申国夫人姊也,一日来视女,见舍后有<u>锅釜之类</u>,大不乐,谓申国夫人曰:"岂可使小儿辈私作饮食,坏家法耶?"(北宋《童蒙训》)

(84) 此堂中有<u>黄精、百合、茯苓、薯蓣、枣、栗、苏、蜜之类</u>,恣汝所食。(北宋《太平广记》)

(85) 及作刺史,往南中,过衡山县,时春初,风景和暖,吃冷淘一盘,<u>香菜茵陈之类</u>,甚为芳洁。(北宋《太平广记》)

(86) 带衣所垂蹀躞,盖欲佩带<u>弓剑、帉帨、算囊、刀砺之类</u>。(《梦溪笔谈》)

(87) 至试学究,则悉彻<u>帐幕毡席之类</u>,亦无茶汤,渴则饮砚水,人人皆黔其吻。(《梦溪笔谈》)

(88) 气之清明者为神,如<u>日月星辰之类</u>是也,此变化不可测。(《朱子语类》)

(89) 且如万物收藏,何尝休了,都有生意在里面。如<u>谷种、桃仁、杏仁之类</u>,种着便生,不是死物,所以名之曰"仁",见得都是生意。(《朱子语类》)

(五) 元明时期"之类"表列举的用法

元以后,"之类"附着在多个并列项的后面表示连类列举的用法已经很普遍了,并且可以用于活动列举。结构上,所构成的列举结构主要充当宾语,也可以充当主语;"之类"前面的列举项之间出现了并列连词"并、和",列举项前面出现了数量词等。这种用法一直延续到现代汉语,并且产生了"之类的"列举标记。

127

"之类"表事物列举，从列举项的数量看，大多为多项列举，单项列举少；从列举的范围看，大多是事物列举，也可以是活动列举，指人的列举少。

1. 列举范围

"之类"用于事物的列举，如：

(90) 武大自去央了间壁王婆安排端正了，都搬上楼来，摆在桌上，无非是<u>些鱼肉果菜之类</u>，随即烫酒上来。(《水浒传》23回)

(91) 到天大明，王婆买了棺材，又买<u>些香烛纸钱之类</u>，归来与那妇人做羹饭，点起一盏随身灯，邻舍坊厢都来吊问。(《水浒传》24回)

(92) 只见小洞门外，许多妖魔，都是<u>些狼虫虎豹之类</u>，丫丫叉叉，轮枪舞剑，在那里跳斗咆哮。(《西游记》4回)

(93) 况捉了去的头目乃是<u>虎、豹、狼虫、獾獐、狐狢之类</u>，我同类者未伤一个，何须烦恼？(《西游记》5回)

(94) 到天大明，王婆拿银子买了棺材冥器，又买<u>些香烛纸钱之类</u>，归来就于武大灵前点起一盏随身灯。(《金瓶梅》6回)

(95) 这两日有些事，今日往庙上去，替你置了<u>些首饰珠翠衣服之类</u>。(《金瓶梅》6回)

"之类"用于活动列举，如：

(96) 流字门中，乃是儒家、释家、道家、阴阳家、墨家、医家，<u>或看经，或念佛，并朝真降圣之类</u>。(《西游记》2回)

(97) 此是<u>休粮守谷，清静无为，参禅打坐，戒语持斋，或睡功，或立功，并入定坐关之类</u>。(《西游记》2回)

(98) 愚弟兄若干别事无能，若说<u>擒妖缚怪，拿贼捕亡，伏虎降龙，踢天弄井，以至搅海翻江之类</u>，略通一二。(《西游记》63回)

(99) 当下就叫了玳安，吩咐<u>买办嗄饭之类</u>。(《金瓶梅》57回)

(100) 欺他是小孩子，纵有知觉，不过<u>惊怕啼哭之类</u>，料无妨碍，不在心上。(《二刻拍案惊奇》)

"之类"用于指人列举很少。如：

(101) 不数年间，把家产变卖已尽；<u>家僮仆妾之类</u>也多养口不活，各自散去。(《初刻拍案惊奇》)

2. 句法特点

"之类"构成的列举结构主要充当宾语，如上述例句，也充当主语。如：

（102）你这厮好不晓道理！这<u>青花瓮酒和鸡肉之类</u>如何不卖与我？（《水浒传》31回）

"之类"的列举项前面可以出现数量词，如：

（103）又自带了三两个土兵，离了县衙，将了砚瓦笔墨，就买了三五张纸藏在身边，就叫两个土兵买了<u>个猪首，一只鹅，一只鸡，一担酒，和些果品之类</u>，安排在家里。（《水浒传》25回）

（104）李瓶儿哭着往房中，寻出他<u>几件小道衣、道髻、鞋袜之类</u>，替他安放在棺椁内，钉了长命钉，合家大小又哭了一场，打发阴阳去了。（《金瓶梅》59回）

（105）月娘又教玉箫拿出<u>四盒儿茶食饼糖之类</u>，与三位师父点茶。（《金瓶梅》74回）

（106）四月初八日，县中备办十六盘羹果茶饼，<u>一副金丝冠儿，一副金头面，一条玛瑙带，一副丁当七事，金镯银钏之类</u>，两件大红宫锦袍儿，四套妆花衣服，三十两礼钱，其余布绢绵花，共约二十余抬。（《金瓶梅》91回）

"之类"前面出现了并列连词"并"，如：

（107）月娘使了<u>五两银子，两套衣服，四匹青红布，并簪环之类</u>，娶与他为妻。（《金瓶梅》22回）

（108）又打了<u>一壶酒，并肉鲊之类</u>，教他二人吃。（《金瓶梅》86回）

（109）话说月娘次日备了<u>一张桌，并冥纸尺头之类</u>，大姐身穿孝服，坐轿子，先叫薛嫂押祭礼，到陈宅来。（《金瓶梅》89回）

（110）又叫来兴儿宰了<u>半口猪、半腔羊、四十斤白面、一包白米、一坛酒、两腿火熏、两只鹅、十只鸡，又并许多油盐酱醋之类</u>，与何千户送下程。（《金瓶梅》72回）

（111）且说武松领下知县言语，出县门来。到得下处，取了些银两，叫了个土兵，却上街来买了<u>一瓶酒并鱼肉果品之类</u>，一迳投紫石街来，直到武大家里。（《水浒传》23回）

"X之类"前有列举引导词"甚么"，构成框式列举结构，如：

（112）不然，就要变化做甚么<u>鱼虾蟹鳖之类</u>，我才去得。（《西游记》22回）

也有"之类"与"等"一前一后对举的情况，列举义明显。如：

（113）自酝的好酒，水泊里出的新鲜莲、藕并鲜鱼，山南树上自有时新的桃、杏、梅、李、枇杷、山枣、柿、栗之类，自养的鸡、猪、鹅、鸭等品物，不必细说。(《水浒传》19回)

（六）清代"之类"表列举的用法

1. 列举范围

清代"之类"表列举的用法，基本沿用了元明时期的用法。

"之类"用于事物列举，如：

（114）将过了沁芳桥，只见雪雁领了两个老婆子，手中都拿着菱藕瓜果之类。(《红楼梦》64回)

（115）原来冯紫英家听见贾府在庙里打醮，连忙预备猪羊、香烛、茶食之类，赶来送礼。(《红楼梦》29回)

（116）潘三替他在书店左近典了四间屋，价银四十两，又买了些桌椅家伙之类，搬了进去。(《儒林外史》)

（117）老和尚煮了一顿粥，打了一二十斤酒，买些面筋、豆腐干、青菜之类到庵，央及一个邻居烧锅。(《儒林外史》)

（118）又有靴头、点子、大白、黑石、夫妇雀、花狗眼之类，名不可屈以指，惟好事者能辨之也。(《聊斋志异》)

（119）那汉子已将饭食列在炕桌之上，却只是一盘馒头，一壶酒，一罐小米稀饭，到有四肴小菜，无非山蔬野菜之类，并无荤腥。(《老残游记》)

（120）且说火起之时，四邻人等及河工夫役，都寻了水桶水盆之类，赶来救火，无奈黄河两岸俱已冻得实实的，当中虽有流水之处，人却不能去取。(《老残游记》)

"之类"用于活动列举，如：

（121）其时台面上已有七八个人了，刘瞻光便告诉他，这是某人，这是某人，无非茶行买办，某处翻译之类。(《官场现形记》)

2. 句法特点

"之类"列举结构主要做宾语，如上面的例句，也可以做主语。如：

（122）这时候桌子上的摆设，玻璃瓶件鲜花之类，一律齐备。(《官场现形记》)

（123）其余殡仪、桌席、执事吹打，以及杂用、饭食、破土、谢风水之类，须三百多银子。(《儒林外史》4回)

（124）如此地仓谷、马匹、杂项之类，有什么缺少不够处，悉将此项送与老先生任填补。(《儒林外史》8 回)

"X 之类"前面有前置列举标记"什么"（甚么），构成框式列举结构。如：

（125）宝玉听了回道："此处并没有什么'兰麝'、'明月'、'洲渚'之类，若要这样着迹说来，就题二百联也不能完。"(《红楼梦》79 回)

（126）匡超人初时不好问他，偷眼望那书上圈的花花绿绿，是些甚么诗词之类。(《儒林外史》)

（127）牛布衣日间出去寻访朋友，晚间点了一盏灯，吟哦些甚么诗词之类。(《儒林外史》)

（128）家里虽有几本甚么《千家诗》、《解学士诗》，东坡、小妹诗话之类，倒把与伴读的侍女采苹、双红们看；闲暇也教他制几句诗，以为笑话。(《儒林外史》)

"之类"前面有举例引导词"如"，如：

（129）且满墙皆是随依古董玩器之形抠成的槽子，如琴、剑、悬瓶之类，俱悬于壁，却都是与壁相平的。(《红楼梦》17 回)

"之类"列举结构的后一项有并列连词"并"，如：

（130）因大家送到议事厅上，眼看着命小丫头们铺了一个锦褥并靠背引枕之类，又嘱咐："好生给姨太太捶腿。(《红楼梦》62 回)

（131）一面早有熙凤命人送了一顶藕合色花帐并锦被缎褥之类。(《红楼梦》3 回)

"之类"与"等"前后对举表列举，如：

（132）说毕，又吩咐按数发茶叶、油烛、鸡毛掸子、笤帚等物，一面又搬取家伙：桌围、椅搭、坐褥、毡席、痰盒、脚踏之类。(《红楼梦》14 回)

指人列举一般用"等"，指物列举一般用"之类"，如：

（133）额外赏了两匹宫绸，两个荷包，并金银锞子之类。宝玉便命麝月秋纹等收拾一间静室，把那些语录名稿及应制诗之类都找出来，搁在静室中，自己却当真静静的用起功来。(《红楼梦》118 回)

（134）把几部向来最得意的，如《参同契》、《元命苞》、《五灯会元》之类，叫出麝月、秋纹、莺儿等都搬了搁在一边。(《红楼梦》118 回)

古代汉语和近代汉语的事实表明，"之类"列举结构基本不做定语，只在《红楼梦》中找到一例：

131

(135) 说话之间，外面一色色的放了又放。又有许多"满天星""九龙入云""平地一声雷""飞天十响"之类的零星小炮仗。(《红楼梦》54回)

"之类的"列举标记是后起的，只见于现代汉语，近代汉语很少见。

列举标记"之类"的语法化过程为：指示性同位结构→后附"之类"→后附"之类的"。

第二节 指示词"这些、那些"的列举功能

指示词"这些、那些"具有列举功能，形成指示型列举结构，分布在两种格式中，一种是"A 这些/那些 B"同位形式，后面有概括项，为同位式列举结构，表达的是列举兼指示的功能；另一种是"A 这些/那些"形式，后面没有概括项，为后附式列举结构，表达的主要是列举功能，其中的"这些、那些"指示功能都已经弱化。列举标记"这些、那些"凭连类列举义在句法上区别于其他列举标记。本节的研究表明，"这些""那些"所处的同位短语是产生列举标记的一个句法环境，由指示词"这些、那些"构成的后附式列举结构是汉语中表达列举义的一种重要的语法手段。"这些/那些"的连类列举功能在方言中还可能进一步语法化为复数标记。

一、指示词"这些、那些"有连类列举功能

指示词的主要功能是指别功能和替代功能（吕叔湘，1985），此外，指示词还具有定冠词、通指（类指）、话题等语篇功能（张伯江、方梅，1996；方梅，2002；刘丹青，2002；董秀芳，2012）。但下面的例句表明，指示词"这些、那些"的指别和替代功能已经相当弱化，主要表现为列举功能，形成指示型列举结构。如：

(1) 所谓不善于养生，就是经常讲的<u>亚健康</u>啊、<u>脂肪肝</u>啊、<u>高血脂</u>啊<u>这些</u>。实际上一个人要想百岁健康，核心是60岁以前没有病。(《江南时报》，2006年9月25日第23版)

(2) 小时候我就特别喜欢玩女孩子的东西，比如<u>跳绳</u>啊、<u>刺绣</u>啊<u>那些</u>我都很喜欢，说话和动作都像。(《南方都市报》，2011年12月1日第16版)

例句中的"这些""那些"相当于"等""什么的"，充当列举功能。

值得注意的是，充当列举功能的"这些""那些"位置总在列举项的后面。

学界对列举标记有一些研究，但是对指示词"这些""那些"的列举功能很少涉及，代表性的成果是张谊生（2001），该文详细考察了现代汉语中的列举助词，共有四组十二个：等、等等；云、云云；一类、之类、之流、者流、一流；什么的、啥的、的，里面没有涉及指示型的"这些""那些"。我们见到的对"这些"具有列举功能的较早的论述，是吕叔湘（1985），他提到"这些"用于列举多种事物，常用在列举若干事物之后所加的总括性名词之前，例如"笔墨纸砚这些东西"，认为这里的"这些"多少兼有"等等"的意思。但是他对"这些"的列举功能没有详细展开论述。我们认为，"这些、那些"是表多数义的指示词，在同位结构中具备了充当列举标记的语义基础，即列举一项或几项并类及其他。本章对指示词"这些、那些"的列举功能进行详细分析，语料来自"北大语料库"和"百度""人民网"等网络新闻搜索，文中例句一律不标出处。

"这些/那些"构成的指示型列举结构分布在两种格式中，一种是用在同位结构中，形成"A 这些/那些 B"形式，其中的 A 代表列举项，B 代表总括属性项，这种格式后面含有概括项，我们称之为同位式列举结构，如"笔墨纸砚这些东西"；一种是用在"A 这些/那些"附着结构中，由于后面没有概括项，我们称之为后附式列举结构，如"洗衣做饭这些""跳绳啊、刺绣啊那些"。指示型列举结构包括两类：同位式列举结构和后附式列举结构，其中指示词"这些/那些"的指示功能均已弱化，在同位式列举结构中表达连类列举兼指示的功能；在后附式列举结构中主要表达连类列举的功能，相当于列举助词［列举助词的说法，见张谊生（2001）］。

二、同位式列举结构"A 这些/那些 B"

指示词在同位短语中的重要作用，吕叔湘（1985）、邢福义（1996）、刘街生（2004）等有过论述。同位短语里面的指示词处在列举项的后面、概括项的前面，起帮助构成同位关系的作用。邢福义（1996：266）认为，一般情况下，在两个同位项中，一个同位项所指比较具体，一个同位项所指比较概括；同位项的排列，通常是"概括—具体"；如果排列成"具体—概括"，往往采用"A 这个 B"之类的形式。如"大傻瓜王老三"（概括—具体）和"王老三这个大傻瓜"（具体—概括）。邢福义在这里强调了两点：①"这、那"可以构成指示性同位短语；②指示性同位短语含有概括项，排列次序通常是具体项在前，概括项在后。本章讨论由"这些、那些"构成的同位式列举结构，里面的指示词是对列举项的一种连类概括，属于概括项。刘街生（2004）对同位短语进行分类，把类标式同位短语分成三类，即数量式、指别式和列举式，如"李明、李华二人""李伟这个人""李明等人"。本章分析的"A 这些/那些 B"结构属于指别式同位短语，如"李明、李华这些人"。但是和"A 这/那 B"结构比起来，又有它的特殊性，即这类同位结构具有列举功能，也就是吕叔湘（1985）曾提到"这些"用于列举多种事物，常用在列举若干事物之后所加的总括性名词之前，"这些"兼有"等等"的意思。

（一）"这些/那些"指示功能的弱化

根据方梅（2002）的研究，指示词的基本功能有两方面，一是单独用来指称话语中的某个确定的对象，二是在名词前面充当限定成分。前者是所谓"替代"（如"这是新发的工作服"），后者是所谓"指别"（如"那演员是奥斯卡奖得主"）。无论是指别还是替代，都可以针对其所指对象用"哪个"来提问（哪个是新发的工作服？哪个演员是奥斯卡奖得主？）。换句话说，指示词（或者指示词与其后的名词）是用于指称一个在说话人看来听说双方确知的对象。根据这种观点分析，在"A 这些/那些 B"同位结构中，指示词"这些/那些"的指示功能已经弱化，伴随的是"这些/那些"在结构中都轻读。具体表现为：

指称的具体对象不确知。"这些/那些"可以用作回指前面提到的列举项，但是指示的范围实际上大于前面的列举项的范围，有类及其他的意义。也就是说，"这些/那些"指称的具体对象听说双方都不是确知的，所涉及的类别义也只是一个大概的范围。比如"笔墨纸砚这些东西"，"这些"指示的范围除了笔墨纸砚，还有其他工具，但具体指什么，不确定，只是有一个大概的类别范围；"李明、李华这些人"，"这些"指示的范围除了李明、李华，还有其他人，但具体指什么，也不确定。

另外，同位结构中的"这些/那些"不能用"哪些"来提问，如不能说"笔墨纸砚哪些东西""李明、李华哪些人"。这表明，指示词"这些、那些"在同位结构中主要作用不是用作指别的，指示功能已经弱化。

同位结构里用"那些"或用"这些"意思差不多，只不过用"这"

比用"那"的时候多。这表明,"这些、那些"近指、远指的功能趋于中性化,近指远指的对立消失或中和了[对立关系消失或中和,见沈家煊(1999:23)],指示作用已经弱化了。如果用"这"还是用"那",并不取决于所指对象在真实世界中与指示中心之间空间距离上的远近,而取决于它在说话人内心世界中的地位,或者说话人的主观态度,这时指示词不再表指别功能。(方梅,2002)比如:

(3) 以前过年都是炒菜啊,大肉片啊那些东西,没有水果这些东西,现在生活富裕啦,你看满桌子都是现代的东西,跟以前不一样,我们老两口现在挺幸福的。

(4) 咱们还是拿牲口打比方吧,你可以把牛啊马啊那些大牲口放出去不管,你能把鸡也轰山上去任其发展?

前一句"那些"与"这些"前后对举,不表空间距离上的远近,指示功能减弱,趋向于中性化;后一句的"那些"换成"这些",意义不变。

列举项前面有无定代词"什么",表明列举项是不定指的,后面的"这些""那些"就不可能再表定指的,趋向于中性化了。如:

(5) 吃了这些药以后啊,什么高血压啊、冠心病啊、风湿啊这些症状,都稍有减轻。

(6) 我鲁肃投降了曹操,了不起回家乡去再做个老百姓,我在家乡做个老百姓我还可以通过地方上的考核推荐再报考公务员啊,我还可以从什么县丞、县令啊这些小官一步一步地做起,做到老了我做个太守,做个州牧那总是没有问题吧。

(二)"这些/那些"的连类列举功能及句法表现

1. 列举项

同位式列举结构有三个成分:列举项、指示词、概括项名词。列举项的范围可以是人、事物、活动、事件、性状。列举项的数量一般是几项,也可以是一项。指示词"这些/那些"属于概括项,它处在列举项的后面和概括项名词的前面,把列举项和属性概括项连接成一个同位结构,句法上必不可少,语义上有概括作用,地位重要。这种概括作用具体来说是"类及其他",体现出连类列举的特点。概括项名词是对列举项范围的属性进行概括。

指示人或事物并类及其他，如：

（7）像<u>贾珍、贾赦这些人</u>，一出场就不是好东西。（贾珍、贾赦一类人）

（8）我搞科研纯粹是因为自己喜欢，<u>荣誉、奖励啊这些东西</u>都不重要。（荣誉、奖励一类的东西）

指示活动或事件并类及其他，如：

（9）在我国传统观念中，<u>洗衣做饭，打扫卫生这些家务活</u>都是女人分内的事情，但在男女平等的今天，家务活也在走向平等。

（10）<u>跷二郎腿、肩膀夹电话这些习惯动作</u>，可能伤了你的脊柱。

指示性状并类及其他，如：

（11）<u>萌啊，性感啊，清纯啊这些词</u>都比不过女人最重要的形容词"美"。

列举项也可以是一项，连类义更加明显。如：

（12）像<u>周大勇这些人</u>，不仅没有因长期的战斗生活消磨掉那些朴素的记忆，而且是更强烈。

（13）当然，如果你面试的是总经理助理，特别是<u>帮总经理订票啊这些日常工作</u>。

"这些、那些"在指示词中是表多数意义的词，在同位结构中具备了充当列举标记的语义基础，即列举一项或几项并类及其他；在使用频率上，"这些"高于"那些"。

当列举项指人时，概括属性项会对人物角色进行有层次的概括，如"李明、李华这些人""李明、李华这些老师""李明、李华这些学生""李明、李华这些男人""李明、李华这些博士""李明、李华这些领导""李明、李华这些学者"等。

2. "这些/那些"的位置

表连类列举的"这些""那些"，句法位置一般居列举项后，而不是在列举项前。如果"这些""那些"放在列举项前面，结构要么不通顺，要么没有连类义；列举项为单项的，"这些""那些"放在列举项前面，更加不能说。如：

（14）＊这些贾珍、贾赦

＊这些周大勇

＊这些剖腹产、阑尾炎简单的手术

？这些洗衣做饭，打扫卫生的家务活（没有连类义）

有的"这些""那些"在句中一前一后使用,形成"那些A这些B"结构,属于"重复指示词"(吕叔湘,1985),两个词的位置不一样,功能也不一样:前面的为指示功能,后面的主要表列举功能。如:

(15) 那些往年没涨价的小家电啊、萝卜白菜啊这些东西,今年全都涨价了。

(16) 我想知道像那些哆啦A梦的电吹风啊、鼠标啊这些东西在哪里可以进货。

例句中的"这些""那些",列举项后面的表示连类列举义,分别相当于"那些往年没涨价的小家电啊、萝卜白菜啊一类的东西""那些哆啦A梦的电吹风啊、鼠标啊一类的东西"。

3. "这些""那些"和列举标记词对举

分析"这些""那些"和列举标记词对举的情况,可以看出"这些""那些"表达的是列举功能。

一些列举结构,"这些""那些"和常见的列举助词"等""什么的"一前一后对举,表明"这些"表示列举。如:

(17) 记者今日走访了常府街附近的水果摊,发现除了苹果、梨子、香蕉、橘子这些常见水果外,还有石榴、柿子等季节性水果。

(18) 战争年代,张思德、董存瑞这些英雄,曾一度成为人们心中的偶像;和平建设年代,王进喜、雷锋等在平凡岗位上做出成绩的劳动模范、先进人物也一度成了人们生活中追崇的榜样,为人们所看重。

上面的句子各有两个列举结构,前面的用"这些",后面的用列举标记"等"。

(19) 我经常就是在搞活动的时候买一堆,衣服什么的就不说了,头饰啊、围巾啊这些乱七八糟的东西很多根本就是买回来就闲置了。

上一句的两个列举结构,前面的用"什么的",后面的用列举标记"这些"。

一些列举结构,前面的列举项含有列举义语气词"啊",或前面有"像""比如"一类的"举例"义动词,后面往往有"这些""那些",列举义明显。储泽祥(1995)讨论了"啊""呀"和"啦"的数排作用,数排式的附带意义是"列举未尽"。"举例"义的词语常常出现在列举结构之前,表示列举的各项只是举例性的,并没有穷尽。如:

(20) 去年和前年这条街经常发生被偷啊、被抢啊那些事情,今年来

137

说就是没有听说过这些事情,所以我们在这里做生意也是很放心的。

(21) 小姑娘,你现在碰上的只是<u>银行啊、丢钱啊、自杀啊这些事</u>;其实一个刑警要经历的,更多的是比这残酷许多的案子。

(22) 现在纸媒都面临着网络的冲击,像<u>大盘啊、公告啊这些东西</u>,网站的速度肯定是最快的,我们要避开他们就必须寻找其他落点,做点跟网站不一样的、原创的东西。

通过上面的分析,我们认为,"这些/那些"在同位式列举结构中表达的是连类列举兼指示的功能(也可以概括为连类指示功能),但指示功能已经弱化。这和吕叔湘(1985)曾提到"这些"用于列举多种事物,兼有"等等"的意思基本是一致的,只不过我们更加强调"这些/那些"的列举功能。

三、后附式列举结构"A 这些/那些"

如果"A 这些/那些 B"同位式列举结构的属性概括项没有出现,就形成了"A 这些/那些"后附式列举结构。如:

(23) 洗衣做饭、打扫卫生这些家务活→洗衣做饭、打扫卫生这些
　　　亚健康啊、脂肪肝啊、高血脂啊这些病→亚健康啊、脂肪肝啊、高血脂啊这些
　　　跳绳啊、刺绣啊那些事→跳绳啊、刺绣啊那些
　　　抢篮板啊、传球啊这些事情→抢篮板啊、传球啊这些

后附式列举结构有两个成分:列举项和指示词,没有属性概括项。与同位式列举结构"A 这些/那些 B"相比,由于概括属性的名词没有出现,联系列举项和属性概括项的指示词"这些/那些"就接近后附成分,"这些/那些"由原来的同位指示重新分析为列举项的后附成分。重新分析会改变一个句法模式的底层结构,其中的一个表现是黏聚性(吴福祥,2013)。黏聚性指的是一个语言序列所具有的语法地位,例如它是一个独立的词、附着词、词缀,或者是词内成分。重新分析涉及黏聚性的改变,指一个独立的自由词变成附着词或者附着词变成词缀、词缀变成词内成分这类演变。例如汉语的"上"在上古汉语中原本是表方所的关系名词("育之上"),中古以后逐渐演变为后置词("回翔屋上")和词内成分("心上""世上")。"这些/那些"重新分析的情况是,原来是独立的指示词,在同

位结构中演变为附着成分（相当于列举助词），接近后置词。

如果说"这些/那些"在"A 这些/那些 B"同位式列举结构中还兼有指示功能的话，那么在"A 这些/那些"后附式列举结构中指示义就更加弱化、连类列举义更加明显，伴随的是"这些/那些"轻读，有进一步语法化的可能，可以被看作列举助词，表示列举项可以延续并类及其他的连类列举义。

（一）指示功能弱化的表现

后附式列举结构位置后附，指称的具体对象不确知，"这些""那些"的对立消失，并且不能用"哪些"提问。在"A 这些/那些"结构中，由于没有属性概括项，列举项指称的类别和具体对象听说双方都不是确知的，只有凭借后附的"这些/那些"和列举项推导出类别义和连类列举义。"这些/那些"近指远指的对立消失，趋于中性化，指示功能已经弱化了。该结构也不能用"哪些"来提问，例如不能说"跳绳啊、刺绣啊哪些"。这表明，指示词"这些、那些"在"A 这些/那些"结构中附着性很明显，主要作用不是<u>用作指别</u>而是用于连类列举。

后附式列举结构和无定代词"什么"同现，指示功能弱化。列举项前面可以有无定代词"什么"，这时后面的"这些""那些"就不可能表定指，指示趋于中性化。如：

（24）这里我们说的"申请"，是指进入申请成为情景喜剧片场观众的资格，所以<u>什么签证啊那些</u>，就直接略过了。

（25）时尚真的不是衣食住行，真的不是什么品牌，<u>什么包啊这些</u>，那太表面了，我觉得时尚是一种态度。

（26）作为普通市民，我们主要通过媒体、报纸来了解，还有很多事情，有些时候<u>审讯死啊、以前的什么发病死啊那些</u>，就说我们对他们其实印象也不是太好。

（二）连类列举及句法表现

1. 连类列举的范围

"A 这些/那些"结构一般是多项列举，包括列举事物、活动、事件并类及其他，多用"这些"，相当于"等""什么的"。列举项后面可以插入语气词"啊"，列举义非常明显。

列举事物并类及其他，如：

(27) 长相在其次，还可以整容，但是人品身子骨这些就不好说了。

(28) 我天天都过来排练，《秧歌舞》、《小板凳舞》这些我都会。

(29) 思想的突破是第一步，而不是靠资金啊，技术啊，人才啊这些。

(30) 所谓不善于养生，就是经常讲的亚健康啊、脂肪肝啊、高血脂啊这些。

列举活动或事件并类及其他，如：

(31) 我也会有一场或者两场或者三场四场比赛表现不好，希望有些夜晚当我无法将球投中时，我能做点其他事情补救，比如抢篮板啊、传球啊这些，只要能让球队赢就行。

(32) 我爱好文艺，拉二胡，吹笛子，弹钢琴啊这些都行。

同位型的 "A 这些/那些 B" 结构可以列举人，而后附型的 "A 这些/那些" 结构一般不能列举人。例如不说 "贾珍、贾赦这些" "张思德、董存瑞这些"。

也可以单项列举，列举项后面往往附 "啊"，强调单项连类的意义。

(33) 很多人拼命装嫩装可爱，花各种代价让自己看起来很符合各种期待，而心却苍老得一塌糊涂，疲惫得找不到活着的意义。突然想起理想啊这些，都觉得好笑，可是谁真正到达了理想的彼岸呢？（《京华时报》2011 年 05 月 20 日第 53 版）

(34) 谍战剧啊这些我也愿意看，但如果没有时间每天连续地追下去怎么办？

"A 这些/那些" 在举例性的结构中，充当举例义动词 "例如、比如、如、像" 的宾语，表示列举的各项只是举例性的，并没有穷尽，连类列举义非常明显。如：

(35) 最近老是吃到一些菜，里面放了些中药的，像当归啊这些能吃吗？

(36) 妹妹特别喜欢呆在家里，在我们家看那个比如喜羊羊啊这些，自己也喜欢看漫画书，因为黄佳他本身就是一个喜欢漫画的人。

2. "这些/那些" 和列举标记词对举

后附的 "这些/那些" 和常见的列举助词 "什么的" 一前一后对举，表明 "这些/那些" 表达的是列举功能。如：

(37) 洗衣服、做饭、打扫卫生，基本上都是我在做，其他的像换灯泡、修理家具还有保险丝烧断了是我丈夫的事，但你知道的，<u>洗衣做饭这些</u>是天天都得做的，<u>什么灯泡坏掉</u>就是偶发事件，一个月能碰到一次就了不起了。

四、后附列举标记"这些/那些"与其他列举标记的区别

后附列举标记"这些/那些"相当于指示型的列举助词，它凭借连类列举在句法上区别于其他列举助词，比如"等""什么的"。"这些/那些"的连类列举功能包含三种意思：①"这些/那些"具有总括数量功能。"这些/那些"是表示多数的指示词，在列举结构中有总括数量的作用，所以后面不能再出现数量词。②"这些/那些"具有连类功能，列举项是相同的一类事物。③"这些/那些"或多或少含有指示和回指的功能，可及性较高，并且构成的列举结构是指称性的，不能是陈述性的。

"这些/那些"的连类列举功能在句法上表现为：

第一，"这些/那些"的列举项多为两项或以上，也可以是一项。例句见上文。

第二，"这些/那些"的列举项是同类组合列举。如果不是同类的列举项，就不能后附"这些/那些"表列举。"等"的列举项不一定是同类的。

第三，"这些/那些"的列举项不能有数量词。"等""什么的"的列举项可以出现数量词。如：

（38）在深夜，邓颖超就送去<u>一些饼干等</u>，偶尔也端来一小碗素挂面。

（39）可是，赶到有人向他要<u>一双袜子什么的</u>，他会很慷慨："拿去吧！"

可以说"鞋子、袜子这些"，但不能说"一双鞋子、一双袜子这些""一双袜子这些"。"这些/那些"的列举项前面不能出现数量词，这一点与复数标记"们"类似。

第四，"这些/那些"后面往往隐含着属性概括项。如果不需要属性概括项，就不能后附"这些/那些"表列举。如果列举项的属性概括项一定要出现，就不能用后附"这些/那些"表列举。

如果列举项为事件，后面的属性概括项信息容易确定、推知，概括项也就容易省去，如"洗衣做饭这些"；如果列举项指人，后面的属性概括

项不容易确定，因为人具有多种角色，不易推知，概括项就不能省去。如"李明、李华这些老师""李明、李华这些学生""李明、李华这些领导""李明、李华这些博士""李明、李华这些男人"就不能说成"李明、李华这些"。

第五，所处的结构在句子中只能充当主语、宾语，不能做谓语。从句法功能看，"等""什么的"构成列举结构除了充当主语、宾语，还可以充当谓语。当"等""什么的"构成的列举结构表示活动和事件列举时，既可以做谓语，表达陈述义；也可以做主语、宾语，表达指称义。而"这些/那些"表示活动和事件的列举时，不能做谓语，只能做主语、宾语，只能表达指称义，不能表达陈述义，如"洗衣做饭这些"。

在常见的列举标记中，"等"属于总括式列举标记，它既可以后附（"吃饭洗衣等"），也可以接属性概括项（"吃饭洗衣等家务事"），后面可以出现起总括作用的数量词（"语文数学等四门课程""大孤山、小孤山、珍珠门等八景"）。"什么的"属于无定列举标记，它的位置只能后附（"吃饭洗衣什么的"），后面不能出现属性概括项（"洗衣做饭什么的家务事"），也不能出现数量词（"语文数学什么的四门课程"）。"这些/那些"属于指示型列举标记，它的位置既可以后附（即"洗衣做饭这些"），也可以接属性概括项（"洗衣做饭这些事"），但后面不能再出现起总括作用的数量词（"＊语文数学这些四门课程"）。

五、方言中的后附列举标记"这些/那些"

在汉语方言中，由指示词"这些/那些"构成的后附型列举结构是比"等"类列举结构更常见的一种列举形式。在普通话里，典型列举标记一般是用"等"，但是在汉语方言里就有较大的区别。例如在北京口语里，列举标记"这些、那些"比"等"更常见（最常见的列举标记是"什么的"和"伍的"），体现出普通话和汉语方言的一个差别。我们对"北京口语语料查询系统"（北京语言大学语言研究所）进行检索，发现用"等"表列举的很少见（只有很少的几例，要用"等"的话要说成"等等"，关于"等"和"等等"的区别，见张谊生（2001），而"这些、那些"有25例。例如用"这些"表列举，如：（均来源于"北京语言大学语言研究所'北京口语语料'"）

（40）像我这岁数儿，反正儿好像觉得这些家务事儿啊，也不好处理。觉得，<u>主任这些</u>，都是五十多岁的这个老大妈，她对一些事儿比较好处理，比较好说。（单项列举）

（41）嗯，<u>走快车道啊，骑快车呀这些</u>，好像没警察地方儿就无所谓，有警察地方儿吧，就注点儿意。（多项列举）

（42）因为就是说没去过大连的人哈，去大连也就顶多上什么老虎滩哪，<u>星海公园儿这些</u>，就说公园儿看看哈。（多项列举）

另外，在贵阳方言中，"啊"后面可以加"这些"，强调列举的事物。"啊这些"用在名词后头，表示"等等之类"。如：（汪平，1994）

（43）电冰箱啊这些都买得有的。｜买了猪肉、鸡蛋、鱼啊这些。｜这个礼拜考的有语文啊、数学啊、英语啊这些。

上述情况说明，由指示词"这些/那些"构成的后附型列举结构是汉语方言中较常见的一种列举形式，应当引起重视。

方言中的"这些/那些"还可以充当复数标记，表明列举标记"这些/那些"进一步语法化的方向是复数标记。例如山东汶上方言，第一人称复数用"这些"，说成"俺这些"；第二人称复数形式近指用"这些"，远指用"那些"，说成"恁这些""恁那些"；第三人称复数形式近指用"他们这些"，远指用"他们那些"。即：（宋恩泉，2005：210-211）

（44）俺这些 $\gamma\tilde{a}^{55}ts\mathrm{ə}^{312-32}\varpsi\mathrm{iə}^{55}$：我们这些人（第一人称复数）

恁这些 $n\tilde{\mathrm{ə}}^{55}ts\mathrm{ə}^{312-32}\varpsi\mathrm{iə}^{55}$：你们（近指）。恁这些都别给他搭腔。

恁那些 $n\tilde{\mathrm{ə}}^{55}n\mathrm{a}^{312-32}\varpsi\mathrm{iə}^{55}$：你们（远指）。恁那些都还没问来？

他们这些 $t'\mathrm{a}^{213-21}m\tilde{\mathrm{ə}}^{0}ts\mathrm{ə}^{312-32}\varpsi\mathrm{iə}^{55}$：他们（近指）。他们这些没给你说声？

他们那些 $t'\mathrm{a}^{213-21}m\tilde{\mathrm{ə}}^{0}n\mathrm{a}^{312-32}\varpsi\mathrm{iə}^{55}$：他们（远指）。他们那些都吃完饭走啦。

六、小结

本节分析了由"这些、那些"构成的指示型列举结构，包括两种格式：一种是"A 这些/那些 B"同位式列举结构，表达列举兼指示；一种是"A 这些/那些"后附式列举结构，主要表达列举。这两个结构里面的"这些、那些"的指示功能已经弱化，伴随的是语音弱化，列举功能增强。列举标记"这些、那些"凭连类列举义在句法上区别于其他列举标记。"这些/那些"构成的后附式列举结构是汉语表达列举义的一种重要的语法手段。

同位短语是产生列举标记的一个句法环境，条件是同位短语的"具体—概括"语义框的联系项含有表多数的词语，如表多数的指示词"这些/那些"。在"A 这些/那些"结构中，"这些/那些"被重新分析为后附成分，成为后置的列举助词，结构的演变过程为：

"A 这些/那些 B"同位短语→"A 这些/那些"后附型列举结构

相应地，列举标记"这些、那些"的语法化过程为：

指示词→同位指示→列举助词/复数标记

"这些/那些"的连类列举功能在方言中还可能进一步语法化为复数标记。

第三节　样态指示词的列举功能

"这样"和"那样"属于样态指示词，"A 这样的/那样的 B"同位短语具有列举用法。"A 这样的/那样的"后附结构也可以表列举，里面的"这样的""那样的"相当于列举标记。方言中"这样的""那样的"一类样态指示词可以充当列举标记。

一、样态指示词"这样"和"那样"

《现代汉语八百词》认为，"这样""那样"指示性状，加"的"修饰名词，如：

（1）那样的机会可不多。
（2）哪有那样的事情？
（3）我们也用那样的图纸。

很明显，这是"这样""那样"的指示功能，我们把具有指示功能的"这样""那样"称作样态指示词［江蓝生（1995）称为样态指示词］。

朱德熙（1982）认为，"这样、那样"为谓词性代词，加上"的"之后才能修饰名词。如："这样的天气""那样的人"，不能说"这样天气""那样人"。

对比：

爱就这样（做谓语，代替功能）

这样爱（做状语，指示方式）

这样的爱（带"的"做定语，指示类别）

"这样""那样"也可以指示程度、方式，后面不加"的"，直接修饰动词、形容词。如：

（4）他的认识和态度就是这样转变的。

（5）担负这样重大的责任，够难为他的。

（6）他不像你那样拘谨。

"这样""那样"也有代替功能，用作各种句子成分。如：

（7）这样不好，那样才好。

（8）你当然应该这样。

（9）这个消息还没有证实，你怎么就急得那样了！

我们把具有指示性状功能的"这样""那样"称作样态指示词，以区别于"这样""那样"的其他用法，样态指示词特别之处就是后面必须加"的"；另外下文的研究表明，同位短语中的"这样的""那样的"和后附的"这样的""那样的"都具有列举功能。

针对样态指示词是否有列举功能以及用什么形式表达列举功能，学者有不同的看法。比如，张谊生（2001）提到了十二个列举助词，里面没有指示词；童盛强（2002）认为，现代汉语还有一个列举助词"这样"，他从句法功能、语义内涵和语用特征三个方面对列举助词"这样"进行描写和分析，强调它与指示代词"这样"的差别，认为在语法分析中有必要区分代词"这样"和列举助词"这样"。而余义兵（2007）从多个方面分析了"这样"在现代汉语中的使用特点，在此基础上得出"这样"不是列举助词的结论，不同意童盛强（2002）的观点，认为童先生所谓列举助词"这样"的句法功能、语义内涵和语用特征其实或多或少都是"这样的"的。余义兵（2007）认为，用来替换各句列举助词的都是"这样的"而不是"这样"的。"这样"不等于"这样的"，因为"这样"是一个词，而"这样的"是一个由"这样"加上助词"的"构成的助词短语即"的字短语"。而童先生所谓列举助词"这样"的句法功能、语义内涵和语用特征其实或多或少都是"这样的"的。

我们认为同位短语中的"这样的""那样的"和后附的"这样的"

145

"那样的"都具有列举功能。后附的"这样的""那样的"可以充当列举标记,表现为:表列举的"这样的/那样的"具有黏着性,后附于代表性的事物表示列举未尽并类及其他,在读音上有弱化的趋势,可见后附的"这样的/那样的"从它的句法功能、表义功用和语音特征上看应该可以作为列举标记,当然列举标记"这样的/那样的"是由代词"这样的/那样的"在同位短语的句法环境中虚化而来的,两者之间有传承关系。

二、"A 这样的/那样的 B"同位短语表列举

"这样的/那样的"用于同位短语表示列举未尽,形式为"A 这样的/那样的 B",可以是单项列举也可以是多项列举。"A 这样的/那样的 B"应该分析为同位结构而非偏正结构。如:

汉语、藏语那样的语言
=汉语、藏语+那样的语言,
不是:汉语、藏语那样的+语言
冈升、杰尼索夫、谢尔巴狄那样的英雄人物
=冈升、杰尼索夫、谢尔巴狄+那样的英雄人物

单项列举如:

(10)后来,《观察家》报发表了一篇评论把它捧上了天,而且还对象毛姆那样的作家骂了一通,以示对老一辈的剧作家挑战。

(11)像岳不群这样的人,即使当了武林盟主也不会满足,恐怕下一步要一统江湖正邪两派。

(12)在中国的诗书中,虽然也有"帝""天",但也没有成为像基督教那样的宗教。

(13)历史学按其特性、本质和目的来讲,是一门实用之学,而非一门有如诗歌那样的欣赏之学。

(14)司马迁发奋著书,愤于不为当世所知,说出"藏之名山"那样的话,其目的还是为了传诸后人。

(15)语言中像"火"这样的词都是符号。

多项列举,如:

(16)然而令人沮丧的是,今日文坛有时让人感到,它压根儿就不在乎能否产生曹雪芹或鲁迅那样的作家。

(17) 在人民群众中涌现出一大批像网升、杰尼索夫、谢尔巴狄那样的英雄人物。

(18) 再比如，我方中场缺乏像前锋谢晖、申思、庄毅那样的尖子队员，在控制中场和组织进攻上还欠火候。(《人民日报》，1995年7月4日)

(19) 有些语言学家把类似原始汉藏语那样的语言称为"母语"或"原始基础语""基础语"，而把类似汉语、藏语那样的语言叫做"子语"。

(20) 他说，这支部队主要由外国士兵组成，一旦像利比里亚和海地那样的国家需要维和，就可以前往执行任务。

(21) 这说明像北京、上海这样的发达城市，有了满足生活需要的收入同时又利用保险品种、投资基金等把夫妇未来的经济风险安排好之后，他们更多把"家"看成是感情交流、满足精神需要的社会单元。

(22) 像土和水这样的重性物质，其天然的处所就在宇宙中心，而像气和火这样的轻性物质，其天然处所在宇宙的外围。

"这样的/那样的"和典型的列举标记"等"对举，表明"这样的/那样的"的功能是列举。如：

(23) 没有李平、周坤这样的小老板，买官爬上高位的副县级干部甘维仁等人也根本不可能接近成克杰。

(24) 现在，全世界各大洲，包括美国、日本这样的发达国家，北欧的瑞典、挪威等富裕国家，都有客商来虎门拿货。

(25) 不要说出租车、快餐店等大东西，就是打蛋器这样的小玩意，都是为了方便而产生的。

三、"A这样的/那样的"结构表列举

当"A这样的/那样的B"同位短语后面的总括性名词省略或不出现时，就形成"A这样的/那样的"结构，"这样/那样"后面必须带"的"，是因为体现了"这样/那样"指示性状的功能（体词性的），以区分于"这样/那样"其他指示功能（谓词性的）。"A这样的/那样的"结构后面没有总括性名词，列举项为人称代词和名词。结构里的指示词起指示类别的作用，整个结构依然是同位短语。如：

(26) 哎呀，家里不管来了个什么女同志吧，甭管什么年龄，就像我这样的，嘿，怎么说呢？

(27) 上了年纪的人最怕生病，特别像他们这样的，孩子们都不在身边，一旦有病，提起上医院，那真叫一个发怵。

(28) 当年的生产建设兵团真是出人才的地方，像老向这样的，武术、铁工样样行！

(29) 在宴席上，蔡先生说："像梅局长这样的，一定是什么菜都吃过了！

(30) 像曹雪芹这样的，笔下出这么多可爱的人物，这么多有意思的故事！

(31) 至少有一点我是不如谢晓峰的，就是我没有女儿，即使将来有了女儿，也绝对不会像谢小玉这样的。

(32) 看了许多戏剧，大约还没有像上海方言剧那样的，将近在眼前的生活搬上舞台。

(33) 就是偶尔一年，比如说来了一部像《泰坦尼克号》这样的，可以比它高。

(34) 但确实也有少数像"中诚"事务所这样的，他们见利忘义，为金钱所左右，给不法分子打开方便之门。

(35) 特别是那些"垄断性"的服务行业，如中国银行这样的，服务时间不应该减少。

(36) 100个公司创业有10个做成功，有两三个做成像思科公司这样的，就是成功。

下面的"A这样的/那样"结构里的指示词除了起指示类别的作用，还有起列举未尽的作用，整个结构就相当于附着性结构，指示词"这样的/那样的"就有列举功能。"A这样的/那样"构成的结构应该分析为"A+这样的/那样的"（同位短语），而不是"A这样/那样+的"（偏正短语）。

特别是"A这样的/那样的"用于指示多项时，列举未尽义比较明显。指人连类列举，如：

(37) 中国作家写作家能够像高尔基写托尔斯泰、写柯罗连科、写契诃夫那样的，可以说没有一个人。

(38) 倘使你要当冯友兰，要当任继愈，当孟森，当戴逸，当周远廉、冯其庸这样的，那也是非有兴趣不可。

指物连类列举，如：

(39) 发现以后，人们对这恐龙的认识，发生了一个变化，就是有些恐龙并不像人们想象的那样庞大，并不像人们想象的那样全身覆盖着鳞片，像现在的鳄鱼、蜥蜴这样的，其实它身上覆盖有一些毛。

（40）那么我们说，在凤姐身上概括了各种各样的矛盾，不能够看做很琐碎的家长里短的那种家务事，所谓叔嫂斗法、妇姑勃溪那样的，不是那么样。

（41）不幸我们失败了，我们能殉国自然顶好，不能呢，也不许自动的，像蓝东阳与冠晓荷那样的，去给敌人作事。

（42）他就是好打听小道消息，好向上边反映情况，当时也有类似乡长村长这样的，不过叫法不一样。

用于列举的"这样的/那样的"显然是由指示性状"这样（的)/那样（的)"虚化而来的。实际上，它仍具有一定的指示功能，说明指示词和列举标记之间的传承关系。跟其他列举助词相比，它是虚化程度较低，具有附着性，后附于代表性的事物表示列举未尽，在读音上有弱化的趋势，从它的句法功能、表义功用和语音特征上看，它显然已经不同于指示词"这样/那样"，具备了列举功能。

后置"这样的""那样的"表连类列举，是从指示性状义、种类义虚化为列举义，其语法化过程为：指示词前置指示性状→同位指示表列举→后置表列举，这与指示词"这些""那些"充当列举标记的语法化过程类似，只不过指示性状的"这样""那样"后面必须带"的"构成"这样的""那样的"，而"这些""那些"不需要。

四、方言样态指示词表列举

在湖南隆回（金石桥）方言里，指示词"那样个"放在前面指示事物的类别，相当于"那样的"。如：那样个人、那样个鸡子、那样个学生。这个用来指示类别的指示词"那样个"还可以用来表示活动列举，放在列举项的后面充当列举标记，相当于"什么的"。此时的"那样个"轻读，指示义不明显，强调列举连类义，并且可以用于单项列举。如：

（43）洗衣衫做饭菜那样个其连唔晓得搞得。（洗衣服、做饭菜什么的他都不知道做。）

（44）打禾蒔田那样个其尽唔晓得做。

（45）蒔田啦，打禾啦那样个其尽来得。

（46）吃烟吃酒那样个没要教。

指示词"那样个"用来自于"X那样个事"这类同位短语表示列举，如上面的句子都可以这样说：

(47) 洗衣衫做饭菜那样个事其连唔晓得搞得。

(48) 打禾莳田那样个事其尽唔晓得做。

(49) 莳田啦，打禾啦那样个事其尽来得。

(50) 吃烟吃酒那样个事没要教。

当"X那样个事"同位短语里的总括项"事"省略后，就变成"XX那样个"同位短语，此时里面的指示词"那样个"处于后置的位置，容易语法化，被重新分析为后附成分，充当后附列举标记。即：

形式　　　X那样个事→　　X那样个　→　　X那样个

结构　　　（同位短语）　　（同位短语）　（后附成分）

性质　　　指示词　　　　指示功能弱化列举助词

在江西进贤方言中，样态指示词也可以表列举。用于列举的样态指示词是：讲 [kɔŋ²⁴] 個、棱 [ləŋ²⁴] 個，其中"讲"是为"箇样"两个字的合音。即：

讲 [kɔŋ²⁴] = 箇 [ko] + 样 [iɔŋ]

同样的，棱 [ləŋ²⁴] 也是"那"和"样"的合音。"讲 [kɔŋ²⁴] 個、棱 [ləŋ²⁴] 個"应该来源于指示性状、种类的指示词"箇样""那样"。

进贤方言中的"讲個、棱個"是用来表示人或事物的列举，如：房子、车子讲個；打工個讲個；牛肉、狗肉讲個。实例：

(51) 以后记得要忌口，像鱼、牛肉、狗肉讲個都不可以再恰哩。

(52) 在乡下，像华的讲個读几年书就出去打工個人还是蛮多個。

(53) 现在买個房子全部都是"半岛"棱個有物业的房子。

第四节　湖南凤凰话后置复数指示词
——兼论方言中复数标记"些"的来源

湖南凤凰话的复数指示词"这些""果些"使用前置语序，表示指示功能和称代功能；使用后置语序，即用在名词性成分的后面，表示列举、复数和类指的用法。本节详细描写了"这些/果些"表示列举义、复数义和类指用法的语法特点，得出凤凰话后置指示词"这些/果些"的语法化过程为：复数指示词→同位短语中表连类指示→后置列举助词→连类复数→真性复数，表明复数指示词语法化为复数标记，必须经过后置列举助词这个环节，而这个环节首先发生在指示性同位短语这个句法环境中。本节推测西南官话的复数标记"些"来源于这类带"些"的后置复数指示词。

本节考察湖南凤凰县方言用在名词性成分后面的指示词"这些、果些"的功能，选择的方言点是凤凰县城沱江镇。凤凰县位于湖南省西部，据《中国语言地图集》，凤凰方言属于西南官话黔北小片，陈晖、鲍厚星（2007）认为其属于西南官话怀靖片怀凤小片，李蓝（2009）认为其属于西南官话湖广片湘西小片。该方言一共有20个声母，34个韵母，4个声调。（李启群，2011）凤凰方言的指示代词有两个：近指用"这"[tsei³⁵]，远指用"果那"[ko⁴²]（本字不明，以同音字"果"代替，下同）。其中复数指示词❶是"这些"[tsei³⁵·ɕiɛ]"果些"[ko⁴²·ɕiɛ]。

在凤凰话中，"这些""果些"如果使用前置的语序，表示指示功能和称代功能，即用在名词性成分的前面，用来指称、区别或替代表多数的人和事物，"这些"表近指、"果些"表远指，里面的"这""果"一般重读。"这些""果些"的指示功能，如：

（1）①这些布腌里腌臜的。（这些布很脏。）

②果些人，冇有一个好东西。（那些人，没有一个好东西。）

"这些""果些"的称代功能，如：

（2）①这些你留到起，果些我要拿走的。（这些你留着，那些我要拿走的。）

②帮果些拿到起。（把那些拿着。）

"这些""果些"如果使用后置的语序，即用在名词性成分的后面，表示列举、复数和类指的用法，指示功能已经弱化，伴随的是语音弱化，"这些""果些"可以读轻声。如：

（3）①桌子啊，电视机啊这些你都抹干净了嘛？（列举）

②今天涨洪水啦，<u>学生果些</u>都转屋里去啦。（学生们都回家去了。）（复数）

---

❶ 复数指示词的说法，见吕叔湘、江蓝生（1985：233-235），他们认为，我们现在说"这些、那些"是"这个、那个"的复数形式，这是受了西方语法里"数"的观念的影响；刘丹青（2002）认为"一些"为复数数量短语，"些"为复数量词。

③狗这些养起来要轻松好远。（狗养起来很轻松。）（类指）

前置指示词"这些""果些"表指示、称代功能时，有近指远指的对立；而后置指示词"这些""果些"的指示功能已经弱化，近指远指的对立消失或中和了❶，用来表示列举、复数或用于类指，在这种对立关系中，在形式上后置的指示词"这些""果些"通常可以混用并且可以读轻声。比如"衣服这些"也可以说成"衣服果些"，都表示衣服一类的东西，相当于"衣服什么的"；而"这些衣服""果些衣服"就有近指远指的区别。上面例句中的"桌子啊，电视机啊这些""学生果些""狗这些"也可以说成"桌子啊，电视机啊果些""学生这些""狗果些"，意思相同。本节下面用"这些/果些"来表示后置的"这些""果些"可以混用且意思不变，如"衣服这些/果些你都洗了吗？"如果是单数指示词"这个""果个"，只能采用前置的语序，不能采用后置的语序，如"这个学生""果个学生"，没有"学生这个""学生果个"的说法。下面主要分析凤凰话后置复数指示词"这些/果些"的列举义、复数义和类指用法。

一、后置复数指示词"这些/果些"表列举

（一）连类列举

连类列举是通过列举一项或几项类及其他，表示以列举项为代表的一类事物。凤凰话"这些/果些"附着在列举项后面，表示连类列举，属于列举未尽并类及其他，相当于普通话的"什么的"。从来源看，"这些/果些"可以称作指示源列举标记，表示连类列举，可以列举人、物、事，列举物、事的居多，列举项一般是两项或几项，在句中主要做主语和介词的宾语。如：

(4) ①衣服啊、鞋子啊这些/果些都是我买的。（列举事物）
② 帮姜糖、菌油这些/果些跟其都送点过去。（把姜糖、菌油这些东西给他都送点过来。）

(5) ①姑婆好造孽，妹崽啊、伢崽啊这些/果些对其都冇好。（姑奶奶好可怜，女儿啊、儿子啊这些人对她都不好。）（列举人）

---

❶ 关于对立关系消失或中和，沈家煊（1999：23）有详细论述。

②其好聪明，老师啊、领导啊这些/果些都好喜欢其㖉。

(6) ①到小学当老师，唱啊、跳啊这些/果些，你是肯定要会的㖉。（列举活动或事件）

②打针、吃药这些/果些，nian⁵⁵伲崽家最怕啦。（打针、吃药这些/果些，小孩子最怕啦。）

如果是列举一项类及其他，后面通常有语气词"啊"。如：

(7) ①衣服啊这些/果些你都洗了吗？

②现在学生伲崽家啊这些/果些都冇蛮好管㖉。（现在学生啊等这些人都不好管了。）

指人名词的单项连类列举，跟下文分析的连类复数有直接联系，都跟多数有关，连类列举标记很容易虚化为连类复数标记。

"这些/果些"附着在列举项的后面，指示作用已经弱化，相当于一个列举助词❶。

（二）连类列举与指示性同位短语

同位短语的后项可以由"指示词+总括名词"充当，这类同位短语可以被称为指示性同位短语❷。如果指示词是复数指示词，那么这个指示词就有连类指示的功能。连类指示和一般的指示不同，它有类及其他的意思，通过列举一项或几项指示一个类别。如"张涛、王华这些人"，"这些人"不仅指示"张涛、王华"，而且指示"张涛、王华这一类人"，"这些"指示的范围要大于前面的项，可见这里的指示词"这些"兼有列举和总括的作用。吕叔湘、江蓝生（1985：234）也提到，汉语的"这些"常用在列举若干事物之后所加的总括性名词之前，例如"笔墨纸砚这些东西"，这里的"这些"多少兼有"等等"的意思。

凤凰话"这些/果些"后置表列举的用法明显来源于"这些/果些"构成的指示性同位短语。在指示性同位短语中，指示词后面有一个用于总括列举项属性的上位词，如同位短语"姜糖、菌油这些/果些东西""柜子、

---

❶ 列举助词的说法借鉴了张谊生（2001），他对现代汉语中的12个列举助词进行了多角度的考察。

❷ 邢福义（1996：266）认为，同位项的排列，通常是"概括—具体"；如果排列成"具体—概括"，往往采用"A这个B"之类的形式，即概括项要借助指示词。刘街生（2004）提到了汉语类标式同位短语，包括指别式、数量式和列举式三类，其中指别式要借助指示词。

梳妆台这些/果些家具""张涛、王华这些/果些人""打针、吃药这些/果些事",里面的"东西""家具""人""事"就是上位词。其中的"这些、果些"可以互换且意思不变,"这些"的近指性和"果些"的远指性都已弱化而近于中性,是一个不论远近的中性指示词❶,主要起列举和总括作用。当这些指示性同位短语的上位词脱落后,指示词自然就后置了,说成"姜糖、菌油这些/果些""柜子、梳妆台这些/果些""张涛、王华这些/果些"、"打针、吃药这些/果些"。这是重新分析的结果:"这些/果些"在指示性同位结构中本来是前置的,即在总括项的前面;但由于总括项中上位词的脱落,"这些/果些"就被重新分析为前面名词的附着成分❷。即"这些/那些"原来是独立的指示词,在同位结构中演变为附着成分,相当于列举助词。下文要分析的"这些/果些"的复数用法和类指用法,已经没有上位词的句法位置,是个典型的后附成分。

指示性同位短语成为指示词后附形式(即脱落总括项中的上位词)需要一个条件,即总括项中的上位词必须具有较高的易推性(可及性)❸。换句话说,尽管上位词没有出现在指示词的后面,但却是说话人和听话人双方的共有知识当中已有的内容,或者是通过共有知识易于推及的内容。易推信息大致包括以下三个方面:①人类共有知识,例如上位词是人、东西、事情等。②言谈场景规定的知识内容,例如上位词是回指成分,先行词在前面已经出现。③说话人和受话人共有的知识,例如上位词是双方共知的对象,如老师、亲戚。如果上位词是人们熟知的事物,它的可及性就高,在语法上体现为结构简单。指示词后置形式当然比指示性同位短语结构简单,这符合"越熟悉的事物,内部成员越多样,结构越简单"的认知原则(沈家煊,1999:37)。

二、后置复数指示词"这些/果些"表复数

(一) 连类复数

"这些/果些"附在单个指人名词和指物名词的后面,如果强调由个体

---

❶ 关于中性指示词的详细分析,见吕叔湘、江蓝生(1985),陈玉洁(2011)。

❷ 重新分析会改变一个句法模式的底层结构,其中的一个表现是黏聚性的改变,指一个独立的自由词变成附着词或者附着词变成词缀、词缀变成词内成分这类演变。见吴福祥(2013)。

❸ 关于"易推性(可及性)"和下面的"易推信息",借鉴了方梅(2002,2005)的观点。

类及其他的多数，属于连类复数❶的用法。如：

（8）①张继这些/果些啊，迟早要出事的。

②有和张涛这些/果些走玩啦，晓得嘛？（不和张涛这些人玩啦，晓得嘛！）

③去看下子，校长这些/果些都到了吗？

④其结婚，亲戚这些/果些都来啦。

上例中"张继这些/果些""张涛这些/果些""校长这些/果些""亲戚这些/果些"分别表示张继这一类人、张涛这一类人、以校长为代表的这一群人、亲戚朋友等。又如：

（9）①衣服这些/果些你都洗了吗？

②你放心，桌子这些/果些商店里头有好多。

③铺盖这些/果些我都买好了。

上例中"衣服这些/果些""桌子这些/果些""铺盖这些/果些"分别表示衣服这一类的东西、桌子这一类的东西、铺盖这一类的东西。

"这些/果些"附在单项名词后面，可能表连类列举，也可能表连类复数，它们的区别是：连类列举是通过列举一项类及其他，名词后面常常带上语气词"啊"，表示列举项可以延续；连类复数是由一个个体名词类及其他，名词后面一般不带语气词"啊"，个体名词不能延续。连类列举很容易被理解为连类复数，二者联系密切。例如"桌子板凳这些/果些"既表示列举项的延续，又表示个体的多数。这表明"这些/果些"的列举义很容易语法化为复数义，"这些/果些"后置表复数的用法明显来源于它的列举义。由于指示词具有增加显著度的功能❷，所以"这些/果些"充当复数标记时，结构一般占据显著的句法位置即主语位置。

（二）真性复数

"这些/果些"附着在单个指人名词后面，如果强调个体的多数，而不强调个体类及其他，那么就表示真性复数了，并且是定指，即"这些/果些"兼有复数和定指的意义。如：

（10）①去看下子，领导这些/果些都到了嘛？

②其伢崽今天结婚啦，其朋友这些/果些都转来回来啦。

---

❶ 连类复数和真性复数的概念，见吕叔湘、江蓝生（1985）。

❷ 指示词具有增加显著度的功能，见沈家煊（1999）。

③小盛果脾气好丑，帮把客人这些/果些都气走啦。

上例中的"领导这些/果些""朋友这些/果些""客人这些/果些"分别强调领导、朋友、客人的个体数量多，相当于领导们、朋友们、客人们。

许多指人名词后附"这些/果些"，既可以作连类复数理解，也可以作真性复数理解。如"老师这些/果些"，可以表示老师和其他人，也可以表示许多老师。附着在单个指人名词后面的"这些/果些"，由于或多或少带有类及其他的意思，真性复数的意义还不典型，这种用法在凤凰话中还没有广泛运用，例如不能推广到附着在人称代词后面表复数，人称代词复数形式不是后附"这些/果些"，而是后附"们"。所以指人名词后附的"这些/果些"一般表示连类复数，可以作为一个准复数标记。由于后置的"这些/果些"已经表明数量为不确定的多数，前面不能再用数量词语修饰，例如不能说"五个朋友这些/果些"。

三、复数标记"这些/果些"用于类指

（一）复数标记"这些/果些"用于类指名词后

复数标记"这些/果些"还可以附在类指名词的后面，表示所指的对象是确定的一类人或一类事物，不表示个体的多数，属于类指的用法。一般认为，名词性成分所指的对象如果是整个一类事物或一个群体，那么该名词性成分为类指（通指），类指的核心语义是名词所表事物的非个体性（陈平，1987；刘丹青，2002）。例如北京话的"这"常常加在名词前表示类指（通指）（张伯江、方梅，1996；方梅，2002）。凤凰话的复数标记"这些/果些"用于类指名词后，常在句中做主语。如：

（11）①医生这些/果些，果就好累咪。（这医生，那就很累呢。）
②叫花子这些/果些看起来都好腌臜。（叫花子看起来都很脏。）
（12）①桌子这些/果些一般都是用木头做的。
②听讲，老鼠子这些/果些，比人都还聪明点。

上述例句中，"这些/果些"附在单项名词后表示类指：陈述的是一类人或事物，而不是具体的某些人或事物，体现出非个体性的特征；句子的谓语通常是属性谓语，不是事件谓语。

如果"这些/果些"附在单项名词后面,可能是类指用法,也可能表示复数。用于类指的"这些/果些",名词性成分不能定指,前面通常不能出现限定性成分;表复数的"这些/果些",名词性成分可以定指,名词前面可以出现有限定性成分。例如"学生伢子家这些/果些",表类指时,强调学生这一类人,是无定的,没有指具体的哪些学生;表复数时,强调许多个体,表示许多学生,是定指的。"老师这些"也可以这样理解。看实例:

(13) ①学生伢崽家这些/果些一般都也单纯啦。(学生一般都比较单纯。)(类指)

②这完子,学生伢崽家这些/果些都也单纯啦。(这里的学生们都比较单纯。)(复数)

(14) ①老师这些/果些要求都好高哝,你要好生加油啊。(类指)

②去看下子,学校门口老师这些/果些都来了嘛。(复数)

这说明,复数除了强调个体的多数,一般还与定指关联,这一点凤凰话更加明显。

(二) 类指特点

从共性与类型的角度看,类指由于要排斥个体性,许多语言都优先选择复数 NP 表示类指。(刘丹青,2002)凤凰话的选择符合语言的共同倾向,只不过在语序上,凤凰话选择复数指示词后置的语序。类指着重内涵而不着重外延,但是类指实际上是有外延的,可以通过添加指称成分凸显外延。(刘丹青,2002)凤凰话的类指可以通过添加复数标记来凸显外延,表明类指跟数有密切关联。吕叔湘、江蓝生(1985:69)曾认为,在一个名词包括某一类人物的全体,即所谓"类数"(the generic number)的时候,照例不加"们"。吕叔湘、江蓝生用"类数"概括通常所说的类指或通指,正表明类指跟数有密切关联。凤凰话的情况可以归入复数类指。凤凰话的光杆名词也可以表类指,如"老师都好有地位"。与后附复数标记的类指相比,前者表示的类指凸显属性,后者表示的类指凸显类别。

另外,凤凰话用复数标记"这些/果些"表示的类指成分常用于话题的位置。如:

(15) ①老师这些/果些,钱就多哝。

②猫这些/果些,身上的毛就多哝。

③老鼠子这些/果些,牙齿好少。

上例句子中"这些/果些"所依附的成分是说话人引出的一个话题，这个话题总与事物所属的类别相关，即类指话题。与没有附复数标记的话题成分相比，"这些/果些"的使用加大了话题的可识别性，并且成了"言域"中引进话题的手段，这种属于言域的类指实际上是："要说某一类人/事物"[1]。例如上面句子里的话题分别相当于：要说老师一类的人、要说猫一类的动物、要说老鼠一类的动物。

四、方言中复数标记"些"的来源推测

凤凰话复数指示词"这些/果些"的用法表明，复数指示词是列举标记和复数标记的一个来源。语义上的连类列举和句法上的后置列举助词用法实现了复数指示词向复数标记语法化的过渡，即表复数的指示词要语法化为复数标记，必须经过后置列举助词这个环节，而这个环节首先发生在指示性同位短语这个句法环境中，语法化的过程为：

复数指示词→同位短语中表连类指示→后置列举助词→连类复数→真性复数

复数指示词向复数标记语法化经历了重新分析的过程，并且它的指示义逐渐弱化，复数义逐渐增强。举例如下：

这些老师，果些领导→老师啊、领导啊这些/果些人→老师啊、领导啊这些/果些→老师这些/果些（老师一类的人）→老师这些/果些（老师们）。

充当复数标记的复数指示词已经不具备指示功能，有可能脱落其中的指示词，进一步弱化成后缀"些"，成为复数标记，这可能是西南官话许多方言复数标记"些"的来源，尽管凤凰话的复数标记还没有语法化为"些"。

西南官话许多方言存在一个名词复数标记"些"，如贵阳话（涂光禄，1990；汪平，1994）、贵州沿河话（肖黎明，1990）、成都话（张一舟、张清源、邓英树，2001）等，这种现象许多学者都做过研究，但是复数标记"些"的来源及语法化过程还不够明晰。我们推测西南官话的复数标记"些"来源于本节提到的这类带"些"的后置复数指示词。以贵阳话为例，"些"用于名词性成分之后充当复数形式，如娃儿些、老师些、虫虫些、桌子些。涂光禄（1990）的研究显示，"些"表示连类意义更常用的是在

---

[1] 关于"言域"的语法格式，参看沈家煊（2003），肖治野、沈家煊（2009）。

名词性成分之后加"呵这些",相当于书面语的"等等之类",例如"老王呵这些都来了""去买点笔墨呵这些来"。汪平（1994：78）也认为,"啊这些"用在名词后,强调列举的事物,表示"等等之类",例如"电冰箱啊这些都买得有的""买了猪肉、鸡蛋、鱼啊这些"。当指示词脱落以后,"些"附在名词后头,表示"之类、等等"的意思,为连类复数。如"娃娃些快走开""柴米油盐些嚜,外头买得倒的"（转引汪平,1994：123）。这里显示的刚好是本节分析的后置复数指示词表示列举,复数指示词被重新分析为表列举的后附成分,然后用于连类复数,其语法化过程应该是：复数指示词→后置列举助词→复数后缀"些"（指示词脱落）。

第六章 无定型列举标记及无定型连类复数

第一节 "什么的"充当列举标记

无定代词充当列举标记即无定型列举标记，无定代词"什么"位置在列举项前，表列举未定义；由无定代词和"的"固化而成的"什么的"位置在列举项后，表连类义，为典型的连类列举标记和连类复数标记。与其他后附列举标记相比，列举标记"什么的"的特殊地位是，意义上表类及其他，后面不能出现总括性词语。前置"什么"表列举的特征有：①列举项为多项；②列举项后面往往没有总括项，列举项的概括义通过前面的先行词标明；③举例义明显，类及义弱。可见，前置的列举标记"什么"概括功能弱，含有不确定性和举例未尽义。后附的"什么的"是个典型的连类性列举标记，由于后面没有出现总括项，涉及语义规约性问题，包括显性的语义规约和隐性的语义规约，隐性的语义规约跟可及性信息或易推性信息有关。列举标记"等"和"什么的"的语义规约性存在差异。列举标记"什么的"附在动宾短语的后面构成"VO什么的"形式，既可以是事物的列举，也可以是活动列举，这样就存在一个列举项识别的问题，即列举项是O（列举事物）还是VO（列举活动）。我们详细分析了"VO什么的"形式中列举项的识别方式，并发现北京话"VO什么的"形式中列举项的识别方式比较特别。北京话列举标记"什么的"后面可以出现总括项，并且还有话语标记的特征。

一、无定指示词"什么"的位置和列举功能

（一）"什么"的列举义

吕叔湘（1942）把不作疑问用的疑问代词称作"无定指称词"，并指

出有两个用途：表不论的可称为"任指"，表不知的为可称为"虚指"。"什么""什么的"的连类功能属于"虚指"❶，我们称之为无定型列举标记。

关于无定代词"什么"，《现代汉语八百词》（增订本，484 页）认为有两个用法：

"什么"用在几个并列成分前。如：什么缝缝补补，洗洗刷刷，都是奶奶的事儿。什么花呀草呀，种了一院子。

"什么"加"的"用在一个成分或几个并列成分后，表示列举，相当于"等等"。用于口语。如：他不喜欢下棋什么的，就爱打篮球。桌子上摆着一碟菜，还有酒杯、酒壶什么的。货架上放满了白菜、萝卜、柿子椒什么的。

《现代汉语词典》（第 7 版）认为：

"什么"，疑问代词，用在几个并列成分前面，表示列举不尽。

"什么的"，助词，用在一个成分或并列的几个成分之后，表示"……之类"的意思。如：他就喜欢看文艺作品什么的。修修机器，画个图样什么的，他都能对付。

注意，"什么的"的后面不能出现概括性的词语，属于列举未尽。而《现代汉语词典》认为"什么的"已经固化为一个词，词性为助词。

轻读和重读对"什么"意义的区分非常重要。比如否定和列举，可以用重读和轻读来区分。"什么老字号"，"什么"重读，表否定；"什么老字号啊"，"什么"轻读，表列举。表列举的"什么""什么的"都是轻读的。

"什么的"由无定代词"什么"和"的"固化而成。吕叔湘（1985：165-166）认为，"什么"联属在一个或几个名词之后，仿佛等于"之类"，同时在什么之后加一个表示"连类而及"的"的"字。用"什么"来表示类及，也应用到动作之后。例如：

（1）一早晨就挑着柿子什么的一直往西苑去。

（2）剩下的只是一些破旧的衣裳，几件木器，和些盆碗锅勺什么的。

（3）常常的在一语未完而打个哈欠什么的。

---

❶ 吕叔湘、江蓝生（1985：155）："我们用虚指的'什么'，主要是因为一时说不出更确切的词语。"

161

吕叔湘（1985：180）认为，这个虚指的"什么"跟"东西""事情""话"这些名词意义相近。英语里跟这个"什么"相当的是 somgthing 和 anything，thing 本来就兼有汉语的"东西、事情、话"等意义。

可见，后附的"什么的"有"连类而及"的意思，为典型的连类列举标记和连类复数标记，常用于口语中。

关于前置的"什么"，吕叔湘（1985）认为，"什么"之后一连串两个或更多的词语；这个"什么"也有闹不清楚的意思，可是闹不清楚的不是这些词语的意义，而是这些事物的数目。所以这个"什么"的作用实际上跟"诸如"或"凡是"相当，又可以说是等于在一连串的词语之后加一个"等等"，跟表示连类而及的"什么"有殊途同归之用。例如：

(4) 什么《诗经》《古文》，一概不用虚应故事；只是先把《四书》一齐讲明背熟，是最要紧的。(《红楼梦》9 回)

(5) 先时候儿什么玻璃缸，玛瑙碗，不知弄坏了多少，也没见个大气儿，这会子一把扇子就这么着。(《红楼梦》31 回)

(6) 再没了事儿，你听罢，甚么古记儿、笑话儿、灯虎儿，他一肚子呢！(《儿女英雄传》22 回)

(7) 他却嫌这乡下的调儿没甚么出奇，他就常到戏园里看戏，所有甚么西皮、二簧、梆子腔等唱，一听就会。(《老残游记》2 回)

(8) 甚么梳子、抿子、拢头刨花、分鬓板儿、油，一样不短。(《聊斋志异》17 回)

邵敬敏、赵秀凤（1989）对"什么"的非疑问用法作了细致的分类，分为全指、例指、承指、借指、虚指、否定、反诘和独用等八类。其中例指性"什么"表示列举项之外，还有一些尚未列举的同类项，具有列举未尽的意思。它有两种基本格式：

A 式：x（y、z……）什么的。"什么"指代跟 x、y、z 同类的未列举项，在语义上相当于"等""等等"。

B 式：什么 x、y（z……）。"什么"总括所有的同类项，包括已列举的和尚未列举的，在语义上相当于"例如""比方说"。

关于两种格式的区别，邵敬敏、赵秀凤（1989）认为：在形式上，如果只列举一项则只能选用 A 式而不能用 B 式。在语义上，A 式表示说话人只能说出这一类中的一项或几项，不能一一列举，所以后面用"什么的"笼统表示还有许多同类项；B 式则先用"什么"圈定一个范围，后面再随便举几项表示在说话人看来用不着全部列举，这几项就足够了。

（二）"什么"表列举义的位置和功能

"什么"位置在列举项前，表列举未定；"什么的"位置在列举项后，表连类义，包括连类列举和连类复数。

前置的"什么"用于列举，用在几个并列成分前，表示列举未定，类及其他的意义或连类义不明显。即吕叔湘所说的"什么"之后一连串两个或更多的词语，有闹不清楚的意思，闹不清楚的是这些事物的数目。我们把这个"什么"的功能概括为列举未定。如：

（9）什么缝缝补补，洗洗刷刷，都是奶奶的事儿。（《现代汉语八百词》）

（10）什么花儿呀草呀，种了一院子。

后置的"什么的"用于连类列举，是"什么"附上"的"用在一个成分或几个并列成分后，不仅用于列举，而且等于"等等"，包括类及其他，有连类义。用于口语。如：

（11）桌子上摆着一碟菜，还有酒杯、酒壶什么的。

（12）他不喜欢下棋什么的，就爱打篮球。

（13）货架子上放满了白菜、萝卜、柿子椒什么的。

《现代汉语词典》认为前一种是用在几个并列成分前，表示列举不尽；后一种是"什么"加上"的"用在一个成分或几个并列成分后，相当于"……之类"。后一种意义相当于连类列举或连类复数。

这样看来，列举标记"什么的"有列举功能和连类复数的功能，附在多个列举项后面，强调列举义；附在单个列举项后面，强调连类复数义。

（14）在我印象里，我的父母总是不在家，有时候是整个整个的晚上都只有我和哥哥两个人在家里，门被锁着，我们出不去，只有在屋里将椅子什么的搬来搬去，然后就是两个人打架，一打架我就吃亏，吃了亏就哭，我长时间地哭，等着我父母回来，让他们惩罚我哥哥。

（15）农副产品从粮食数起，麦子、玉米、水稻，到鸡、鸭、鱼、猪、菜应有尽有；工业生产早已不是小零件加工，打个铁，做个家具什么的，而是化工、电子、塑料、厨房设备、服装、食品等一应俱全。

（16）有时我们想想也觉得自己失去了许多常人该享受的东西，比如，走走朋友啊，出去旅游啊，欣赏音乐什么的。

上述"椅子什么的"相当于连类复数，"小零件加工，打个铁，做个

163

家具什么的""走走朋友啊，出去旅游啊，欣赏音乐什么的"相当于连类列举。

另外，与"什么"附上"的"表示列举相似的说法还有"一类的、这样的、那样的"，里面也有个"连类而及"的"的"，这些词也都可以后附表示类及义。

"什么"前置表列举的用法，是由"什么"的不确定义发展出来的。这个不确定义的"什么"，如果后接多个事物，它的列举义就被凸显出来。如：

(17) 我瞧这孩子再长大点比这个<u>什么</u>贾小姐还漂亮，重庆那个<u>什么</u>吴小姐刘小姐的更比不上了。

上句前一个"什么"后接一个名词，强调不确定义；后一个"什么"后接两个名词，意义由不确定义过渡到列举未尽义。

(三) 前置的"什么"表列举未定

这类列举的特征有：①列举项为多项；②列举项后面往往没有总括项，列举项的概括义通过前面的先行词标明；③举例义明显，类及义弱。前置的列举标记"什么"概括功能弱，含有不确定性和列举未尽义。前置的"什么"格式有以下三种。

1. 什么+列举项

列举项为多项，含有不确定义，即数量不确定，缺少概括性。

列举结构的前面有总括项，列举项的概括义通过前面的先行词标明，相当于多项举例。如：

(18) 翻开报纸、打开电视机、收音机，几乎每天都有这类消息，<u>什么</u>"国内领先""填补空白""国际先进"比比皆是。

(19) 他们利用消费者青睐这类商品的心理，在广告上大做文章，<u>什么</u>"根治""特效""99%的有效率"。

(20) 1986年父亲病故，留下一大堆债务。作为长子的赵启平，为了还债，不得不放弃了自己热爱的文化工作，而开始拼命地学习各种"致富方法"，<u>什么</u>洗衣粉啦、胆红素啦，均告失败。

(21) 然而品种最全的、做得最精致的要数宝剑，<u>什么</u>单剑、双剑、蟠龙剑、鸳鸯剑、腰带剑、手杖剑、八卦剑、太极剑，不下数十种。

(22) 我们信步迈进了一家铺面不大的商店，只见空中挂的、架上摆的，柜中放的，到处都是宝剑，间或还有其它的古代兵器，什么刀、枪、锏、戟、斧、钺、钩、叉，十八般兵器应有尽有。

列举结构的前面没有总括项，通过多项连用列举产生类别义，相当于"一类的""之类的"。由于缺乏总括项，结构显示出列举未定的意义。如：

（23）倘有更多的人像徐洪刚那样，挺身护法，挺身取义，什么歹徒、流氓，都是不堪一击的。

（24）他呀，干起活来，什么吃饭啊、睡觉啊、身体啊、自己的家啊，全都抛在脑后了。

（25）为满足陈莉的生活需要，杨大新出手阔绰，什么穿的、用的、看的、摆的，统统是清一色的洋货。

2．"什么+列举项"对举

采用多项分列对举方式，即每个列举项的前面都有"什么"管着，构成"什么A，什么B"，其中A、B可以是相同的类别，也可以是不同的类别，结构强调分类别地举例。

列举项前面有总括项，每组列举项的概括义通过前面的先行词标明，如：

（26）他们成立了许多社团，有的名称极怪，<u>什么"吠陀"，什么禅学</u>，这一类名词都用上了。

（27）一天，学校里传达一位领导人的一个报告，中心内容是，<u>什么"好人打好人是误会"，什么"好人打坏人应该"</u>，"坏人打好人是报复"。

（28）他满口的化学名词，<u>什么苯，什么酸，什么化学反应方程式</u>，偶尔还夹杂几个英语单词……

列举项前面没有总括项，强调举例义。如：

（29）顿时，你塌陷在一种全然的怀疑中，作家怎么也会如此地俗气，<u>什么悲天悯人，什么崇高、伟大</u>，那不过是他们笔下的玩物而已。

（30）<u>什么期货市场，什么商业银行，什么有限公司</u>，都是新冒出来的，经常弄不大懂。

"什么+列举项"对举形式的后面可以出现列举标记"等等"或省略号，表示列举未尽。如：

（31）<u>什么"有权不用、过期作废"，什么"大公不能无私"，什么"世上没有不馋的猫"</u>，等等，大家都这么说，这么想……

（32）走进商场一瞧，几乎每种产品身上都披着几项荣誉，<u>什么金奖、</u>

银奖，什么最受欢迎、最为满意，什么这个名牌、那个最强……

（33）高中生的阿德南了解中国的许多情况，什么改革开放、商品经济，什么兴安岭大火、安徽水灾，还有亚洲运动会、申办奥运会……

3. 什么+列举项+列举标记"等等"

列举项前面有总括项作先行词，但后面没有总括项，列举标记一般用"等等"，意义上强调列举未尽。如：

（34）至于他的作品名称一下子说不全，他们会告诉你一些不中不洋的名儿，什么鲁西西、皮皮鲁、舒克、贝塔等等。

（35）早几年，全国兴起的种养殖热不少，什么蚯蚓热、蜗牛热、哈白兔热、荷兰鼠热，等等。

（36）现在大街上一些饭店、酒楼出现称王称帝的牌匾，什么"大富豪"、"贵族"、"帝国"、"南霸天"等等。

（37）工作一铺开，果然阻力就来了，什么"殷顺喜独裁"，是"土皇帝"等等。

列举未尽也可用省略号表示，如：

（38）她特能瞅准有些名堂的餐馆或摊铺，什么抓饭、丁丁面、黄焖羊羔肉……吃得一溜烟。

（39）有一次，我去一位当医生的老朋友家里作客，发现他的藏书十分丰富，什么《基度山伯爵》、《福尔摩斯探案集》……，他都有。

（40）只有110名管理人员，下属7个企业，厂级领导都是一正一副，什么生产科、统计科、安全科……

列举标记后面如果有总括项，列举标记用"等"，不能用"等等"，如：

（41）至于产品广告中，什么"国优""部优""国际金奖"等词句更是满天飞。

（42）应用HIS后，所有中间环节都能在计算机屏幕上反映出来，什么"搭车药"啦，大处方啦，不合理检查啦等伪、漏、冒现象就可杜绝了。

（四）后置的"X什么的"结构充当话题和类指功能

后置"什么的"结构做主语或话题时，前面没有总括项，除了连类列举功能还有话题、类指功能。如果列举项是多项的，强调连类列举功能；如果列举项是单项的，除了连类列举功能，还有类指功能。这表明列举标记是表达类指的一种方式。

"X什么的"做主语,前面没有总括项,强调连类。如:

(43) 连云山亲眼目睹的边境人民的苦难和贫穷,跟内地一样家无余钱无余粮,<u>白薯条子什么的</u>都是主食。

(44) 可过了一段时间后,这每克十几块钱也受不了,于是索性<u>工资、奖金什么的</u>都不给家里交了。

(45) 再看老一辈相声艺人的作品,<u>《关公战秦琼》什么的</u>,那都是几代人口传心授的结晶。

(46) 将来<u>接送孩子上学什么的</u>都得用车。

(47) 一次,一位妇女怯生生地说:"<u>女人的内衣内裤什么的</u>,洗完了不好意思晾出来,要是有一种机器能把衣服烤干就好了。"(1993年《人民日报》)

单项"X什么的"结构充当话题,前面没有总括项,强调连类和类指。如:

(48) <u>球赛什么的</u>都是年轻工人喜欢看,可看书的都是知识分子,您说,这写球的书能好卖吗?(1994年《人民日报》)

(49) 杨学林说,<u>种菜花什么的</u>,可能更赚钱,比没种这个省事,只要能保证销出去,明年还可以种。

(50) <u>英雄什么的</u>,压根就没那个念头。

例句中"X什么的"都有类指功能,相当于"X一类人(东西、事情)",一个表现是里面的列举项可能不能延续,只代表X这一类人(事物、事情)。

二、"什么的"的连类义与语义规约性

与其他列举标记相比,列举标记"什么的"的特殊地位是,意义上表类及其他,后面不能跟着出现总括性词语(即对列举项进行概括的词语)。而该列举结构中的列举项应该属同一意域范围,才能类及其他。于是就涉及"什么的"的语义规约性问题。如果上下文语境中出现了概括性的词语,这时"什么的"的语义规约可以通过回指方式找出,为显性的语义规约,即使有时列举项属于临时规约,但有了总括性词语,依然可以规约为同一意域范围;如果上下文语境中没有出现概括性的词语,这时"什么

"的"的语义规约只能通过其他方式推导出来，为隐性的语义规约。

董晓敏（1998）认为"什么的"有语义规约的作用。"什么的"前面的列举项一般要求同类相列，即处在同一列举式中的各列举项应该属同一意域范围。但是不属同一意域范围的事物，也可以进入该列举结构，一旦进入该列举结构，便被统一归约为同类范围了，这是"什么的"规约作用的结果。如：

(51) 我想在那些拐弯的地方放块石头、树桩啥的吧，狗日的到处都光溜溜，毛都没有一根。

例中的"石头、树桩"列举的是李老倌寻找归路的标记，被临时规约为同一意域范围。在形式上，列举结构前面往往先出现表示列举范围的总括性词语，然后再用列举项分说。例如：

(52) 村约要求村民们克己复礼，非礼勿视，非礼勿动，非礼勿做什么的。（谈歌《天下荒年》）

例中先总说"克己复礼"的要求，再用 X 结构分列具体内容。有时列举项在前，表示意域范围的总说性语句在后。如：

(53) 那些小的，不敢往远处跑，都到门外有树的地方，拾槐虫，挖"金刚"什么的去玩。

例中"去玩"是总说性词语，"拾槐虫，挖'金刚'什么的"是表示分说的列举结构。

总之，在这类结构中，列举项无论是否同类，都被强制统一在同一个意域范围，这表明"什么的"具有规约列举项意域范围的作用。

张谊生（2001，2004）：从所表语义看，首先，有一点是一致的，即凡是充当"X"的多项式词语，无论是通名还是专名，无论事物还是行为，一旦附上列举助词，都会被规约为一个相同的意域，成为同一类别的下位概念。如：

(54) 再往前我也弄不清了，好象全剩下<u>书生小姐皇后驸马黑头白脸什么的</u>，说话的跟咱现在都不是一个味儿，动不动还爱甩袖子跷靴子唱两嗓子。

其中的"书生小姐皇后驸马黑头白脸"从逻辑上看，本来未必属于同一个属概念下面的种概念，但一旦附上了"什么的"，整个"X"就被归入同一个意域。根据上文语境，该句列举项的总括词语是"一帮人"。

(一) 显性的语义规约

显性的语义规约可以通过回指方式，在上下文语境中找回总括性词语。如：

(55) 过去，年来了，做爷爷奶奶的买几块布，给孙子孙女一人缝件棉袄罩衣，做叔叔姑姑的给侄儿侄女买挂鞭，买条围巾什么的，就算是体面的压岁礼物了。(1996年《人民日报》)

其中"买挂鞭，买条围巾"在语境中被临时规约为一个相同的类别，根据下文语境，列举项的总括词语"压岁礼物"。从词汇意义上看，"买挂鞭，买条围巾"可能未必属于同一个属概念下面的种概念，但一旦附上了"什么的"，"买挂鞭，买条围巾"就被归入同一个类别。

1. 单项列举的语义规约

单项列举，其显性的语义规约，就是依赖于上下文中出现的总括项（上位词）的提示，如下面的活动、事件列举：

(56) 放下电话的时候，娄红还想了一下，刘云是不是在耍新花招，比如要麻痹她什么的。(皮皮《比如女人》)

其中"麻痹她"属于上文出现的"耍新花招"的语义范围。

(57) 让他们无论如何也要在一个小时以后赶到，等到两个小时过后，你再给他们打个电话，就说你堵了车了什么的，随便找个啥样的借口都行。(张平《十面埋伏》)

列举项前面有引语引导词"说"，表示后面的列举项是间接引语的言域列举。下文有提示语"借口"，属于上位词。

(58) 乔二胡追泓菲倒是有年头了，开始泓菲觉得特可笑，只因近处需要有人照顾，比如到外地演出提箱子什么的，自然都是乔木的事。(张欣《岁月无敌》)

其中"到外地演出提箱子"属于乔木"照顾"泓菲的一项活动，上文有提示语"照顾"。

2. 多项列举的语义规约

多项列举，其显性的语义规约，也是依赖于上下文中出现的上位词的提示，如下面的多项活动、事件列举的语义规约。

(59) 如果经营得法，政策不变，经理太太要雍容华贵，善于交际，还能出席个签字仪式，开工典礼，摔摔香槟酒瓶儿什么的；万一政策变化

或是老本蚀光，他自己还得去当临时工，那老婆也得能当当保姆或是捡捡垃圾。(陆文夫《清高》)

其中"摔摔香槟酒瓶儿"和"出席个签字仪式，开工典礼"放在一起，成为"签字仪式"一系列活动的一项。这属于行域语义规约，列举的是语境中人物"经理太太"的一系列活动。

(60) 以上还都是日常开支，如果想造点房、买点书、整修一下苑囿什么的，花费当然就更大了。(余秋雨《文明的碎片》)

其中"买书"和"造房"放在一起，列举的是语境中为"日常开支"以外的活动开支。

(61) 最后，如果有时间的话，他还要再翻一翻晚报，看一看"社会监督""健康知识"什么的。(李佩甫《羊的门》)

这是言域语义规约，句中引用的"社会监督""健康知识"属于晚报的言语内容。

(62) "老公"已经通行全国，有些港台词汇也进入学术领域，如"达成""企划"什么的，原来咱还真没有。(王朔《美人赠我蒙汗药》)

句中的"达成""企划"属于"港台词"，为间接引语的引用。

又如：

(63) 哦，因为李秀森是全国最大家电行业的大老板，吹捧他一番可以弄来起码打八折价的电冰箱、热水器、电饭煲什么的。

(64) 那里的空地上放着许多花花绿绿的玩具，有一头玩具熊猫，还有电动火车、铁皮汽车、一盒盒糖果以及文具盒什么的，游人从一个年轻的小伙子那里买上圆圆的藤圈，然后站在很远的地方把藤圈扔过去，如果藤圈不偏不斜地套中了什么东西，那就是中彩了，那件东西就归你所有。

(二) 隐性的语义规约

隐性的语义规约不能通过回指方式，不能在上下文语境中找回总括性词语，特别是单项列举。这时"什么的"的语义规约只能通过其他方式推导出来，可以叫作类推性总括或可及性总括。

如果上下文没有出现概括性的词语，那么"什么的"前面的列举项具有归类的作用，但类属或总括项不确定，这时，说话人只能依据列举项的可及性类推出总括性词语。这类"什么的"结构含有可及性信息或易推性信息❶，特别是单项列举。我们可以依据列举结构的构式义即"列举一项或几项并类及其他"，推导列举项所述的大致类别，相当于"一类的人"（人物列举）、"一类的东西"（事物列举）、"一类的事"（活动事件列举）。

1. 同类连用推导总括项

处在同一列举式中的几个列举项，由于词义往往属于同一类别（类义词），归属于同一意域范围，即使上下文没有总括项，也能推知其所属类属。这表明同类词连用可以产生类别义，即"物以类聚"。如：

（65）孔太平告诉大家，他准备到医院里看看两个住院治病的老师，谁家里有暂时用不着的罐头、奶粉、麦乳精什么的，请先借给他用一用。（刘醒龙《分享艰难》）

其中的列举项为"罐头、奶粉、麦乳精"，三个列举项的总括项没有在上下文出现，根据语境，可以推知这三个类义词同属营养品。

又如：

（66）我们的女青年洗完脸，总要擦点雪花膏，抹点紫罗兰什么的，保护皮肤嘛，这是人之常情。

（67）让我对你讲实话吧，别看你们吃零食，吃补品什么的，可你们发育所需要的营养缺得很呢，以后你们还会得营养性贫血症，你们的脸色会发黄，胃口不好，皮肤粗糙，头发稀疏，容易疲劳……

2. 类推性总括/可及性总括

列举项的总括性词语没有出现在上下文，由听话人去揣测、推测说话人类及的范围即语义规约的范围。为主观化语义规约。

多项列举。如：

（68）如果我有心绪，有时间，要看点书或写点什么的，尽可以住到这间小屋里来，与海作伴，伴海同眠，住上十天半月。（余秋雨《文化苦旅》）

（69）小弟更玄乎了，高中毕业后没有考上大学，先去做临时工，说是半工半读，准备再拼博一回，适逢市场开放，他连临时工也不做了，索性去摆摊头，卖西装和牛仔裤什么的，两年之间赚了七八万，如今开起一家百货店，他一天的纯收入要抵汪百龄做一年。（陆文夫《清高》）

其中"卖西装"和"摆摊头"放在一起，成为"他"发出的同一类

---

❶ 可及性信息或易推性信息见方梅（2002，2005）。

别的活动，充当"去"的宾语。这属于行域语义规约，列举的是语境中人物"小弟"的一系列活动。

（70）有一次，山鹬摔伤了腿骨，就自己寻了<u>些软泥巴、细草根什么的</u>，把腿伤固定起来，再用细草一圈圈地包扎好、没过多久，断腿就长好了。

（71）自打开春，我就尽量争取<u>坐到办公室里抄抄写写，到食堂里帮助搞搞伙食，收收饭票，东抓抓西跑跑，作作翻译什么的</u>。（武玉笑《远方青年》）

上面各例可以依据列举项的可及性和列举结构的构式义类推出总括性词语为"一类的事"。

单项列举，也是依据列举项的可及性和列举结构的构式义类推出总括性词语。如：

（72）<u>办厂什么的</u>，我是外行；可是看过去，实业前途总不能乐观。

该例可以依据列举项的可及性类推出总括性词语为"一类的事"。

（73）不久，又有两位很漂亮英武的小伙子来耍<u>扑克牌什么的</u>。

（74）<u>水果什么的</u>也预备好了吧？

（75）倒霉，本想抓个<u>官啦什么的</u>，偏碰上这么个倒霉蛋！

（76）你是不是把屋里灰再擦一遍，被子也叠得方正点，<u>尿布什么的</u>晾得离我远点，这样，我心情也愉快点。（王朔《一点正经没有》）

上述各例可以依据列举结构的构式义即"列举一项或几项并类及其他"，推导列举项所述的大致类别，形式上总括性词语不出现。

（三）列举标记语义规约的差异性

列举标记"什么的"和"等"在语义规约方面存在差异性。

"什么的"：后面不能出现总括性词语，有语义规约性；列举项的类属由可及性决定（用上下文提示；用常识推及）；强调连类而及，不强调列举项的连续，不能是列举已尽。

"等"：后面能出现总括性词语，并且可以出现数量词；列举项不一定有语义规约性，无可及性现象；强调列举项的连续，不强调连类而及，可以是列举已尽。

"什么的"前面的多个列举项之间可以用连词"或"，表明列举项之间的语义关系为并列选择关系，选择其中的一个就能代表一个类别；"等"前面的多个列举项之间可以用连词"和"（而不是用"或"），表明列举项之间的语义关系为并列加合关系，共同组成一定数量的列举项。"什么的"用例，如：

（77）若用那钱买了<u>肉鱼或酱油什么的</u>，远不如买点有意思的东西送给老婆。（方方《定数》）

这些句子中的列举标记"什么的"不能换成"等"。

"等"在现代汉语中不是复数标记，主要原因在于"等"在语义上强调列举项的延续（即列举未尽），而不强调连类而及，而"连类而及、类及"义是连类复数标记产生的基础。另外，"等"类列举结构后面可以有总括名词或者后面能出现列举已尽的数量词语，而复数标记首先要去掉数量已尽的意义或脱落类属义。列举已尽相当于确数，跟复数表不定数的多数矛盾（储泽祥2000）。

这样看来，列举标记"什么的"有列举功能和连类复数的功能，附在多个列举项后面，强调列举义；附在单个列举项后面，强调连类复数义。

列举标记"什么的"是现代才有的。吕叔湘（1985：165-166）认为，"什么"联属在一个或几个名词之后，仿佛等于"之类"，同时在"什么"之后加一个表示"连类而及"的"的"字，这是最近才兴起来的用法，不但《红楼梦》里未见，《儿女英雄传》跟《三侠五义》里也都还没有。我们在《雍正剑侠图》中找到了"什么的"用于列举标记，如：

（78）弟子们马上把<u>包袱什么的</u>都挪开。（《雍正剑侠图》4回）

（79）我也知道您二位会个<u>三角毛儿四门斗儿，打个旋风脚，折个纺车儿跟头什么的</u>，可我们东家叫铁掌李呀，真要打上，腿折胳膊烂。（《雍正剑侠图》6回）

（80）哎，师大爷，我和我的师哥商量好了，一来嘛要见识见识，趁这个机会，想看看达摩堂。再者说嘛，也是帮着师伯们<u>出一出主意什么的</u>。（《雍正剑侠图》22回）

（81）相反的，哥哥您要打算给我来点儿<u>私刑什么的</u>，那你可就不够朋友了。（《雍正剑侠图》52回）

（82）不见得年年都有徒弟们造得了花名册，在镖棚以内梅花圈上练练功夫，让大家伙儿都知道，将来有个<u>失业什么的</u>，你不要我还要用。（《雍正剑侠图》53回）

三、"VO 什么的"格式中列举项的识别：事物列举还是活动列举

列举标记"什么的"附在动宾短语的后面构成"VO 什么的"形式，既可以是事物的列举，也可以是活动列举，这样就存在一个列举项识别的问题，即列举项是 O（列举事物）还是 VO（列举活动）并且还涉及动词的论元成分到底是 O 还是 "O 什么的"。本节重点分析了"VO 什么的"形式中列举项的识别方式，并发现北京话"VO 什么的"形式中列举项的识别方式比较特别。北京话列举标记"什么的"后面可以出现总括项，并且还有话语标记的特征。

（一）"VO 什么的"用于事物列举和活动列举

列举标记"什么的"附在动宾短语的后面构成"VO 什么的"形式，列举结构可能分析为"［VO］什么的"，也可能分析为"V［O 什么的］"。分析为"［VO］什么的"列举标记附在 VO 后面，列举项延续的是 VO，这时的结构表达活动列举未尽，动词的论元为 O；分析为"V［O 什么的］"，列举标记附在 O 后面，列举项延续的是 O，这时的结构表达事物列举未尽，动词的论元为"O 什么的"。例如"养鸡什么的"有两种可能，一是活动的列举未尽，相当于"养鸡、种田什么的"，列举项延续是"养鸡"，动词的论元为"鸡"；一是事物的列举未尽，相当于"养鸡啊鸭啊什么的"，列举项延续是"鸡"，动词的论元为"鸡什么的"。

对"VO 什么的"格式中的列举项的分析，如表 6-1 所示。

表 6-1 "VO 什么的"结构的列举项分析

列举形式构成	列举标记的附着性	列举项	表达意义	动词论元	举例
［VO］什么的	列举标记附在 VO 后	VO	活动列举未尽	O	"养鸡什么的"相当于养鸡、种田什么的
V［O 什么的］	列举标记附着在 O 后	O	事物列举未尽	O 什么的	"养鸡什么的"相当于养鸡啊、鸭啊什么的

下面是实例分析。

1. "VO 什么的"用于事物列举

列举标记"什么的"附在动宾短语的后面构成"VO 什么的"形式，表示的是事物的列举未尽。如：

（83）你净爱弄一些个古镂雕钻儿，不做黄鼬铡，就做黄鼬洞子，不行做个棺材什么的？（梁斌《红旗谱》）

（84）菊花读过中学，也就整天捧着琼瑶什么的乱看，有时连饭都忘了做，胆子也越来越大了。（张欣《爱又如何》）

（85）导演，是这样的，我嘛就想演中学生家长，我儿子就演中学生弟弟什么的。（郁秀《花季雨季》）

（86）他喜欢别人觉得他像流氓什么的，但没人对他这么说，尽管在某种程度上他就是个小流氓。（皮皮《比如女人》）

（87）里面有个叫常吉的，通法律，又懂医道，还懂英文，在伪政府里任职，实为华蓥山游击队内应什么的。（莫怀戚《陪都旧事》）

如果有表示事物延续的并列项，明显是事物列举。如：

（88）偶尔碰上熟人同学什么的，他们也兴致勃勃地留下一会儿帮着招呼顾客。（郁秀《花季雨季》）

（89）偶尔想看看杂志电视什么的，可一坐到电视机前，总有一个声音在耳边萦绕："别人正在用功呢。"（郁秀《花季雨季》）

2. "VO 什么的"用于活动列举

列举标记"什么的"附在动宾短语的后面构成"VO 什么的"形式，表示的是活动或事件的列举未尽。

（90）要是有人要把我们队长拉到外面去斗，书元他们就跟着，疯大爷也跟着，好报个信什么的。（戴厚英《流泪的淮河》）

（91）贤良啊，对一个快生孩子的女人写诗什么的呀，不滑稽么？（池莉《你是一条河》）

（92）放下电话的时候，娄红还想了一下，刘云是不是在要新花招，比如要麻痹她什么的。（皮皮《比如女人》）

也可以是动词带体成分充当列举项。如：

（93）我们心里总有点发虚，生怕它打了哈欠什么的。

"[VO1＋VO2]什么的"，即"什么的"附着在动词性联合短语的后面，为活动列举。如：

（94）胡妈一吓，坐着不敢动弹，她以为画像之前还要烧香拜佛什么

的。(陆文夫《人之窝》)

(95) 捐给国家<u>盖个学校办个幼儿园什么的</u>，买个名声不也挺好？(方方《白雾》)

(96) 以前我以为女人都是弱者，她们能做的不过是<u>任任性耍点儿小脾气掉掉眼泪什么的</u>，可是我错了。(皮皮《比如女人》)

(97) 我当然是要做得更好一些，<u>送个信呵放个哨呵什么的</u>，你也尽可以放心交给我去办。(王朔《给我顶住》)

(98) 于是爸爸又到学校<u>加加油，投资建个校办工厂什么的</u>。(郁秀《花季雨季》)

（二）"VO什么的"结构列举项的识别

由于"VO什么的"结构的列举项可能是活动（VO）或事物（O），所以一个研究重点就是识别、寻找列举项。通常的方法是通过列举项的并列来识别列举项，并列延续O，则列举项为O；并列延续VO，则列举项为VO。也可以通过动词的类型来识别。

1. 列举项并列延续

通过列举项延续、并列来识别列举项，延续O，则列举项为O；延续VO，则列举项为VO。里面往往有同类项。"养鸡什么的"是列举活动还是列举事物，识别的方法是看列举项延续的情况，说成"养鸡、种田什么的"，是活动延续，为活动列举；说成"养鸡啊鸭啊什么的"，是事物延续，为事物列举。

表事物的列举项并列延续，如：

(99) 记得我第一次进入这个库房时，看着<u>那些破布、毛线、旧毛巾什么的</u>，问老同志，这是干什么用的？

(100) 她想：将来有了小孩，<u>做个鞋儿袜儿什么的</u>……翻着洋册子找了半天，也找不到称心的花样子。(梁斌《红旗谱》)

(101) 要不是家珍算计着过日子，掺和着吃些<u>南瓜叶，树皮什么的</u>，这些米不够我们吃半个月。(余华《活着》)

(102) 书元给他买了个药箱，又买了点<u>十滴水、红药水、消炎片什么的</u>，叫他背着四乡里串着。(戴厚英《流泪的淮河》)

以上例句是事物并列延续，为事物列举。

表活动的列举项并列延续，如：

（103）男孩子还在冲冲杀杀，她们已经在玩复杂、更有情趣的游戏：过家家、看病喂饭什么的。（王朔《看上去很美》）

（104）对于上课、教书什么的，他固然置之度外，连张子豪、陈文英，他也很少见面；就是对于广东的父母兄弟，亲戚朋友，他也没有想起，竟象忘记了的一样。介词宾语（欧阳山《苦斗》）

（105）伶娣要上学，店里确实也需要一个帮手，八九岁的孩子也能拉拉风箱捞捞油条什么的。（陆文夫《人之窝》）

（106）真新鲜，我只见过有把炉灶放阳台做菜做饭的，或在阳台搭个铺什么的，可还没见过在阳台办公的。

以上例句是活动并列延续，为活动列举。

动词VVO重叠后并列延续，列举项为VO，为活动列举。如：

（107）大学毕业后，我并没有成为诗人，也没有成为小说家，倒凑合成了文学批评家。捧捧角，当吹鼓手什么的。

动词VVO重叠，一般是活动列举。对比：

（108）第二天老支书来了。扛了一袋子花生红枣什么的，累得直喘。村接待站门口，安排了两个服务员，给客人开开门什么的。

其中的动词重叠带宾语后附列举标记"什么的"，表示活动列举。

（109）当然，这些内容只记在自己的日记本上，交给老师的那本，只是写写读书心得什么的。（郁秀《花季雨季》）

句中"写写读书心得什么的"可能分析成"写写＋[读书心得什么的]"，也可能分析成"[写写读书心得]＋什么的"，如果是前者，即写写读书心得、笔记、摘抄什么的，没有写其他的，为事物列举。

2. VO前面动词的类型

心理活动动词后面的"X什么的"，X就是列举项，X代表事物，为事物列举；X代表活动，为活动列举。如：

（110）嗨，哥们儿，快点准备行李服装什么的吧，一个月后，咱们就得动身了。

（111）周集村支部书记王兵是外出150多名劳务工的总后勤，外出劳务工提出家里要播种、施肥什么的，打个电话、捎个口信，王兵和村里马上就给安排了人力。

（112）平时，哪个单位要舞蹈训练什么的，她总是有叫必到。

（113）我只要在这悲苦无奈的人生路上，有个根据地歇歇脚、喘口气

177

就足够啦，至于别人也要<u>搭搭便车什么的</u>，也只好由她去了。

只接动词性成分做宾语的动词，后面的动词性"VP 什么的"为活动列举。如"发生""要""打算""想""怕""开始"。看实例：

(114) 由于有狼狗巡逻，村子里极少<u>发生失盗什么的</u>。("发生"后接动词性成分，"发生 VP 什么的"为活动列举)

(115) 他看起来不会害人，只要他的要求别太过份，就照他说的去做。也许他是打算<u>要开个派对什么的</u>。

(116) 现在你明白了吧，不必再来找我了，更不要<u>派人盯梢什么的</u>。

(117) 甄真，我想只要肯出高价不愁找不到好医生，不要<u>去托关系什么的</u>，人情是最贵的了。

(118) 我对姑娘说，你们可不要<u>去上街游行什么的</u>。

(119) 有些人出国是为了想<u>拿个学位什么的</u>，你原本是中央戏剧学院大学本科毕业生，你出国又是为了什么呢？

(120) 他的心跳不止，云天雾地，猛地扑了上去，就像往日做梦似的，把个陶伶娣抱在怀里，而且用嘴巴压住陶伶娣的嘴，怕她<u>叫喊什么的</u>。

关系动词后的"X 什么的"，X 就是列举项。如：

(121) 这种感觉包括<u>美工师、男演员什么的</u>都有。

(122) 当他谈大小事、聚会，包括<u>喝酒什么的</u>。

(123) 在这样一段特殊日子里，很多人发现，越能适应形势变化的学子们，生存能力越强。这"适应"，自然也包括了<u>受点委屈什么的</u>。

3. 前面插入例举动词

碰到列举项不好确定的情况，我们可以用前面插入例举动词的方法识别。比如：

(124) 老刘开始琢磨，以后得维持一两个水暖工和司机，<u>家里水暖坏了，突然有个头疼脑热要去医院什么的</u>，这些人用得着。（刘震云《官人》）

(125) 他还想到，以后有个大事小情儿，<u>打个官司什么的</u>，城里有个熟人指点指点，那才好呢！（梁斌《红旗谱》）

(126) 他认为他们赤卫队应该去攻打广州大城，不然的话至少也该攻下仙汾市，不应该老待在村子里，招是惹非：<u>打打乡公所、救救火灾、水灾、征征粮食什么的</u>。（欧阳山《苦斗》）

判断上述句子中的列举项是一个 VO 还是几个 VO，方法是在列举项前面插入"比如",构成"比如……什么的"框式列举结构。

(三) 北京口语"VO什么的"形式列举项的识别

下面讨论北京口语"VO什么的"形式列举项的识别方式,语料来自"北京口语语料查询系统"。北京口语"VO什么的"形式列举项的识别方式比普通话较为明显。

1. 列举项并列延续

并列项延续构成连动短语或动词性联合短语,再后附"什么的",列举项为VO,为活动列举。如:

(127) 比较爱好啦,弹个琴啦,嗯,<u>弹个琴集邮什么伍的</u>,都比较喜爱。

(128) 嗯,我呢,没什么事儿,就是,就是<u>上街买点儿菜什么的</u>。

(129) 她受点儿刺激,后来呢,她一到考试吧,她就头疼。另外呢,她一个,一让她<u>做点儿文章什么的</u>呢,她就不行,她就做不了,简直她就头疼地要命,她就难受啊,折腾。

2. VVO重叠式后附"什么的"

VVO重叠式后附"什么的",列举项明显为VO,即活动列举。如:

(130) 嗯,就光有时候儿<u>看看书,看看英语小故事什么的</u>,看这个也没多大劲。

(131) 就是"文革"前那会儿,医院有时候儿还<u>唱唱京戏,演演话剧什么的</u>。

(132) 我天天儿早晨上那儿啊,溜一弯儿去,到那儿<u>练练操什么的</u>,啊。

3. 用指示词或无定代词分裂列举项

"VO什么的"形式,列举项分裂的情况有:

V那O什么的,V什么O什么的:把V和O分裂,插入指示词或无定代词。

什么VO什么的,那个VO什么的:把S(主语)和VO分裂,插入指示词或无定代词。

北京口语"VO什么的"形式,如果在V和O之间插入指示词"这""那"或无定代词"什么",可以确定列举项事物列举(即论元为O)。注意,宾语本身一般是无定的,但前面却有指示词,表明指示词的指示功能已经弱化或中性化。如：

（133）是这孩子比较爱那动笔，我就觉得应该呢，嗯，教给他怎么写字儿，嗯，就给他买了个铅笔盒儿呀，买了<u>那个铅笔什么的</u>，拿个本儿。

（134）姥姥看着呢，也不会教歌谣，顶多他妈回来，接，那个接他的时候儿，教教他<u>那歌谣什么的</u>。

（135）还有那唢呐，吹，完了，就有那么一队人，都穿着孝，孝服，呃，举着<u>那个纸人儿纸马的什么的那些</u>，就连哭带嚎地走了。

（136）嗯，还有北大这儿，开了个木厂，他就跟他那儿做了一时期临时工，他呢跟那个哎清华烧锅炉，另外呢下了夜班什么的，他就跟他那做了一时期这个这个这个临时工啊，就给他绷<u>这个沙发什么的</u>，绷了（十多天吧）。

（137）我们这就要去正正式式吃顿晚饭啦。这种时候，你要干巴巴去<u>咬那炒栗子什么的</u>吗？

上面例子中"VO什么的"形式，O的前面有指示词把V和O分裂开来。

（138）然后我们就知青队吧，那个找了几个人儿哈，专门学<u>什么兽医啊什么这些</u>，然后呢，我们也学到了不少知识。

（139）就是吃点儿<u>什么大头儿菜，什么土豆儿那些的</u>。

上面例子中"VO什么的""VO那些的"形式，O的前面有无定代词把V和O分裂开来。

在VO前加指示词或无定代词"什么"，相当于把前面的主语S和后面VO分裂开来，中间插入指示词或无定代词，表明后面的VO为列举项，即活动列举。如：

（140）粮食买米买面都他们驮去，用自行车儿驮去，别的，那那<u>买点儿菜什么的</u>，那个行了，我去买去。

（141）我那个解放以前原来我在北大那会儿呀，工资少，就是下了班以后还得出去<u>那个给人打针什么的</u>，弄点儿钱来养活父母。

（142）那个那个<u>玩儿什么滑梯什么伍的</u>呀，哎，也有那玩艺儿什么，小孩儿去滑梯，那什么<u>打秋千了什么的</u>，哎。

下面这个句子中的"VO什么的"形式，分别使用了两种列举项分裂的方法：

（143）花园儿那块儿也有这么一个小孩儿的那个玩，那个那个<u>玩儿什</u>

么滑梯什么伍的呀，哎，也有那玩艺儿什么，小孩儿去滑梯，那<u>什么打秋千了什么的</u>，哎。

"玩儿什么滑梯什么伍的呀"，用"什么"把 V 和 O 分裂开来，为事物列举；"那什么打秋千了什么的"，用"那什么"把主语"小孩儿"和VO"打秋千"分裂开来，为活动列举。

4. 其他识别方法

比如在 S 和 "VO 什么的"之间插入语"你看哈"，后面的为列举项。如：

（144）自然别管是有，有亲，沾亲不沾亲吧，都应该你看哈，<u>互相关心什么的</u>，这样儿才对。

在"VO 什么的"后面加总括项"这些事"，列举项为 VO，为活动列举。如：

（145）<u>烧纸什么的这些事儿</u>，都，过去都，哎，都做过，啊？

5. 北京话列举标记"什么的"的特殊性

与普通话相比，北京话列举标记"什么的"的特别之处是后面可以有总括项（类属项）。如：

（146）不是都种水稻了。都种些麦子吃。<u>吃馒头啊，吃烙饼什么的东西</u>啊，就比较好一些了，是哇。

（147）吃东西方面呢，他们吃些这个大米呀，都讲吃米，啊。不像咱们<u>吃面什么的东西</u>，面食。

（148）<u>烧纸什么的这些事儿</u>，都，过去都，哎，都做过，啊？

（149）那以前，解放前有时候儿还买几个苹果呀，<u>给他摆一摆什么的这事儿</u>还有，后来就没有了。

此外，北京话列举标记具备了"什么的"，具有话语标记的初步特征。"什么的"引出的 NP 相当于一个追加成分或插入成分，"什么的"引出这种 NP，表示说话人在这里有一个"思索填词"的话语组织过程（张世方，2010），具备了"话语标记"的初步特征。如：

（150）啊，就带我们去好几个地方儿。啊，<u>姜女庙，什么的秦皇岛</u>，啊，这个呃这个这个，那个，嗯。

（151）父亲他就思想比较开朗，因为他一直地在燕京大学工作，思想比较那什么的哈，比较进步。

（152）有的大夫就不那样儿，由于比较急躁，哈，他嫌病人说话罗嗦啦，什么的，问的急点儿，有时候儿引起病人不满意，啊。

第二节　北京话连类复数标记"伍的"

北京话"伍的"有表连类复数和连类列举的功能，徐世荣（1990：414）认为相当于"什么的"，表示推及其他事项。"伍的"在语义上和指示词较接近，"什么伍的"应该是"什么＋指示词"组合。"兀的"一个重要的语法表现就是样态（性状）指示词后附"的"表连类义。

一、关于"伍的"的研究

北京话中，有一个使用频率较高的列举标记"伍的"，意思与"什么的"相当，位置只能是在列举项的后面。北京话口语中"伍的"念 wǔde 或 wǔdi，词形使用不一，除了使用较多的"伍的"，还有"伍地、五的、唔的、兀的"等（张世方，2010）。"伍的"的释义，各家多解释为"等等""之类的""什么的"，如徐世荣（1990：414）的《北京土语词典》解释是：①同"等等"，是列举几项事物之后收结语；②如说"什么的"，表示推及其他事项。陈刚等（1997：382）的《现代北京口语词典》解释是："等等，之类，什么"的意思。例如：

（1）椅子、凳子伍的都搬来了。
（2）爱吃什么就做什么，弄两盅酒儿伍的，岂不是个乐子？
（3）要是扭着碰着伍的可不好。
（4）净是点子破书伍的。

我们关注"伍的"的"推及其他事项"的功能。老舍作品中也有这个用法，如：

（5）有钱，不用说，买着吃是顶自由了，爱吃什么就叫什么，<u>弄两盅酒儿伍的</u>，叫俩可口的菜，岂不是个乐子？（老舍《我这一辈子》）
（6）您就是不生病，<u>吃呀、喝呀伍的</u>，也都是王大妈、丁四嫂她们照应呢（老舍《龙须沟》）

学者关注的重点是"伍的"的来源。根据张世方（2010）的研究，北京话"伍的"的来源，学界大致有四种看法：①来自宋元时代的指代词

"兀的"，如俞敏（1983）；②由"伍"的"群""伙"义意转而来，如太田辰夫（2003：318）；③北京话"五六儿的"的缩略形式，如周一民（1998：257）；④来自女真语、满语或蒙古语，如赵杰（1996）、席永杰等（1989）、张维佳等（2007）。这四种观点中，②③为汉语语源说，④为少数民族语言语源说，①涉及"兀的"的来源问题，兼跨两类。

值得注意的是俞敏（1983）的观点，他认为"伍的"中"伍"的本字为"兀"，这个字在《水浒》和元曲里都写"兀的"，北京口语里保存着这个话，意思是那边儿的、那样儿的，比方说"置了几件儿锅碗瓢勺儿兀的"，书面写"等等"。元曲"兀的不闷杀人也么哥"就是"那样儿岂不闷杀人么？"。

张世方（2010）认为，即使"兀的"源于非汉语词，但就宋元文献中的使用情况来看，它已经基本适应了汉语语法规则的要求，已经汉语化了。

我们赞同俞敏（1983）、张世方（2010）的观点，在此基础上，本节从语义方面进一步分析北京话"伍的"的连类复数功能，认为"伍的"即"兀的"，结构上由样态或性状指示词后附"的"凝固而成，固化后在语义上表列举未尽，接近俞敏（1983）认为的"兀的"即"那样儿的"的意思。

下文北京话语料主要来自北京语言大学语言研究所"北京口语语料"（BJKY）。

二、"伍的"的用法

（一）"伍的"的意义和列举项

"伍的"附着在人、事物、事件的后面，表示人、事物或事件的连类复数。

表人或事物的连类复数，如：

（7）一直到晚上钉九十点钟得，商店都关门儿了，晚上有，有些<u>民工伍的</u>，在他那儿买不着东西，他们都能出来买。（来自BJKY，下同）

（8）现在哪，现在那个<u>卡车伍的</u>又不许进城了。

（9）哎，社会上遵纪守法，犯法的事儿不干，<u>饭伍的</u>不吃。

表事件的连类复数，如：

(10) 哎，我后首儿哇，在面案上啊蒸馒头哇，哎，帮着做饭，卖饭<u>伍的</u>。

(11) 反儿也没事儿吧，带着她去通知去吧。通知<u>开会什么伍的</u>，总是，反儿来什么运动，我马上就通知去，就开会。

(12) 这理想那理想，那会儿没有，就是在家没事儿，<u>上学看书伍的</u>，就是这样。

(13) 你说，你再不富也不能欺负人农民哪！农民也辛辛苦苦挣那俩钱儿也不容易。<u>蹬平板儿车收破烂儿伍的</u>，收不了多少钱，你再给人家，罚人家三十。

(14) 中午睡觉，孩子不睡，外边儿要玩儿玩儿，<u>骑个小车伍的</u>，他就不乐意，啊你吵我，这个那个的该不乐意，跟我打架了。

名词前面还有列举标记"什么"，构成"什么X伍的"，强调列举义。如：

(15) 解放这么多年，好多人那会儿过去也不讲这个，<u>什么挂幛子伍的</u>，哎。

(16) <u>什么武打那伍的</u>，我不太喜欢。

（二）"伍的"的变体

"伍的"的变体形式有："什么伍的""那伍的""这伍的""那伍"。这表明"伍的"的用法与指示词后附"的"的用法接近，强调列举义。

1. "什么伍的"

"什么伍的"形式可以连用，如：

(17) 像<u>清蒸什么伍的</u>，就应该不搁酱油，一般地都给讲清楚。

(18) 比较爱好啦，<u>弹个琴啦，嗯，弹个琴集邮什么伍的</u>，都比较喜爱。

(19) 那时候儿上学都晚上啊，都<u>上班什么伍的</u>，都几个同学在一块儿，写啦算啦，就这样儿。

下面"什么伍的"形式连用，来源于北京大学汉语语言学研究中心语料库中的1982年北京话调查资料。

(20) 都是掌柜的，先生，那时候儿名词儿就是掌柜和先生，说现在名词儿叫，现在说咱们人民的这个，国家的这个头儿头儿脑儿脑儿都叫<u>经</u>

理了什么伍的，什么厂长什么一类的。

（21）那个过去还有一种请"蹲儿安"呢，他这么俩腿，俩腿并齐了，这说女的啊，一个是男女，咱就说说女的话，她也不是都是那样，有的那个像佣人什么伍的，就俩腿并齐了往下一蹲。

（22）后来到我们这么一穷了，把这刀啦什么伍的都卖了，卖废铁了，哈哈。

（23）那个，有的自己后边儿也做，做点儿布鞋呀，粘帮儿什么伍的，外边儿加工，搞这些东西。

（24）这个是一个情况，整个儿相反，反正满拧，满拧，那要是那么说的话，有好多，你看这服装，服饰什么伍的。

（25）反正过节时儿来，过节时儿他资本家放假呀，放假都是这儿，天桥儿这地方儿啊，过去我们这合儿啊，再早以这地儿是一大片空场儿，空场儿呢，有个水，中间儿是水，就是四围流那雨水什么伍的。

（26）这个满族呀，有好多呀，打我小时候儿就汉化了，要说保留着满族的特点的习惯，你像过去满族的礼节吧，见面儿，见长辈什么伍的，请安，其他的这个，一般在北京这儿，好像没有什么太，太大的不同，跟一般的好像。

（27）在唱戏不讲究有包头吗？就是那个那个盔甲什么一类的东西，搞这些东西的，就叫包头，做假头发啦，假胡须啦什么伍的，属于这一类的。

（28）长袍，马褂儿，那像我们年轻的时候儿还，还，那好象以马褂儿作为，作为是礼服是的，从照片上看得到。不过这个，那个，与这个，没入关以前骑马什么伍的，可能有点儿关系，这是我这么想的。

北京话"什么伍的"连用与"什么这些""什么那些的"很接近。对比：

（29）有些那个，小病儿，小病儿小灾儿的什么的这些，嘈，来了你得给人解决，这些问题。（来自BJKY，下同）

（30）然后我们就知青队吧，那个找了几个人儿哈，专门学什么兽医啊什么这些，然后呢，我们也学到了不少知识。

（31）一般有的到都到工厂啊，什么车间主任哪，或者是，还有这个一些科室啊当科长什么这些，人还是比较多的。

（32）那时候儿也就是过元旦的时候儿开个联欢会。对，"五一""十一"什么那些的，特别好玩儿。我觉得那时候儿特别开心。

（33）将来工作了，医生也反正也不轻松，就是你都得看书。因为医学进展特别快嘛，不是。什么国外的呀，什么那些个。

这表明北京话列举标记"伍的"在语义上和指示词较接近，"什么伍的"应该是"什么+指示词"组合。

2. "那伍的""这伍的"

北京话"那伍的""这伍的"可以连用，强调列举义。如：

（34）尤其在农村，<u>什么这个亲戚那伍的</u>呀，你是有老人了，你还得什么走亲戚哪，串朋友哇，这些问题呢，都比较难处理，哎。（来自BJKY，下同）

（35）对这个教育界的那个，挺爱看那个，不太喜好那运动。什么武打那伍的对这个教育界的那个，挺爱看那个，不太喜好那运动。<u>什么武打那伍的</u>，我不太喜欢。

（36）你说买，过去谁也想象说买<u>电视机，录音机，那个电冰箱那伍的</u>，谁想到买这个呀！现在可都实现了。

（37）原先我们那点儿，<u>男的不许留长头发的这伍的</u>，不许，女的不许抹口红那个那个，现在，头儿都不管了，都随便了。

（38）<u>什么武打那伍</u>对这个教育界的那个，挺爱看那个，不太喜好那运动。什么武打那伍的，我不太喜欢。身体还是不错的，没毛病。

北京话"那伍的""这伍的"属于同义连用，即"伍的"的"伍"和"那""这"一类指示词同义。

（三）"伍的"的"话语标记"功能

张世方（2010）认为，北京话的"伍的"不仅是连类助词，还具备了"话语标记"的初步特征。在自然话语中，"伍的"还有其他一些分布状态。例如：

（39）到那地儿他的<u>处长啊，科长啊伍的经理呀</u>……挺客气。

（40）我能打家伙儿，<u>拿那板子、板子打鼓、打个擦儿伍的，打个音锣儿</u>，都成。

（41）对这个教育界的那个，挺爱看那个，不太喜好那运动。<u>什么武打那伍的那运动</u>。什么武打那伍的，我不太喜欢。（《北京口语语料》）

"伍的"的典型用法是用在列举项NP、VP之后，但上述例中的"伍的"夹在两个列举项之间，分别形成了"NP$_1$伍的NP$_2$""VP$_1$伍的VP$_2$"结构，这里"伍的"的功能与典型用法相比，已经起了一定的变化，NP明显是一个追加成分，"伍的"表示说话人在这里有一个"思索填词"的话语组织过程。（张世方，2010）

（42）你说上学吧，连书钱带带什么伍的，带穿啦……

（43）换门儿挨户儿的反正告诉一话儿，有什么注点儿意什么伍的，防火防盗的。

"思索填词"的话语功能在上述这些例句中体现得更加明显，"（什么）伍的"暗示说话人要提供的信息还未想好，说话人在为自己的努力思索争取时间，从而表达出想要表达的意义。这里的"伍的"已经改变了典型用法中的句法位置，原有的句法功能也不复存在，取而代之的是语用功能，它的有无不再影响命题的真值条件，也不会影响语句的句法合法性，因此，这里的"伍的"已经具备了"话语标记"的初步特征（张世方，2010）。又如：

（44）原先我们那点儿，男的不许留长头发的这伍的，不许，女的不许抹口红那个，那个……

该例中"伍的"与"这"组合居于小句结尾，并与下一小句句尾的话语标记"那个"相呼应，句法位置已经完全脱离了典型用法的限制，更加凸显出"伍的"话语标记的功能。

三、"伍的"的地理范围

张维佳、张洪燕（2007）的研究表明，从汉语方言地理角度看，用"兀"作为远指代词最集中的地方还是山西、陕西及甘肃东部地区，这极有可能是受到了阿尔泰语系突厥语言的影响，用汉语中发音相似的字"兀"来对译表示远指的代词，因为这一地区是历史上汉民族和突厥语言诸民族频繁接触的前沿。

根据张世方（2009，2010）的研究，"伍的"在北京话口语中使用比较多，"伍的"一向被认为是代表京腔京味儿的特色词。实际上，"伍的"主要分布于北京官话、东北官话、冀鲁官话中，中原官话、兰银官话也有零星分布。"伍的"在官话方言中，尤其是在清代与北京关系密切的河北承德、保定、唐山等地区的分布实际上可能更广。下面是张世方（2009）

187

关于"伍的"的地理分布调查点：

北京：昌平、房山、怀柔、密云、顺义、平谷

天津：天津市

河北：昌黎、承德、河间、唐山、围场、冀州、定兴

内蒙古：赤峰、通辽、兴安盟

辽宁：鞍山、本溪、阜新、锦州、兴城

吉林：东丰、抚松、辉南、九台、梨树、柳河、磐石、双辽、伊通

黑龙江：鹤岗、鸡西、佳木斯、齐齐哈尔、饶河、尚志、伊春、肇源、哈尔滨

山东：阳谷、枣庄、德州、淄博、桓台、淄川

江苏：徐州

宁夏：银川

"伍的（兀的）"的分布范围还不止这些范围。比如在山西、河南也存在，在湖南一些地方也存在。其中有的是前置表指示，有的是后置表列举。

四、"伍的"是"指示词＋的"的凝固

张世方（2010）认为，即使"兀的"源于非汉语词，但就宋元文献中的使用情况来看，它已经基本适应了汉语语法规则的要求，已经汉语化了。下面分析"兀的"汉语化的语法表现。

卢甲文（1989）《说"兀的"》一文对"兀的"有明确的看法，认为"兀的（兀底）"不是表示近指的指示代词，而是表示远指的指示代词。这也就是说，它的词义不是"这、这个"，而是"那、那个"。卢甲文（1989）给出的理由如下：

第一，在河南灵宝方言里，至今还保留着"兀个"的用法。"兀个"是"那个"的意思，不是"这个"的意思。类似的指示代词"兀样、兀会儿、兀些"，也是"那样、那会儿、那些"的意思，不是"这样、这会儿、这些"的意思。"兀个、兀样、兀会儿、兀些"跟"这个、这样、这会儿、这些"对举的时候，意思更加显豁。

第二，古汉语"兀的"跟"这的"对举，"兀的"应该是"那、那个"的意思，不是"这、这个"的意思。例如：

（45）比似他时再相逢也。这的般愁、兀的般闷，终做话儿说。(《西厢记诸宫调》下)

（46）这的是送你身的荣华富贵。兀的是追你魂的高车驷马。(狄君厚《火烧介之推》三)

"这的般愁，兀的般闷"是"这样愁，那样闷"的意思。例（47）的意思是"这个是送你身的荣华富贵，那个是追你魂的高车驷马"。

第三，"兀的"跟远指的"那"，前呼后应，可见都表示远指。例如：

（47）只你那费无忌如此狠心肠，做兀的般歹勾当。(《伍员吹箫》剧一折)

（48）行者指那缸口大门道："兀的便是也。"(《西游记》83回)

（49）日色渐晡，女奴来报："兀的夜来那个平章到来也"(《宣和遗事》亨集)

"兀的般歹勾当"是说"那费无忌做那样歹勾当"；"兀的便是"是说"那个便是缸口大门儿"；"兀的夜来那个平章到来也"是说"那夜来那个平章到来也"。

第四，"兀的那"或简称"兀那"，也是"那"的意思，可见"兀的"或"兀"和"那"同义。例如：

（50）兀的那小妮子，眼见得受了招安了也。(《元曲选》)

（51）兀的那一座高楼，必是一个好人家。(《元曲选》)

（52）你去兀那羊市角头，砖塔胡同总铺门前来找我。(《元曲选》)

如果把"兀的那"或"兀那"中的"兀的"或"兀"硬解释作"这个"或"这"，则不通（近指和远指矛盾）。

第五，从上下文来看，"兀的"也是远指，不是近指。例如：

（53）绿杨影里，君瑞正行之次，仆人顺手直东指，道兀的一座州，君瑞定睛视。(《西厢记诸宫调》上)

（54）兀的前面是草桥，店里宿一宵，明日赶早行。(《西厢记》)

（55）哥哥，兀的江岸边有一只渔船，我唤他一声。(《元曲选》)

方言中"兀的"相当于"那样的"，如山西临汾方言（潘家懿1990：105）。临汾话的指示代词"这"和"兀"（那）有四组不同的读音，其中第三组这$_3$读 zhen^{13}、兀$_3$读 wen^{13}。这一组的这、兀不能单用，常同"着"zhe^2 "着哩"zhe^{2}li^{2}结合，表示语气的停顿或表示强调，相当于普通话的"这样""那样"。如：

(56) 这着，我先出去眤下（这样吧，我先去看看）。

(57) 是这安着哩，不是兀安着哩（是这样做，不是那样做）。

张惠英（1993）认为，从语源上看，早期白话作品中"兀底、兀那"的"兀"本是指示词，今山西很多地方仍用"兀"做远指词，而"兀"则是兼作量词、指示词的"个"脱落声母"k"而成。

贺卫国（2010）认为，湖南双峰县不少地方可以用"兀"[u^{33}] 表示远指。"兀的"意思与普通话里的"那"相当，主要用在名词、数量词或双音方位词前面，"的"音 [tə]。从句法功能看，"兀的"只能充当定语。例如：

(58) 兀的前头就有一隻店子，嗯可以到兀里吃点东西。（那前面就有一家店，你可以到那里吃点东西。）

(59) 嗯看他兀的样子，硬似要跟别个打架一样。（你看他那模样，很像要和别人打架似的。）

(60) 他把滴钱砸在兀的人的脑壳高头。（他把一些钱砸在那人的脑袋上面。）

(61) 兀的半个月，她一直陪她来女睏眼闭。（那半个月，她一直陪她的女儿睡觉。）

(62) 兀的两次卬有事，就请搞假哩。（那两次我有事，就请假了。）

我们认为，能够后附"的"的指示词一般限于样态指示词（性状指示词）。朱德熙（1982）认为，"这样、那样"为谓词性代词，加上"的"之后才能修饰名词。如："这样的天气""那样的人"，不能说"这样天气""那样人"。只不过历时文献记载的大多是"兀的"前置表指示的用法，很少记录"兀的"后置表列举的用法，而这种后置用法用于列举，相当于"那样的"一类样态指示词，多见于北方方言口语尤其是西北一带方言。

我们认为，"兀的"汉语化的一个重要的语法表现就是样态指示词后附"的"，前置修饰名词表指示，后置表连类义，包括连类复数和连类列举。

第七章　语气型列举标记及语气型连类复数

第一节　语气词表列举

语气型列举标记，就是使用表示句中停顿的语气词充当列举标记，这类列举形式明显来源于语气词。本书称之为语气型列举标记。

句中语气词用于列举，一般只用于多项对举，通过多项连用并借助语气词来表达列举未尽。可以表示人、事物、活动、事件的列举未尽。如普通话的"啊"及"啊"的变体"呀、啦、哇"用在列举项之后表示列举，但是列举项必须是多项的。如：

(1) 这个学校的处长啊、科长啊，他都认识。(列举人)

(2) 这里的山啊，水啊，树啊，草啊，都是我从小就非常熟悉的。(列举事物)

(3) 他的思想作风啊，文化水平啊，工作能力啊，哪样都比我强。(列举事物)

(4) 他们说啊，笑啊，闹啊，折腾了一宿。(列举活动)

(5) 除了你所想的，还需要你没完没了地做饭啦，打扫啦，为鸡毛蒜皮的事伤脑筋啦。(列举活动)

(6) 托朋友给找事，他以为，必须得投一点资：先给人家送点礼物啊，或是请吃吃饭啊，而后才好开口。(老舍《四世同堂》)(列举事件)

(7) 从春节以后，何建国身上就有了些变化，比如给她买花啊，做什么烛光晚宴啊，都不像他。(王海鸰《新结婚时代》)(列举事件)

"啊"的变体"呀、啦、哇"用于列举，如：

(8) 林秀玉笑道，"比如上次那位王先生来，接呀、送呀，都叫你帮忙，自己也不管……"(谌容《梦中的河》)(列举活动)

(9) 你要新衣服啦、大母鸡啦、白米饭啦，都能用银子去买来。(金

191

庸《神雕侠侣》)

(10) 没有钱，学校盖不起围墙，村里的猪啦、牛啦、鸡啦在教室外走来走去，叫声不断。(1995年《人民日报》)

(11) 奶奶就要还土了，到土里肥了田肥了地，不知什么时候又变成花啊，草哇，树叶呀什么的。(《读者》200期合订本)

语气词不能是单项列举，比如不能说：

(12) *这个学校的处长啊，他都认识。

*这里的山啊，都是我从小就非常熟悉的。

*他的思想作风啊，哪样都比我强。

列举项的前面也可以出现"什么"，如：

(13) 他呀，干起活来，什么吃饭啊、睡觉啊、身体啊、自己的家啊，全都抛在脑后了。

列举项的后面也可以出现"等"，如：

(14) 比如谈话记录呀、讯问笔录呀、申请报告呀、日程安排呀、项目报表呀等等等等，这些是不是你都拿过？(张平《十面埋伏》)

语气词表列举具有以下特点：

形式上，语气词附在两个或两个以上列举项的后面表示列举，一般不能附着在一个成分的后面表示列举，例如一般是"X啊，Y啊"对举形式，不能是"X啊"或"XY啊"后附形式，所以语气词用于列举，常常采用两项对举的形式，见于口语中。严格地说，这种列举形式属于对举形式，与后附形式表达的列举不同。

就列举类型来说，语气型列举后面没有总括项，列举项是开放的，属于连类性列举。

就列举的范围和充当的词语来说，可以是人、事物、活动的列举，分别由名词性成分、动词性成分充当，都表示列举未尽。

就意义和功能来说，语气词在句中有舒缓语气和表示列举的功能，表示后面还有许多未列举的事物，即列举未尽，这些语气词往往还有话题标记的功能。

就表达效果来说，由于在每个列举项之后都有列举语气词来进行提顿，营造一种对话氛围和互动性语气，使列举结构具有舒缓的、不急不躁的意味，列举项语气活泼、轻松，有一种娓娓道来的感觉。

第二节　汉语方言语气词表列举

　　方言事实表明，句中语气词表示列举是方言的普遍现象，语气型列举标记是方言的共性，往往采用多项对举的方式表达列举。列举项的前面还可以有"什么"，构成表列举的框式结构。

　　引起我们注意的是，后附表列举的语气词是否能进一步发展出连类复数的功能。湖南洞口方言的语气词"哩啦"就有这个功能。洞口话语气词"哩啦"附着在列举项的后面表示列举未尽，与无定代词"什么的"表示列举类似，是个典型的后附列举标记，并且这个"哩啦"还能表达复数义。

　　北京话语气词表示列举，采用多项对举形式。如：

　　（1）我不知道怎么不知道怎么称呼好吧，反正就是觉得他们就，每天<u>上班儿啊，吃饭啊，孩子呀</u>，净是这闲事儿。

　　（2）帮着做饭，给柜上还得做活。怎么？柜儿上活多啊，<u>修理啊，安电灯啊</u>，哪儿有灯坏了啊，还有时候儿夜里给人修理灯去啊，电灯灭了哇，下大雨啊。

　　（3）但是，说后首儿就大一点儿啦，哎，这就帮了家里哇，哎，反正抓点儿现钱儿吧，哎哎，什么啦，<u>打个执事啦，拣个煤核儿啦</u>，哎，后首儿不干嘛，做个小买卖儿，啊。

　　这种对举形式的列举，前面可以有"什么"，为列举标记框式连用，即采用框式结构表列举。如：

　　（4）现在一般来说屋子里都宽绰了，是哇，也能够，搁上一些个摆设儿了，<u>什么木器啦，家具啦</u>，都整齐了，都完整了。（事物列举）

　　（5）这个，过去不行。过去那会儿都是什么，旧社会的时候儿，都是挑着俩席篓儿来回吆唤着，<u>什么香菜呀，辣青椒哇，黄瓜啦</u>，吆唤。

　　（6）嗯，像<u>什么住旅馆啊，吃饭啊</u>，一般都是那儿可能那儿都包。

　　（7）你像什么，那个叫，喷，说不出来了。嗯，<u>青岛啦，什么这个北戴河啦</u>，那个叫避暑山庄啦，是不是，我们都去了。

　　"什么"也可以出现在第二个列举项的前面。如：

　　（8）房后左右他也生，咱也犯不着关着儿，就跟家里，家待着，帮助

193

我，提搂水呀，什么归置屋子呀。

（9）嗯，那，就是在那个原始森林哪，啊，也经常碰到那那个大蟒啦，什么这些个野兽什么，啊，特别害怕。

（10）往东，有公路啊，什么戏篷啊，就这个。玩儿也可以，哎，到时候全走了。

"什么"也可以出现在每个列举项的前面。如：

（11）说看这样儿什么也不要，要什么也，也没多大用处，只咱们手使的东西能有就行啦。所以呢，就买了一个大立柜呀，什么买了一个三屉桌儿呀，买个床呀，哎，这样儿就结了婚了。

（12）呃，那个，我们这儿很简单。嗯，什么三转儿六转儿啦，什么大吃八喝，没有。我儿子结婚，哎，就买点儿糖，买点儿烟，连酒都没有。

（13）四五年四六年，四五年末，可能是，四五年四五年末。什么襄阳，樊城啊，什么蔡县哪，信阳呀，驻马店哪，南阳啊，这么转哪，也一，我净想开小差儿跑，跑，跑不了啊！怎么跑啊？

（14）我那车，黑白天儿地干。哎，那个，往首钢拉，拉白灰，什么，什么周口店啦，什么大灰场啦，哎，什么，这山里头都去过，拉水泥管子，哎，拉那散装水泥。

（15）过去的话那会儿什么啊，什么收音机呀，录音机呀，什么电视的，嗯，哪儿想也不敢想。

另外，北京话的"伍的"用在列举项的后面，相当于"什么的"，"伍的"不同于用语气词表达的列举，后者是对举形式的列举，不能是单项列举；"伍的"也不同于无定代词"什么"表示的列举，后者可以用在列举项的前面。如：

（16）渴啦，进来还能喝点儿水，抽点儿烟伍的，这随随便便的，这么维持，哎，帮帮着办事处啦还能喝点儿水，抽点儿烟伍的，这随随便便的，这么维持，哎，帮帮着办事处啦，派出所啦，反正维持维持治安。

关于普通话语气词列举功能，储泽祥（1995）讨论了"啊""呀"和"啦"的数排作用，文章概括为"数排式"。他认为从语表形式看，数排式可分成三个类别：缀"啊"式、缀"呀"式和缀"啦"式。数排式的基本语义是"数排"，这是语气词标记的强制作用的结果。数排式的附带意义是"列举未尽"，常由数排式前后的成分显现出来。前现的是"举例"

义词语的。"举例"义的词语常常出现在数排式之前,表示数排式列举的各项只是举例性的,并没有穷尽。常见的"举例"义词语有"比如""比方""譬如""例如""就象"等。后现的是"列举不尽"义词语的,"什么的""之类""等""等等""等等等等"出现在数排式之后,也表示"列举不尽"。数排式前后出现的词语也可以同时出现。最常见的是"比如/诸如/例如+数排式+等等","比如/例如/诸如+数排式+什么的/之类"也可以见到。北京口语的情况,即语气词的"列举未尽"义,常由数排式前后的成分显现出来。

湖南隆回方言(湘语)用语气词"呢 ne^{31}""奈 na^{31}""唉 a^{31}"表列举(丁加勇、罗够华,2006)。如:

(17)眯个蛇皮袋袋是,胀鼓鼓哩呢,背起滴酒呢,肉呢,鱼呢,背心着砸驼过。(那个蛇皮袋呀,鼓鼓的,背了一些酒啊,肉啊,鱼啊,背都压弯了。)(事物列举)

(18)其今日上街买起蛮多个东西,那样个书唉,本子唉,买起好多啊。(他今天上街买了许多的东西,那书啊,本子啊,买了好多呢。)(事物列举)

(19)那样个衣衫啊,裤子啊,其有好多啊!(事物列举)

(20)其懒死哩,洗衣衫呢,煮饭呢,其尽唔管唔听不管不听。(活动列举)

(21)其哪嘎勤快啊他多么勤快啊,洗衣衫奈,煮饭奈,其尽做他都做。(活动列举)

(22)那样个洗衣衫呢,煮饭呢,其尽唔做他都不做。(活动列举)

这些语气词往往可以充当话题标记。如隆回方言:

(23)其唉/奈/呢,吃饭就吃得蛮多。(他啊,能吃很多饭。)

湖南吉首方言(西南官话)句中语气词表列举(伍云姬,2006),主要有"啊""啦""哝":

(24)往天做生意主要是到常德啊,长沙啊,武汉啊,都是跟水路去的。(以前做生意主要是到常德啊,长沙啊,武汉啊,都是从水路去的。)

(25)道士一进屋就喊啦,念啦,忙不彻的。(道士一进屋就喊啊,念啊,十分忙碌。)

(26)我看到还傩愿啦,唱大戏啦,游春啦,印象好深刻。(我看到还傩愿啊,唱大戏啊,游春啊,印象好深刻啊。)

195

这些语气词往往可以充当话题标记。如吉首方言：

（27）我这个牛啊，好奶又没躁人。（我这头牛啊，奶产得多又不抵人。）

江西进贤方言用句中语气词"啊""是""啦""啰"表列举。如：

（28）细伢子会玩各种游戏，木头人啊、丢沙包啊、跳房子啊、瞎子摸人啊、老鹰捉小鸡啊。（活动列举）

（29）还记得吧，以前我得经常趁老师不注意做坏事？——什哩事哦？——好多啊，话事是，吃零食是，传纸条是，学老师话事是，对吧？（活动列举）

（30）这菜到底聋怎么做的哦？——嗨！炒两下啦、加酱油啦、加盐啦、加味精啦，还不就是这样。（活动列举）

（31）今日几多菜哦，鸡啰、黄鳝啰、脚鱼啰，什哩都有。（事物列举）

贵州遵义方言用语气词"嘞""哟""啰"表列举。（胡光斌，2002）例如"嘞"，用于并列的词语或分句之后，表示列举。如：

（32）大人嘞，娃儿嘞，都挤在一间屋头。（指人列举）

（33）一天在屋头带下儿娃儿嘞，煮下儿饭嘞，还是好混。（活动列举）

"嘞"也可以用于陈述句中所列举的可供选择的两项或几项之间。例如：

（34）我已经记不倒那回儿走庐山是八五年嘞还是八六年了。

（35）不晓得是老二嘞，老三儿嘞，还是老四儿，反正他家有个娃儿我教过的。

"哟"用于并列的项目之后，表示列举。例如：

（36）跳舞啊，唱歌哟，朗呃他都得行。

"啰"用于并列项目之后，常同"哟""哦"等配合，表示列举。例如：

（37）桌子上乱七八糟的，书哦，笔哟，本子哦，算盘啰，摆它一大堆。（事物列举）

值得注意的是，湖南洞口方言语气词"哩啦"可以表列举义和复数义。

湖南洞口方言（赣语）用句中语气词"咧"[lie²¹]和"哩啦"[li⁵⁵ lA²¹]都可以表列举（伍云姬，2006；林彰立，2012），但是"哩啦"有连类列举义、连类复数义和真性复数义。

语气词"咧"表列举，用于多项对举。如：(林彰立，2012)

（38）唱歌咧，跳舞咧，咯么欢喜。（唱啊，跳啊，这么欢喜。）（活动列举）

（39）搬呱家之后，买菜咧，上班咧，连冇方便。（搬了家之后，买菜啊，上班啊，很不方便。）

"哩啦"表列举未尽义，如：

（40）唱歌哩啦、跳舞哩啦，咯么欢喜。（唱歌、跳舞什么的，这么欢喜。连类列举）

（41）搬呱家之后，买菜哩啦、上班哩啦，捞冇方便。（搬家之后，买菜、上班什么的很不方便。（连类列举）

"哩啦"表连类复数，用于事物复数和活动复数。如：

（42）天夜呱了，鸡哩啦都进呱笼么？（天黑了，这些鸡/鸡什么的都进笼了。）

（43）咯大个太阳，快去晒鞋子哩啦。（这么大的太阳，快去晒鞋子什么的。）

（44）看其是个女个，喝酒哩啦好厉害。（别看她是个女孩，喝酒什么的很厉害。）

其中的"鸡哩啦"既可以理解为连类列举义，指鸡及其他的动物，也可以理解为复数义，指很多的鸡，表明用于连类列举的语气词可能成为复数标记。比如洞口话"学生哩啦都放呱假，坐车个人特多了。"其中的"学生哩啦"指很多的学生的意思。

洞口方言"哩啦"［li^{55}lA^{21}］应该来源于"滴啦"，由不定量词加语气词连用，固化而成，其中的"滴"为不定量词，相当于"些"。

湖南洞口话的语气词"哩啦"附着在列举项的后面表示连类列举，并且发展出复数义，表明用于连类列举的语气词可能发展为复数标记，语气词可能是复数标记的一个来源。

第三节　湖南洞口方言语气词表列举和连类复数

本节以湖南洞口方言（洞口镇）的连类列举标记"哩啦"为例，分析语气型列举标记及连类复数表达的情况。洞口方言（洞口镇）的材料来自

197

林彰立（2012）。

湖南洞口方言（洞口镇）的语气词表列举，意义上有两类，一类只见于对举产生的多项列举，只有列举义，比如语气词"咧"[lie²¹]，相当于普通话的语气词"啊"；一类语气词用作后附成分，除了列举，还有连类义。我们称之为连类列举，可以是多项列举，也可以是单项列举，比如语气词"哩啦 [li⁵⁵lA²¹]"，相当于普通话的"什么的"，并且连类义跟复数义有密切联系。如果语气词"哩啦"附着在多项名词性成分和动词性成分后，意义上表示连类列举；如果"哩啦"附着在单项名词性成分后，意义上表示连类复数，有的还能表真性复数。"哩啦"作为复数标记可以附在指人名词、普通名词、指物名词后，表示连类复数意义，也可以表示真性复数意义。

一、洞口方言语气词"哩啦"表连类列举

（一）洞口方言语气词表列举

洞口方言的语气词"咧 [lie²¹]"可以用在句中，附着在多项名词性成分或动词性成分后，表事物列举和活动列举，相当于普通话的"啊"。如：

多项事物列举，如：

（1）我喜欢看山咧、水咧、花咧、草咧。（我喜欢看山啊、水啊、花啊、草啊。）

（2）菜咧、饭咧，都煮多了。（菜啊、饭啊，都煮多了。）

多项活动列举，如：

（3）唱歌咧、跳舞咧，咯么欢喜。（唱啊、跳啊，这么欢喜。）

（4）天天打麻将咧、打游戏咧，手都酸呱。（天天打麻将啊、打游戏啊，手都酸痛了。）

（二）洞口方言语气词"哩啦"表连类列举

1. 语气词"哩啦"表连类列举

指人连类列举，常用于多项对举，如：

（5）现在个男客人哩啦、女客人哩啦都喜欢打麻将。（现在的男人、

女人等等都喜欢打麻将。）

(6) 哥哥哩啦、姐姐哩啦都在北京上班。（哥哥、姐姐等等都在北京上班。）

事物连类列举，如：

(7) 其伲店里个糖包子哩啦蛮好吃。（他们店里的糖包子什么的很好吃。）

(8) 山上个草哩啦、树哩啦都变绿了。（山上的草啊，树啊什么的都变绿了。）

(9) 桌子哩啦、凳子哩啦到处乱摆，过路都不好过。（桌子、椅子什么的到处乱摆，过路都不好过。）

活动连类列举，动宾短语可以加"哩啦"表示活动列举。如：

(10) 娘老子穿衣裳哩啦冇么个讲究，但是吃东西哩啦就蛮讲究。（妈妈穿衣服之类的事情不怎么讲究，但是吃东西之类的事情就很讲究。）

(11) 搬呱家之后，买菜哩啦连冇方便。（搬了家之后，买菜什么的很不方便。）

(12) 看其是个女个，喝酒哩啦好厉害。（别看她是个女孩，喝酒什么的很厉害。）

"哩啦"表列举的特点：①用在名词性成分或动词性成分的后面，表示连类列举。②两个以上名词并列使用时，"哩啦"附在每个名词后。"桌子哩啦、凳子哩啦"可以说，但是不能说成"桌子、凳子哩啦"；两个动词性成分并列使用时，"哩啦"附在每个动宾短语后面，而不是附在联合短语的后面。"唱歌哩啦、跳舞哩啦"可以说，但是不说"唱歌、跳舞哩啦"。这说明"哩啦"常附在单个列举项后面，而不是并列项或联合项后面。③动宾短语可以加"哩啦"表示活动列举。

2. 表列举的语气词"哩啦"和"咧"的对比

洞口方言语气词"哩啦"用在句中，也可以附着在多项名词性成分或动词性成分后，表事物列举和活动列举，表示连类列举义。句中语气词"咧"表列举，不涉及连类，相当于普通话的"啊"。而句中语气词"哩啦"则表示连类列举（还跟复数义相关），相当于普通话的"什么的"。对比例句：

(13) 白菜咧、萝卜咧、柿子咧，一下涨价。（白菜啊、萝卜啊、柿子啊，全部涨价。）

（14）白菜哩啦、萝卜哩啦、柿子哩啦，一下涨价。（白菜、萝卜、柿子什么的全部涨价。）

其中"白菜咧、萝卜咧、柿子咧"表示列举，相当于普通话的"啊"。而"白菜哩啦、萝卜哩啦、柿子哩啦"不仅表示列举，而且包括类及其他，有连类义，强调同类别事物列举，相当于普通话的"什么的"。

对比普通话"啊"和"什么的"表列举的情况：

（15）这里的山啊、水啊、树啊、草啊，都是我从小就非常熟悉的。

（16）他的思想作风啊、文化水平啊、工作能力啊，哪样都比我强。

（17）他不喜欢下棋什么的，就爱打篮球。

（18）桌子上摆着一碟菜，还有酒杯、酒壶什么的。

（19）货架子上放满了白菜、萝卜、柿子椒什么的。

《现代汉语八百词》认为，"什么"附上"的"用在一个成分或几个并列成分后，等于"等等"，用于口语。

洞口方言的例子，又如：

（20）鸡咧、鸭咧，都长大呱，可以吃了。（鸡啊、鸭啊，都长大了，可以吃了。）

（21）鸡哩啦、鸭哩啦，都长大呱，可以吃了。（鸡、鸭什么的都长大了，可以吃了。）

其中"鸡咧、鸭咧"表一般列举，"鸡哩啦、鸭哩啦"为连类列举，即强调同类事物的列举。

下面是洞口方言"咧""哩啦"附在名词性成分后面的实例对比。

（22）菜咧、饭咧，都煮多了。（菜啊、饭啊，都煮多了。）

（23）菜哩啦、饭哩啦，都煮多了。（菜、饭等等都煮多了。）

（24）现在个东西咯贵，鱼咧就冇便宜，肉咧就冇好吃，煮菜都冇晓得买么个。（现在的东西这么贵，鱼啊就不便宜，肉啊就不好吃，煮菜都不知道买什么。）

（25）现在个东西咯贵，鱼哩啦就冇便宜，肉哩啦就冇好吃，煮菜都冇晓得买么个。（现在的东西这么贵，鱼一类的就不便宜，肉一类的就不好吃，煮菜都不知道买什么。）

下面是"咧""哩啦"附在动词性成分后面的实例对比，其中"哩啦"用于活动连类列举。

（26）唱歌咧、跳舞咧，咯么欢喜。（唱啊，跳啊，这么欢喜。）

(27) 唱歌哩啦、跳舞哩啦，咯么欢喜。（唱歌、跳舞等等，这么欢喜。）

(28) 搬呱家之后，买菜咧、上班咧，捞冇方便。（搬家之后，买菜啊，上班啊，很不方便。）

(29) 搬呱家之后，买菜哩啦、上班哩啦，捞冇方便。（搬家之后，买菜、上班什么的很不方便。）

(30) 吃呱饭还要洗碗咧、扫屋咧，麻烦死了。（吃完饭，还要洗碗啊，扫地啊，很麻烦。）

(31) 吃呱饭还要洗碗哩啦、扫屋哩啦，麻烦死了。（吃完饭，还要洗碗、扫地什么的很麻烦。）

(32) 咯下冇得空，还要去田里打药咧、灌水咧。（这下没有空，还要去田里打农药啊，灌水啊。）

(33) 咯下冇得空，还要去田里打药哩啦、灌水哩啦。（这下没有空，还要去田里打农药、灌水什么的。）

二、语气词"哩啦"用作复数标记

"哩啦"附着在单个名词的后面，它的连类义就可能发展出复数义。复数义又分为连类复数和真性复数。

（一）语气词"哩啦"用于连类复数

连类复数表示以某人或某物为代表的一类人或物。洞口方言"哩啦"用在单项指物名词后表达连类复数。如：

(34) 菜园子个白菜哩啦一下起呱虫。（"白菜哩啦"表示白菜之类的小菜。）

(35) 三月份了，树哩啦都开始发芽了。（"树哩啦"表示树一类的植物。）

连类复数与连类列举很接近，许多单项事物的连类列举往往有连类复数义，它们的区别是复数强调个体，列举强调列举项可以延续。

语气词"哩啦"的连类列举义和复数义往往很接近，表现为：单项指物名词后附"哩啦"，往往既有复数义，又有连类列举义。下面的例句就要结合语言环境，可以看出"哩啦"既有多数义，又有列举义。如：

(36) 咯滴袜子哩啦一下收起,放在沙发高头难看死了。

"袜子哩啦"既可以理解为复数意义,指很多的袜子,也可以理解为连类列举意义,表示袜子及其他的东西。

(37) 天夜呱了,鸡哩啦都进呱笼么?(天黑了,这些鸡/鸡什么的都进笼了。)

"鸡哩啦"既可以理解为复数义,指很多的鸡,也可以理解为连类列举义,指鸡及其他的动物。

(38) 我俩屋门口个桃树哩啦落起蛮多花。

"桃树哩啦"既可以理解为复数义,指很多的桃树,也可以理解为连类列举义,指桃树及其他的树。

(39) 要落雨了,把楼顶高头个铺盖哩啦都收起来。(要下雨了,把楼顶上的几床铺盖/铺盖什么的都收起来。)

"铺盖哩啦"既可以理解为复数义,指很多的铺盖,也可以理解为连类列举义,指铺盖之类的东西。

多个指人的"N哩啦"连用,往往表复数义。如:

(40) 现在个男客人哩啦、女客人哩啦都喜欢打麻将。(现在的男人们、女人们都喜欢打麻将。)

(41) 哥哥哩啦、姐姐哩啦都在北京上班。(哥哥们、姐姐们都在北京上班。)

多个指物的"N哩啦"连用,既有列举义,又含有复数义。如:

(42) 桌子哩啦、凳子哩啦到处乱摆,过路都不好过。

句中"桌子哩啦、凳子哩啦"可以表示很多的桌子、椅子,也可以表示桌子、椅子什么的。

名词后附"哩啦",不能用表示确定数量词修饰,但可以和表示数量的概数词连用,如:

(43) *六本书哩啦到处乱放。

(44) *三个学生哩啦在咯里看书。

(45) 眯滴书哩啦到处乱放。(那些书到处乱放。)

(46) 蛮多巴多个书哩啦到处乱放。(很多的书到处乱放。)

(二)语气词"哩啦"用于真性复数

真性复数义,是表示两个或两个以上同一种事物在个体上组成的多数关系。仔细分析洞口方言"哩啦"在名词后表达复数的情况，发现它可以用来表示真性复数，如：

（47）学生哩啦都放呱假，坐车个人特多了。（学生们都放假了，坐车的人太多了。）

（48）女学生哩啦听话滴。（女学生们听话些。）

（49）小小子哩啦冇懂事，你冇见怪。（孩子们不懂事，你别见怪。）

（50）天都夜呱了，飞飞还冇看见回来，肯定跟其同学哩啦哈去呱。（天都黑了，飞飞还没有回来，肯定跟他的同学们玩去了。）

（51）老弟结婚，亲戚哩啦都在咯里帮忙。（老弟结婚，亲戚们都在这里帮忙。）

但是这种名词的真性复数还不能用在人称代词的后面表示复数。洞口方言人称代词复数是在人称单数"我、你、其"后加词尾"侪 [tsŋ⁵⁵]"表示，说成：我侪 [uo²¹tsŋ⁵⁵]、你侪 [n²¹tsŋ⁵⁵]、其侪 [tsɿ²¹tsŋ⁵⁵]。

洞口方言表示复数"哩啦" [li⁵⁵lA²¹] 明显来源于句中语气词表列举的"哩啦"。洞口方言语气词"哩啦"语法化过程为：

语气词→连类列举→连类复数→真性复数

（三）语气词"哩啦"表复数义的使用范围

洞口方言的名词复数表现形式，是在名词后加复数助词"哩啦 [li⁵⁵lA²¹]"。其中，名词包括：指人名词、动物名词、事物名词。范围比普通话的"们"要广泛得多。

"哩啦"用在指人名词后表复数，包括普通指人名词，如：亲戚、小小子（小孩子）、同学、老师、学生、司机、男客人（男人）、女客人（女人）、朋友；亲属名词，如：哥哥、姐姐、妹妹、老弟、满满、叔叔、娘娘、舅舅。这些词后附"哩啦"表许多人的意思，为真性复数，相当于普通话"们"。

用在指物名词后表复数，包括动物名词、事物名词。动物名词，如鸡、鸭、牛、羊、饭蚊子（苍蝇）、鱼，这些词后附"哩啦"表示许多动物（真性复数），或一类动物（连类复数）。事物名词，如：铺盖、炮仗（鞭炮）、车、桌子、凳子、书、苞谷，后面附"哩啦"表示许多事物（真性复数），或一类事物（连类复数）。

从上述例子可以看出，"哩啦"不仅可以用在动物名词、事物名词之后表复数意义，还可以用在普通指人名词之后表复数意义。

不能附"哩啦"的名词，如专有人名不能后附"哩啦"。如：*小王哩啦，*蓉蓉哩啦。专有人名和称呼词后面一般加人称代词复数"其侪"，表复数意义。如：小王哩其侪，蓉蓉其侪。

三、小结

本章以湖南洞口方言的连类列举标记"哩啦"为例，分析语气源活动列举标记的情况。湖南洞口方言的语气词表列举，意义上有两类：一类只见于对举产生的多项列举，只有列举义，比如语气词"咧"[lie^{21}]，相当于普通话的语气词"啊"；一类语气词除了列举，还有连类义，我们称之为连类列举，多项列举，也可以是单项列举，比如语气词"哩啦[$li^{55}lA^{21}$]"，相当于普通话的"什么的"。连类义跟复数义有密切联系。语气词"哩啦"附着在多项名词性成分和动词性成分后，意义上表示连类列举；"哩啦"附着在单项名词性成分后，意义上表示连类复数，有的还能表真性复数。洞口方言表示复数"哩啦"[$li^{55}lA^{21}$]明显来源于表列举的句中语气词"哩啦"。洞口方言语气词"哩啦"语法化过程为：语气词→连类列举→连类复数→真性复数。

第八章　数量型列举标记及数量型连类复数

第一节　同位短语中数量词语的总括功能

一、数量词语用于列举

数量词语用于总括性列举，是列举表达精确化的体现。在同位短语中，表确数的数量词用于列举，有两种情况：数量词用于列举已尽、数量词用于列举未尽。数量词用于列举已尽，是说前面列举项的数目与后面表总括的确数词在数量上一致，此时确数词有总括数目的功能。如：

（1）至此，孙中山逝世后，有资格和力量获得最高职位的<u>胡、汪、廖、蒋、许五人</u>，就只剩下汪、蒋二人了。

（2）缪家五个儿子，继承了父亲的家风，平日学拳练武，周济贫弱，深受全寨人的信赖，连镇江城里都知道缪家寨的<u>仁、义、礼、智、信兄弟五人</u>。

（3）由中央美术学院国画系、中国美术馆主办的<u>石晓玲、洪涛、张雄鹰、张光彩、潘锡林五人</u>当代中国画展，近日在北京中国美术馆举行。

上述情况属于列举已尽，不属于本书的列举范畴。我们讨论的重点是数量词用于列举未尽，包括以下两种情况：数量词用于列举未尽，需要借助列举助词"等"；数量词用于列举已尽，再出现列举助词"等"。

数量词用于列举未尽，是说前面列举项的数目小于后面确数词的数目，此时确数词有总括数目的功能，表达时需要借助列举助词"等"。如：

（4）不久，<u>蒋则正等五人</u>到乐清和当地五位农业专家商定，以股份合作制的形式联合承包种田，并正式签订了土地承包协议书。

（5）然而，她哪里知道，当年她们跟项英、陈毅和梁柏台在瑞金分手后，项英、陈毅和梁柏台等从赣粤边境突围时，不幸梁柏台和刘伯坚等人被俘，不久，刘伯坚等五人英勇就义。

（6）一审判决后，汪诚信、赵桂芝等五人不服，向北京市中级人民法院提起上诉。

（7）会议还增补冀朝铸、俞云波、谢文霖三人为中国侨联副主席，增补周群珠等五人为中国侨联常委，增补迟国强等六人为中国侨联委员。

数量词用于列举已尽，也可以再出现列举助词"等"。如：

（8）潜员应大丰、殷晓宝、何增顺、赵军建、车跃进等五人都是80年代初毕业于法国马赛国立潜水学院，他们曾在地中海创造了氦氧饱和潜水205米的世界纪录。

（9）荷花淀派作品选，选收孙犁、刘绍棠、从维熙、韩映山、房树民等五人的作品。

（10）检察机关认为，贾某某、张某一、张某二、谢某某、吴某某、田某某、樊某、李某某等人已涉嫌受贿罪，日前，西安市人民检察院对前期因涉嫌渎职犯罪已立案侦查的贾某某、张某一、吴某某、田某某、樊某等五人予以逮捕。

列举结构后接数量词语一起构成数量性同位短语，数量词语在列举结构的后面，用数量名结构对前面的列举项的数量和类属进行总括。结构形式为"列举项＋列举标记＋数量词语"，其中数量词语的主要功能是总括，而不是计数。如"北京、上海等五个城市"。

数量词有计数功能和总括功能，计数功能主要见于定中结构中，总括功能主要见于同位结构中。

数量词语的计数功能，包括基数和序数。如"5个城市"，数量词"5个"在名词的前面，对后面的名词"城市"进行基数计数，整个结构为定中短语；"第5个城市"，数量词"第5个"在名词的前面，对后面的名词"城市"进行序数计数，整个结构为定中短语。

数量词语的总括功能，如"北京、上海等5个城市"，数量词语"5个城市"在名词性成分的后面，对前面的列举项"北京、上海等"进行数量（确数词）总括和类属总括，整个结构为同位短语。里面的"北京、上海等"属于列举未尽，必须使用列举标记"等"。

又如"里面出土了四耳瓷壶、四耳瓷罐和平底碗等一些青瓷"，"一些青瓷"是对前面列举项"四耳瓷壶、四耳瓷罐和平底碗等"进行数量

("一些"为概数词）和类属（"青瓷"）方面的总括。

当列举项需要用数量词语来总括时，往往要借助列举标记"等"（还可以用指示词总括）。比如不能说：

*上海5个城市　　*北京、上海5个城市

可以说成：

上海等5个城市；上海等这5个城市；北京、上海等5个城市；北京、上海等这5个城市

上海等几个城市；上海等这几个城市；上海等一些城市；北京、上海等几个城市；北京、上海等一些城市

其中总括的手段可以是用确数词总括，可以是用概数词总括，它们都要借助列举标记"等"一起构成同位短语。

数量词语用于列举项数量的总括，构成同位结构，里面的列举标记"等"不能缺少，相当于列举项和数量总括项的联系项。许多列举项和总括项组合时，必须要有列举标记"等"。

表列举未尽意义且后面的概括项用"等"，是典型的同位列举用法，因为列举项占据同位短语的前项，后项往往需要总括。

比较完整的表数量总括的列举结构，其形式为"列举项＋列举标记＋数量名总括"，列举标记常常用"等"，强调项的数量列举情况，往往不涉及连类义。如：（语料均来自CCL）

（11）中国决定在上海等5个城市建设软件出口基地。

（12）1954年到1993年，先后有宋庆龄、何香凝、蔡畅、陈慕华等8位妇女担任全国人大常委会副委员长。

（13）延安市去年在农业特产税年收入不足100万元的安塞县、子长县等8县停征农业特产税，为农民减负500万元左右。

以上为列举未尽，列举标记用"等"。这种列举未尽其实是通过后面数词来表明"等"前的列举项没有穷尽。

二、列举已尽与助词"等"、确数词同现表总括

句子表列举已尽还使用助词"等"、确数词同现表总括，董志翘（2003）认为，"等"用在这类句子里，因为前面已经全部列举出所要表述的各项，后面又有精确的统计数字，所以已无暗示"前文有省略，列举未

尽"的意味,仅存穷尽列举后"煞尾""打住"的语法功能。

问题是"X 等"表示所列出的列举项已经结束,又怎样概括和理解"等"的列举义?

列举已尽,用表示确数的数量词语来总括,并且依然使用总括标记"等"。原因是只有出现数量词语才显示是列举已尽,数量词语依然显示为总括功能,否则为列举未尽;里面的"等"依然是列举标记,表示项的列举。"等"与确数词同现表总括,功能不同;"等"强调列举未尽,确数词强调数量总括。可见,"等"的出现是合理的。

下面是列举已尽,其中的列举标记"等"与确数词同现。通过确数词与列举项的数目一致关系,表明"等"的列举项已经穷尽。如:

（14）<u>德国、英国、法国、意大利和西班牙等 5 个欧洲大国</u> 17 日原则同意在客机上启用空中警察,以加强空中安全,防止恐怖主义和有组织犯罪。

（15）这个机构下设<u>广播影视、文学艺术、新闻出版、文博、体育等 5 个专业资格认定部门</u>,负责对优秀文体人才进行测评考核。

（16）1957 年由于空防合并,增加了<u>高射炮兵指挥部、雷达兵部、探照灯兵部等 3 个部</u>。

（17）蘑菇和核桃仁中存在着<u>细纤维素、粗纤维素、木质纤维素等 3 种成分</u>。

（18）牛肉面中<u>蛋白质、脂肪、碳水化合物等 3 大营养素</u>不够,尤其是一些矿物质、维生素等营养素更是缺乏。

（19）这次活动由中国红十字会和三六一度（福建）体育用品有限公司共同发起,于 3 月 10 日至 4 月 18 日在<u>北京、辽宁、上海、浙江、湖北、广东、陕西、四川 等 8 个省、直辖市</u>全面展开。

这种结构的语用目的,是"数量精确优先"原则在起作用。即尽量精确地、穷尽地列举,能穷尽就穷尽。一般是小数目能穷尽,大数目就不能穷尽或没有必要穷尽。如:

（20）目前,公安机关已在<u>北京、天津、上海等 10 个省、自治区、直辖市</u>及<u>济南、沈阳等 2 个省会城市</u>先期开展利用信息系统联网查询整治假牌假证、无牌无证的试点工作。

在这个句子中,10 个省、自治区、直辖市,数量较多,没有穷尽列举;2 个省会城市为小数目,可以穷尽列举。

下面都是小数目,都是穷尽性地列举。

（21）目前全区有<u>哈萨克、回、柯尔克孜、蒙古等4个民族</u>的5个自治州，以及<u>哈萨克、回、蒙古、塔吉克、锡伯等5个民族</u>的6个自治县，还有43个民族乡。

（22）联合国安全理事会（简称安理会）是联合国的6大主要机构之一，由<u>中国、法国、俄罗斯、英国、美国等5个常任理事国</u>和10个非常任理事国组成。

（23）海军工程学院由原机械学校的<u>蒸汽、内燃、电工、造船和核动力等5个系</u>9个专业发展成为<u>造船、舰船动力（蒸汽、内燃、核动力、燃汽轮）、电工、电子工程和海军兵器等5个系</u>26个专业。

（24）记者今天从公安部召开的新闻发布会上了解到，为充分调动广大人民群众参与扫毒行动的积极性，进一步加大追逃力度，尽快将一些重大涉毒犯罪嫌疑人缉拿归案，公安部日前已向全国发布通缉令，悬赏38万元人民币公开通缉贩毒数量巨大、危害特别严重的在逃毒品犯罪嫌疑人<u>刘某一、罗某某、马某某、邱某某、刘某二等5大毒贩</u>。

（25）当网络消费者权利受到侵害时，尽管存在<u>和解、调解、申诉、仲裁、诉讼等5种救济途径</u>，但现有的权利救济制度对于网络消费者权益保护而言，则显得有些力不从心，极大地降低了救济的有效性。

第二节　数量型列举结构的约数总括方式

列举标记"等"后面可以用"几、各、多、每、共、一些、许多、大量、所有、一行"等表数量的词语进行数量总括，结构形式为"列举项+等+数量名"，一起构成同位短语。这种数量总括，一般要借助列举标记"等"，从中可以看出数量总括的多样性。

一、"等"后用"几"类数量词语总括

列举时用数词"几"来总括，表示少数列举。列举项为人称代词，如：

（1）<u>我等几人</u>随张先生逛鼓楼附近一家书店，店主送了几张1986年第一期中国书法杂志的插页，正面印有明代书法家王铎的草书长卷。

列举项为单项指人名词，如：

（2）丧尽人性的国民党匪兵把群众赶到观音庙前，也把刘胡兰等几个人带进广场中。

（3）初稿20集终于拿出来了。陈汉元等几人一口气读完，激动地一致叫好。

列举项为多项指人名词，如：

（4）这家小小的公司，由耐特、鲍尔曼等几个人组建，资产只有1000美元。

（5）主席进了屋，发现朱德、王若飞等几人都早早地等候在这里，围在桌子前说话。

（6）徐矿长、涂副矿长等几人立即赶往医院，劝徐诗战住院。

（7）陈蕃又向窦太后上奏章，举出宦官侯览、曹节、王甫等几个人的种种罪恶。

（8）我和余叔、胡明、佳楣等几个人经常在一块儿说说笑笑，晚饭也凑在一起。

（9）眼见小龙女容貌俏丽，年纪尚较杨过幼小，怎能是他师父？显是这少年有意取笑、作弄霍都了。只有郝大通、赵志敬、尹志平等几人才知他所言是实。

列举项为多项指物名词，如：

（10）刘渊称汉王后，很快攻下了上党、太原、河东、平原等几个郡，势力越来越大。

（11）彻底的笔画化，即解散篆体，改圆转的笔画为方折或截断了的笔画，把字形分解成若干基本笔画的积累。例如："木"字和"系"字。逐渐形成点、横、直、曲、撇、捺、挑、钩等几种笔画。

（12）遗赠作为一种单方民事法律行为，具有无偿性、遗赠人死后生效、受遗赠人的不可代替性等几个特征。

"几个"后面也可以不出现总括名词，总括项出现在上一小句。如：

（13）在现代汉语里，有"语义指向"的词语，只有"不"、"也"、"都"、"全"等几个。

（14）不过，目前这里的楼盘并不多，只有富春江花园、富宝山园等几个。

二、"等"后用"各"类数量词语总括

列举时用指示代词"各"来总括，表示列举域所属类别中所有个体。如：

（15）大约在100多年以前，科学家首先从石油中分离出了<u>汽油、柴油等各种燃料</u>。

（16）这个青年的<u>体温、血压、心率、呼吸等各项生理指标</u>与平时相比没有什么明显的变化。

（17）浙江嵊县的竹编动物造型优美，神态生动，有<u>飞、走、坐、卧、扑等各种造型</u>。

（18）对局双方运用<u>围、拦、断、逼、打劫、杀气、做眼、破眼等各种技术战术</u>攻击对方的子并占领空地。

（19）它关系到国家的经济建设和公民的<u>衣、食、住、行等各个方面</u>。

（20）据调查，阿坝地区的土汉语在<u>语音、语法、词汇等各个方面</u>都有"似汉非汉"的混合语特点。

三、"等"后面用"多"类数量词语总括

列举时用数词"多"来总括，表示多数列举。如：

（21）陕西队拥有<u>孙凤江、张勇、欧阳贵景等多名优秀球员</u>，明显比其他球队技高一筹，最终，以不败的战绩夺得冠军。

（22）近月来，学校组织观看<u>《小兵张嘎》《雷锋的故事》等十多部电影</u>，还要求学生们写心得，说感受。

（23）她的许多作品被译成<u>英、德、荷、法、捷、日、韩、以色列等多种文字</u>，在国外发行。

（24）在与用户的人机对话过程中，它提供了<u>按键、按鼠标、限时等多种应答方式</u>。

（25）他自学了<u>英语、算术、化学、地理、历史等多门课程</u>。

列举项可以是单项，如：

（26）如果长期食用就会引起<u>营养不良等多种疾病</u>。

四、"等"后面用"每"类数量词语总括

列举时用指示代词"每"来总括，表示所属类别中任何一个个体。这里的"每"处在同位短语的后项，具有表达总括的功能，列举项为多项。如：

（27）市领导童万亨、曹德淦、李天森、梁绮萍等每人带头捐赠数百元。

（28）高阳的聪明之处往往在于并不写尽，只是从西太后、荣禄、袁世凯、刚毅、光绪帝、谭嗣同等每个人的角度，勾勒其动机和行为。

（29）常委们很快形成共识，从工程的立项、设计、资金、人员到施工等每个环节都一一进行科学的论证，而后果断决定兴建三环路。

（30）要查到企业、机关、学校等每一个基层单位，查到易发安全事故的每一个环节。

（31）供种、管理、防治病虫害等每道工序，都倾注了科技人员的心血。

（32）我们抓质量，要从设计、工艺、包装、运输等每一个环节、每一道工序抓起，一丝不苟、精益求精。

五、"等"后面用"一些"类数量词语总括

列举时用数量词"一些"来总括，表示不定数量的列举。如：

（33）可是，陈其美等一些国民党要员认为当时的军事准备不够充分，力主"法律解决"。

（34）康宁祥等一些人则要求国民党作出进一步保证。

（35）40~50年代前后，发现青霉素等一些抗生素，完成了结构测定和合成。

（36）盗墓者看中的墓材，不只有棺材板，还有墓砖等一些东西。

（37）将洗净的西葫芦放进榨汁机中，取汁液除残渣，可以加入蜂蜜等一些辅助原料，然后敷在洗净的头发上，用热毛巾包住头，坚持半个小时，再将头发清洗一遍。

上面的列举项是单项的。列举项是多项的，如：

（38）他和韦执谊、王伾里外配合，又起用了刘禹锡、柳宗元等一些有才能的官员，总算把朝政大权抓了过来。

（39）桂系、汪派、西山派以及唐生智、李烈钧、唐绍仪和陈友仁等一些受蒋打击或对蒋不满的人，当时都相继起来活动。

（40）北京大学、清华大学等一些著名的高等学校专门举办了民族班。

（41）如河南南阳东关发掘的一座汉画像石墓，里面出土了四耳瓷壶、四耳瓷罐和平底碗等一些青瓷，这是晋墓中常见的随葬品。

六、"等"后面用"许多"类数量词语总括

列举时用数词"许多"来总括，表示多数列举。如：

（42）真核细胞中包含细胞核等许多不同的细胞器，每个细胞器都有自身结构和功能上的特点。

（43）2000年，中国与古巴、老挝等许多发展中国家开展了人权磋商和交流。

（44）青藏高原上河湖众多，是长江、黄河、雅鲁藏布江、印度河等许多著名河流的发源地。

（45）化纤品具有耐磨、美观、易洗涤等许多优点，适宜春、秋着装。

（46）顾炎武著有《日知录》《天下郡国利病书》《音学五书》《肇域志》等很多著作，与黄宗羲、王夫之并称为明末清初三大思想家。

（47）他翻译了《共产党宣言》等许多马克思、恩格斯的著作，撰写了不少阐述马克思主义理论的文章和书籍。

七、"等"后面用"大量"类数量词语总括

列举时用属性词（区别词）"大量"来总括，表示数量很多的列举。如：

（48）从此，他笔耕不息，写出《毛泽东的故事》等大量文学作品。

（49）杨凤珍攻读了《本草纲目》等大量医书，又到处搜集民间验方、偏方，反复配伍和比较，并亲自服用试验。

（50）野鸭、仙鹤等大量野生候鸟每年冬天都从遥远的西伯利亚飞到日本越冬。

（51）后来，他终于找到粮食、蔬菜、水果等大量可食植物，同时还找到了许多可以治病的药材。

（52）"万达"矿泉水产于山西闻喜县焦山蓁龙泉，富含钾、镁、锌、锶等大量的矿物质。

（53）环城水系两岸种植有诸如桂花、杉树、榕树、银杏等大量的名木、名花、名草，仅榕湖畔就新增了 10.05 公顷的绿化面积。

八、"等"后面用"共"类数量词语总括

列举时用副词"共"来总括，表示总计性的列举。后面的数目是大数目时，一般要用"等"。如：

（54）当时在广州，参加廖仲恺追悼大会和葬礼的工人、农民、学生和城市贫民等共达 15 万人，会后并举行了游行。

（55）瓷器珠宝玉器、书画邮品、金银铜器、纺织品等共计 2200 多件，其中仅字画的成交额就达 200 多万美元。

（56）院共建"沙头角艺术培训基地"，开办了音乐、舞蹈、钢琴、手风琴、民歌、民乐、创作等共 10 种门类培训班，招收 240 多名青少年学员。

后面是小数目时，一般不用"等"。如：

（57）1954 年，全国文联、文化部举办了"建国以来群众歌曲评选"，《草原上升起不落的太阳》和《歌唱祖国》、《二郎山》共 3 首歌同获一等奖。

（58）菲舍尔于 1984 年、1992 年和 1997 年共 3 次访问过中国。

（59）为了办好信用社，该局从企业单位抽调、借用了会计师、会计员共 5 人。

（60）国内 13 到 16 支户外俱乐部队和高校队，以及新西兰、俄罗斯、韩国、马来西亚共 4 支高水平的队伍将应邀参赛。

（61）王某及同伙共三人被检方指控涉嫌走私珍贵动物制品罪，昨天北京市第二中级人民法院公开审理此案。

九、"等"后面用"所有"类数量词语总括

列举时用属性词（区别词）"所有"来总括，表示所属类别中全部个体。如：

（62）我舍不得<u>爸爸、妈妈、姥姥等所有的人</u>。

（63）配件指的是<u>鞋、手套</u>等，还包括<u>公事包、笔、香水、档案夹等所有的小玩意儿</u>。

（64）<u>电影院、歌舞厅、台球、电子游艺厅等所有文化娱乐设施</u>也在除夕夜一律对群众开放。

（65）大楼实行24小时协助性服务，在<u>大堂、楼层、餐厅、电梯等所有场所</u>都有服务人员协助残疾运动员行动。

十、"等"后面用"一行"类数量词语总括

用"一行"表总括，"一行"前可以有列举标记，也可以没有列举标记。"一行"用于指人的数量总括，是对一群人，多指同行的人的总括。

下面的"一行"前没有列举标记。

单项列举＋一行，如：

（66）接着，<u>李清林一行</u>来到了五常镇，找到了被酒霸扎了7刀的孙兆波。

（67）当<u>王程远一行</u>来到"白虎团"部，已是中午时分了。

（68）<u>张志刚一行人</u>的目的非常明确：检查北京餐饮业应对禽流感的工作。

（69）6月1日，延安各界在中央礼堂举行晚会，欢迎<u>茅盾一行人</u>的到来。

（70）今年6月，世界最大的制药集团美国默克公司<u>莫石先生一行三人</u>来到三九集团考察。

多项列举＋一行，如：

（71）<u>思成、徽因一行</u>在佛光寺整整工作了一个星期，对整座寺院做了详细的考察记录。

（72）<u>宋慈、吴知县、捕头王一行人</u>出县城往河西村方向走去。

(73) 社长、总编一行人从会议室走了出来，发行部主任陪刘凯瑞站在门口送领导走，心里头一个劲儿起急。

下面的"一行"前有列举标记，表示列举未尽，总括项还可以有数量词。

格式为"列举项+等+一行"，如：

(74) 一个清冷的早晨，刘波偕深圳市委组织部长欧阳杏等一行人，踏上了进京的旅途。

(75) 次日清晨，郭靖等一行人生怕襄阳军民大举相送，一早便悄悄出了北门，径往华山而去。

(76) 十七日黄昏，李自成率领李岩等一行人马到了宜阳城南的十里铺。

(77) 杨过、程英、陆无双三人伫立山边，眼望一灯、黄蓉等一行人渐行渐远，终于被林梢遮没。

(78) 此时，振廷、静芝、月娘和世纬、青青等一行人，从回廊下面走了过来。

(79) 叶毓中、韩静霆、王仲、武宜漫、王作勤、钱小霞等一行作家、画家、知友相邀，到大淀里采风一并避暑。

格式为"列举项+等+一行+数量词"，如：

(80) 她代表周恩来总理，在家中设便宴款待刘秉衡同志等一行三人，有童小鹏同志作陪。

(81) 那是一个夏日的夜晚，我和董阳等一行三人乘火车潜入保定市，下塌在一家浴池内。

(82) 不经常旅行的我，有机会应邀与漫画家方成、王复羊等一行五人，在小小的义乌市参观访问了5天。

第三节　列举标记"等"与确数词共现的历时分析

数量总括型"等"类列举结构，形式为"列举项+等+数量名"，其中的"数量名"的功能相当于总括项，既有数量词又有类属名词，是数量词和类属名词一起表示总括。这种形式是列举表达精确化的体现。

这种用法上古汉语就出现了，并沿用至今。这表明，列举表达精确化是古今汉语的共性。上古汉语的例子见《墨子》，表达的是列举未尽：

(1) 然臣之弟子禽滑厘等三百人，已持臣守围之器在宋城上而待楚寇矣。(《墨子·公输》)

汉代以后逐渐增多。

列举已尽的"列举项+等+确数词语"，即列举项的数量和后面数词总括的数量相同，列举项已经穷尽了，始见于《史记》。如：

(2) 沛公则置车骑，脱身独骑，与樊哙、夏候婴、靳强、纪信等四人持剑盾步走，从郦山下，道芷阳间行。(《史记·项羽本纪》)

一、用于列举未尽

大数目很难也没有必要使用列举已尽，可以使用列举未尽，小数目可以使用列举已尽。下面是列举未尽、使用列举标记"等"的情况。

两汉时期，此时的列举仅限于指人名词，如：

(3) 伉等三人何敢受封！(《史记·卫将军骠骑列传》)

(4) 既出，沛公留车骑，独骑一马，与樊哙等四人步从，从间道山下归走霸上军，而使张良谢项羽。(《史记·樊郦滕灌列传》)

(5) 既皆还，上曰："票骑将军去病率师躬将所获荤允之士，约轻赍，绝大幕，涉获单于章渠，以诛北车耆，转击左大将双，获旗鼓，历度难侯，济弓卢，获屯头王、韩王等三人……(《汉书·霍去病传》)

(6) 于是嘉与御史大夫贾延上封事言："窃见董贤等三人始赐爵，众庶匈匈，咸曰贤贵，其余并蒙恩，至今流言未解。(《汉书·何武王嘉师丹传》)

(7) 封项伯等四人为列侯，赐姓刘氏。(《汉书·高帝纪》)

魏晋南北朝时期，列举项可以是指人名词，也可以是指物名词，如：

(8) 舅何洪等三人皆列侯。(《三国志·吴书》)

(9) 今列宾硕等三人于后。(《三国志·魏书》)

(10) 苍头子密等三人因宠卧寐，共缚床，告外吏云："大王斋禁，使吏休。"(《后汉书·彭宠传》)

(11) 谦等三人曰："平原公有大才，不世之略，吾等宜附其尾。"(《北史》)

以上的列举项指人。

(12) 宪乃度河，攻其伏龙等四城，二日尽拔。(《北史》)

(13) 寻从帝攻下晋州，又令仲方说下翼城等四城，授仪同，进爵范

阳县侯。(《北史》)

(14) 穆帝永和中，郡移出京口，郯等三县亦寄治于京。(《宋书》)

(15) 太康六年三月戊辰，齐郡临菑、长广不其等四县，乐安梁邹等八县，琅邪临沂等八县，河间易城等六县，高阳北新城等四县，陨霜伤桑、麦。(《宋书》)

(16) 时谅余党据绛、晋等三州未下，诏罗睺行晋、绛、吕三州诸军事，进兵围之。(《北史》)

以上的列举项指事物。

唐宋时期的用例，列举项可以是指人的，也可以是指事物的，如：

(17) 其邓琬等四人，资产全已卖纳，禁系三代，瘐死狱中，实伤和气。(《旧唐书》)

(18) 八年，关东大水，上疏请降诏恤隐，遂命奚陟等四人使。(《旧唐书》)

(19) 子继宗等四人并贬岭外。(《旧唐书》)

(20) 操于是诛尚书冯硕等三人，讨有罪也；封卫将军董承等十三人为列侯，赏有功也；赠射声校尉沮俊为弘农太守，矜死节也。(《资治通鉴》)

以上的列举项指人。

(21) 十七年，废井州，以井陉等三县属恒州。(《旧唐书》)

(22) 永徽元年，废皋兰等三州。(《旧唐书》)

(23) 夏王勃勃破鲜卑薛千等三部，降其众以万数，进攻秦三城已北诸戍，斩秦将杨丕、姚石生等。(《资治通鉴》)

(24) 是岁，置北海节度使，领北海等四郡；上党节度使，领上党等三郡；兴平节度使，领上洛等四郡。(《资治通鉴》)

(25) 六月，甲子，杨国忠奏吐蕃兵六十万救南诏，剑南兵击破之于云南，克敌巂州等三城，捕虏六千三百，以道远，简壮者千余人及酋长降者献之。(《资治通鉴》)

以上的列举项指事物。

元明清时期的用例，沿用了以前的用法，列举项多为指人名词，也可以是指物名词，如：

(26) 西门庆预备酒席，李铭等三个小优儿伺候答应。(《金瓶梅》)

(27) 玄德等三人别了诸葛均，与孔明同归新野。(《三国演义》)

(28) 话说妲己与胡喜媚等三人俱全装甲胄，甚是停当。(《封神演义》)

（29）却说朱武等三人归到寨中坐下，朱武道："我们不是这条苦计，怎得性命在此。（《水浒传》）

（30）胡旦别过，来到苏家，晚间赏灯筵宴，只见晁书等二人也自回来，要禀见苏锦衣。（《醒世姻缘》）

（31）一时候他父子去了，方欲过贾母那边来时，就有芳官等三个干娘走来，回说……（《红楼梦》）

（32）昨承诸葛子瑜取长沙等三郡，为军师不在，有失交割，今传书送还。（《三国演义》）

二、用于列举已尽

列举已尽，即列举项的数量和后面总括的数量相同，列举项已经穷尽列举了。列举数量是小数目，可以列举已尽。格式为"列举项＋等＋数量词＋总括名词"。如：

（33）在这些原子钟中，铯、铷、氢等三种原子钟较为成熟，且有广泛的用途。（张承志《天体测量学》）

"铯、铷、氢等三种原子钟"表示列举已尽。

值得注意的是，如果格式里面的数量词没有出现，即格式为"列举项＋等＋总括名词"，则"等"依然表列举未尽。对比：

（34）在这些原子钟中，铯、铷、氢等原子钟较为成熟，且有广泛的用途。

其中"铯、铷、氢等原子钟"表示列举未尽。

可见，这种格式的列举已尽义是数量词带来的，而不是"等"带来的。

下面是列举已尽并使用列举标记"等"的历时演变情况。

这种用法汉代就有，用例极少，如：

（35）沛公则置车骑，脱身独骑，与樊哙、夏侯婴、靳强、纪信等四人持剑盾步走，从郦山下，道芷阳间行。（《史记·项羽本纪》）

魏晋南北朝时期，用例增多，如：

（36）魏略勇侠传载孙宾硕、祝公道、杨阿若、鲍出等四人，宾硕虽汉人，而鱼豢编之魏书，盖以其人接魏，事义相类故也。（《三国志》）

（37）贼洪明、洪进、苑御、吴免、华当等五人，率各万户，连屯汉

兴，吴五六千户别屯大潭……（《三国志》）

（38）景淹滞门下积岁，不至显官，以蜀司马相如、王褒、严君平、扬子云等四贤，皆有高才而无重位，乃托意以赞之。（《北史》）

（39）婢采音及奴教子、楚玉、法志等四人，于时在整母子左右。（《昭明文选》）

以上的列举项指人。

（40）中平五年，拜司马，从讨长沙、零、桂等三郡贼周朝、苏马等，有功，坚表治行都尉。（《三国志》）

（41）因幸怀朔、武川、抚冥、柔玄等四镇。（《北史》）

（42）癸丑，置西海、河源、鄯善、且末等四郡。（《北史》）

（43）虏悦勃大肥率三千余骑，破高平郡所统高平、方与、任城、金乡、亢父等五县，杀略二千余家，杀其男子，驱虏女弱。（《宋书》）

以上的列举项指事物。

唐宋时期的用例，列举项可以是指人的，也可以是指事物的，如：

（44）文荣与其从天龙、惠连等三人，弃家，将宝龛遁匿山涧，赁驴乘之，昼伏宵行。（《北史》）

（45）获陈禆将覃罔、王足子、吴朗等三人，斩首百六十级。（《隋书》）

（46）十一月，诛李训、王涯、贾𬗟、舒元舆等四宰相，其亲属门人从坐者数十百人；下狱讯劾，欲加流窜。（《旧唐书》）

（47）乙卯，以特进敬晖、桓彦范、袁恕己等三人为滑、洺、豫刺史。（《旧唐书》）

（48）因起居郎阙，固言奏曰："周敬复、崔球、张次宗等三人，皆堪此任。"（《旧唐书》）

（49）因敕晔与尚书阳休之、鸿胪卿崔晔等三人，每日职务罢，并入东廊，共举录历代礼乐、职官及田市、征税……（《资治通鉴》）

（50）王即大会梵行、禅观、咒术等三众，欲问所疑。（《五灯会元》）

以上的列举项指人。

（51）闰三月己巳朔，吐蕃入寇鄯、廓、河、芳等四州。（《旧唐书》）

（52）其后牛弘请存《鞞》、《铎》、《巾》、《拂》等四舞，与新伎并陈。（《隋书》）

（53）乐器有笛、正鼓、加鼓、铜拔等四种，为一部。（《隋书》）

（54）东海、祝其、合乡等三县父老诉曰："人等是公百姓，独不迁

降？"（《太平御览》）

（55）《晋中兴书》曰：元帝渡江，岁、镇、辰、太白等四星聚於牛女间。（《太平御览》）

（56）是日，李景遣其臣刘承遇奉表以庐、舒、蕲、黄等四州来献，且请以江为界，帝报曰："皇帝恭问江南国主。（《旧五代史》）

以上的列举项指事物。

元明清时期的用例，如：

（57）当曰："非我一人，更有何晏、邓飏、李胜、毕轨、丁谧等五人，同谋篡逆。"（《三国演义》）

（58）会恐机谋或泄，却以伐吴为名，令青、兖、豫、荆、扬等五处各造大船；又遣唐咨于登、莱等州傍海之处，拘集海船。（《三国演义》）

（59）此时已是二更天气，天福儿、天喜儿跟花子虚等三人，从新又到后巷吴银儿家去吃酒不题。（《金瓶梅》）

（60）且说沧州牢城营里管营，首告林冲杀死差拨、陆虞候、富安等三人，放火延烧大军草料场。（《水浒传》）

（61）话说贾琏、贾珍、贾蓉等三人商议，事事妥贴，至初二日，先将尤老娘和三姐儿送入新房。（《红楼梦》）

（62）遂也令宝玉、贾环、贾琮、贾兰等四人，于饭后过来跟着贾珍，习射一回方许回去。（《红楼梦》）

通过历时分析可以看出，"等"用于列举已尽的用法很早就出现了，并一直沿用至今。现代汉语用例如：

（63）这期间，北平学联派了燕京大学的陈翰伯、清华大学的韦毓梅、陈元等三人，于十七日来到上海，扩大北平"一二·九"运动的影响。（《一二九运动史》）

（64）美学史上最早的悲剧分类是将悲剧分为"命运悲剧""性格悲剧""社会悲剧"等三类。（徐岱《艺术文化论》）

（65）人类社会至今已经经历了原始社会、奴隶社会、封建社会、资本主义社会和社会主义社会等五种不同的生产方式，但是，人类的社会经济形式的变化却相对缓慢得多，至今只有自然经济、商品经济和产品经济等三种社会经济形式。（丁敬平《产业组织与政府政策》）

第四节　方言数量型列举标记及数量型连类复数

数量型列举标记，是使用数量成分充当后附成分表达列举未尽的多数义，这类列举形式明显来源于表示约量的数量词或表示约量的后缀。

表示约量的数量词，方言中往往使用数量词"几个"表示，"几个"充当后附成分，意义虚化后表示多数。表示约量的后缀，方言中使用"子"类（变体有"崽""几"等）充当，有的方言这个"子"可以充当列举功标记。下面我们选择安徽岳西方言（属于赣语）、湖南衡阳方言和湖南隆回方言（都属于湘语）来分析。湖南衡阳话的"几"［·tɕi］可以用于事物列举、活动列举，隆回方言的"子"［·tse］用于活动列举。它们都来源于表示小量、约量的后缀或助词。

一、安徽岳西话的数量词"几个"用于复数和列举

岳西方言的数量短语"几+个"放在名词性成分的前面，表示可数的不定数目，读作［tɕi²¹⁴kə⁵¹］，用于计量人或物。如：［岳西方言例句来自吴剑锋（2016）］

(1) 我的几个大大对我都很好。（我的几个叔叔对我都很好。）

(2) 他吃着几个苹果。（他吃了几个苹果。）

岳西方言的"几+个"如果放在名词性成分的后面，就变成了后附成分"几个"，可以用作复数标记和列举标记，读作轻声［·tɕi·kə］或［·tɕiə］。

"几个"用作复数，复数形式是以在单数人称或者表人的名词后加"几个"来表达，形成"N·几个"格式。

"几个"用作复数标记，表示真性复数（群体复数）或连类复数（类及复数）。真性复数相当于"许多N"，连类复数相当于"以N为代表的这一类人"，如：

(3) 老师<u>几个</u>还在家里没动身，学生<u>几个</u>就到着。（老师们还在家里没动身，学生们就到了。）

(4) 新娘子<u>几个</u>马上就要到家着，你快出去放爆竹。（新娘子他们马

上就要到家了,你快出去放爆竹。)

"老师几个"和"学生几个"分别指老师和学生这两个群体,相当于老师们、学生们,为真性复数。"新娘子几个"指新娘子及相关的人,为连类复数。

"几个"用作列举标记,列举形式是在几个指人名词的后面加"几个"表达,意义表示连类列举。如:

(5) 这事我会和<u>小王、小李几个</u>商量的。(这事我会和小王、小李等人商量的。)

"小王、小李几个"不光包括"小王"和"小李",还包括相关的其他人,"小王""小李"只是其中代表,相当于"小王、小李等人"。

岳西方言中,名词加复数标记"几个"构成"名词·几个"后,还可在"名词·几个"后再加数量短语进行总括说明,构成"N·几个·数量"形式,这时"几个"的列举义非常明显。例如:

(6) 王倩几个四个人哪去着?(王倩他们四人去哪儿了?)

(7) 小王几个三个常到我家打麻将。(小王他们三个常到我家打麻将。)

例中的"几个"相当于列举标记"等",和普通话"等"表列举的格式"X+等+数量名"接近。对比普通话:

(8) 王倩等四个人去哪儿了?

(9) 小王等三个常到我家打麻将。

吴剑锋(2016)的研究表明,岳西方言的复数标记和列举标记的"几个"来自表示约量的数量短语"几+个",由数量短语"几个"虚化为合音词,并进而虚化为表多数的词缀。"几个"读音由短语时读作[tɕi²¹⁴kə⁵¹]演变成词缀时读作[·tɕi·kə]或[·tɕiə]。

二、湖南衡阳话的表数助词"几"用于列举

湖南衡阳话的"几"用于物品名词后,表列举。如:(彭兰玉,2005)

(10) 买点花生、瓜子几好歇客(买点花生、瓜子之类以接待客人)。

(11) 肉几鱼几紧其吃。(肉啊,鱼啊,由他吃。)

"几"在衡阳话中有三种用法。第一种是作疑问代词,读[tɕi³³],如"几个苹果?"。第二种是作副词,读[tɕi³³],如"几好看(很好看)"。第

三种是作为词缀或数量助词"几",读［·tɕi］。彭兰玉（2005）认为第三种用法分文白两种轻读,白读为［·tɕi］,写作"几",文读为［·tsŋ］写作"子",而李永明（1986）则把两个合计为"子"。

这里讨论的是"几"的列举用法,且在彭兰玉（2005）的研究中,"几"的第三种用法又可细分为14种用法。其中第十种是：用于物品名词后,表列举。如：

(12) 买点花生、瓜子几好歇客（买点花生、瓜子之类的以接待客人）。

(13) 肉几鱼几紧其吃。（肉啊,鱼啊,由他吃。）

以下是我们对衡阳话的调查。调查表明,在衡阳话中,名词后附"几"可以表示连类列举。如：

(14) 其生病简时候,老师几同学几下来看其。（他生病的时候,老师啊同学啊都来探望他。）

(15) 其屋今年都养得些吗咯啊?——鸡几、鸭几下养咖。（他家今年都饲养了些什么? 鸡啊,鸭啊都养了。）

(16) 其好有钱啊,衣几鞋几一买就买一大堆。（她很有钱,衣服啊、鞋子一买就买一大堆。）

名词性联合短语也可以后附"几"来表示复数,如：

(17) 姆妈,可以买点苹果、橘子几来吃不?（妈妈,可以买点苹果橘子什么的来吃吗?）

(18) 屋里咯桌子、椅子几下得其借走哒。（屋子里的桌子椅子啊什么的都让他给借走了。）

值得注意的是,在衡阳话里,动词性成分后附"几［·tɕi］"表活动列举。我们的调查表明,在衡阳话里,名词后缀"几"可以用在动词性成分的后面,构成"VP几"结构,表多个活动的连类列举。动词性成分后附数量后缀"几",主要有以下三种形式：

动宾短语后附"几",如：

(19) 住简里,买菜吗咯几蛮方便。（住在这里,买菜一类的事很方便。）

(20) 煮饭吗咯几蛮麻烦简。（煮饭什么的很麻烦的。）

(21) 晚上可以唱下歌几,跳下舞几。（晚上可以唱唱歌,跳跳舞什么的。）

充当"VP"的动词可以是一项（单项列举），但一般借助无定列举标记"吗咯"一起表达列举，如：洗碗吗咯几、买菜吗咯几；也可以是两项，如：洗碗扫屋几，吃饭聊天几等。

动词性联合短语后附"几"，如：

（22）莫看其筒大几，洗碗扫屋几下会做。（别看他这么点大，但扫地洗碗什么的都会做。）

（23）打架骂膏几其最在行咖。（打架骂人什么的他最在行。）

单音节动词 AABB 叠结式后附"几"，意义上表示动作连续和重复，如"敲敲打打几""吹吹打打几"等。如：

（24）一路上吹吹打打几好热闹啊。

（25）筒一下午就洗洗刷刷几就有得咖。（这一下午洗洗刷刷什么的就没了。）

三、湖南隆回方言表数助的"崽"用于列举

伍云姬（2007）认为，在湘方言的许多南方方言中，后缀"子"和名词"子"是同源词。她构拟出了"子"的语法化的过程为：

独立名词→小称→名词词尾→名词标记

我们调查了隆回方言的情况。隆回方言名词"崽"[tse³³]可以用作小称、用作表数助词，读成[·tse]，又写作"子"；而名词词尾和名词的标记是"子"，读[·tsŋ]。

表人名词"崽"[tse³³]，表示儿子的意思，如"三个崽"，又如：满崽（最小的儿子）、大崽（大儿子）、小崽（小儿子）。

"崽"重叠后用作小称，如：兔子崽崽（小兔子）、树崽崽（小树）。

用作表数助词：三斤崽、吃滴饭崽、看下电视崽、哈下崽（玩一下）。

隆回方言的"崽"[·tse]附着在动词性成分后面，表示活动列举，即列举两项活动并类及相同的一类活动，构成[V_1V_2]崽"形式，相当于列举助词。该结构在句子中通常做主语。

这个"崽"用于多项列举，在列举项联合后再附"崽"，说话人认为这是很容易的动作行为，相当于小称列举。如：（材料来自我们的调查）

（26）洗衣做饭崽其还奈得何。（洗衣做饭一类的事他还能胜任。）

（27）拉屎拉尿崽其还奈得何。（拉屎拉尿一类的事他还能胜任。）

(28) 莳田打禾崽其还奈得何。
(29) 其唉，端茶倒水崽还晓得做哩。
(30) 其洗脸漱口崽没要喊。

例中"洗衣做饭崽""拉屎拉尿崽"这一类活动，说话人认为这是很容易的动作行为，或者是活动量级中程度较低的活动"拉屎拉尿崽其还奈得何"，里面的活动还包括吃饭、穿衣、倒茶等。

如果没有这个"崽"，则没有列举未尽义，也没有小称义。可见，这个"崽"是表小称的连类列举标记。对比：

(31) 洗衣做饭其还奈得何。（洗衣做饭他还能胜任。）
(32) 拉屎拉尿其还奈得何。（拉屎拉尿他还能胜任。）
(33) 莳田打禾其还奈得何。
(34) 其端茶倒水还晓得做哩。
(35) 其洗脸漱口没要喊。

如果是动宾形式列举，每个列举项要后附"崽"，构成"VO崽"形式，其中的动词为有界形式（不定数量或动态）：

(36) 其懒是懒，做滴饭崽，洗滴衣衫崽其还是做。（他懒是懒，做点儿饭啊，洗点儿衣服啊，他还是做。）

也可以是列举一项活动：

(37) 手没得劲，提滴酒崽还提得起。（提酒的一类轻松活。对比："提酒还提得起"，只涉及一个活动。）
(38) 洗滴衣衫崽其还奈得何。
(39) 做滴菜崽其还奈得何。
(40) 吾屋底没得钱，送滴酒子/送瓶把酒崽还送得起。

湖南隆回方言"崽"［·tse］表活动列举，来源于"崽"的表数助词的用法（"崽"表示约量）。"崽"的语法化的过程为：

独立名词［tse^{33}］→小称［·tse］→约量［·tse］→小称列举［·tse］

隆回方言列举助词"崽"来源于概数助词"崽"。

隆回方言的"崽"可以用作概数助词，表语气的"崽"来源于概数助词"崽"。

"崽"作概数助词，用在数量名结构的后面，表示约量概数。如：

(41) 咯个鱼两斤崽。（这条鱼两斤左右。）
(42) 其今日只吃得半碗饭崽。（他今天只吃了半碗饭。）

当句中已有表概数的量词（如"滴、下"）时，"崽"的概数意义就与之重复，这个"崽"便向起肯定语气作用和完句作用的语气词发展。如：

（43）没事哩就看下电视崽，打下牌崽。（没事了就看看电视，打打牌。）

（44）其就是洗滴衣衫崽，做滴饭崽。

如果"崽"附着在动词性的列举项后面。这个"崽"就是表列举了，并且是列举未尽。如：

（45）看电视、打牌崽其奈得何。（看电视、打牌子什么的他能做。）

（46）洗衣衫、做饭崽其肯做。（洗衣、做饭什么的其肯做。）

四、小结

数量源列举标记，是使用数量成分充当列举标记，这类列举形式明显来源于表示约量的数量词或表示约量的后缀。

表示约量的数量词，方言中往往使用数量词"几个"表示，"几个"充当后附成分，意义虚化后表示复数义和连类列举义，如安徽岳西方言后置的"几个"。表示约量的后缀，方言中使用"子"类（变体有"崽""几"等）充当，有的方言这个"子"可以充当列举功标记。本节选择湖南衡阳方言和隆回方言（都属于湘语）来分析里面的列举用法。湖南衡阳话的"几"［·tɕi］可以用于事物列举、活动列举，隆回方言的"子"［·tse］用于活动列举。它们都来源于表示小量、约量的后缀或助词。湖南隆回方言"崽"［·tse］表活动列举，来源于"崽"的表数助词的用法（"崽"表示约量），"崽"的语法化的过程为：独立名词［tse^{33}］→小称［·tse］→约量［·tse］→小称列举［·tse］。

第九章 言域列举标记

列举标记存在"言域"和"非言域"的区分,"云云"用于引述语的后面表示列举,可以看作专用的引述语列举标记或言域列举标记,其语法意义归纳为在言域中表示引述语的列举未尽。"X 云云"往往充当言说动词的宾语,前面往往有言说动词;"X 云云"还可以用于话题位置,具有言域话题标记的功能,"X 云云"充当话题,意思相当于"X 一类的说法"。"云云"用于言域列举,语法化过程大致为:做言说动词的宾语→引述语末尾表列举→言域列举性话题标记。言域列举未尽也是一种多数表达,"云云"接近言域连类复数标记。

第一节 言域列举

一、言域列举的提出

列举标记存在语体差异,"什么的"常用于口语,而"等、等等""云云"用于书面语。例如《现代汉语八百词》认为,"等(等等)",表示列举未尽,用在两个或两个以上并列的词语后,用于书面语。

列举标记还存在"言域"和"非言域"的差异,因为在汉语列举标记中,存在专用的言域列举标记"云云"。许多列举标记是用于人、事物、活动、事件的列举,但是在言域话语列举时,有一个专用的列举标记"云云",它只用于话语列举。

《现代汉语词典》(第7版)解释"云云":书面语,助词,如此,这样(引用文句或谈话时,表示结束或有所省略)。张谊生(2001)认为,从表义功能看"云""云云"一般都用在引文或转述类话语的后面,前面常有"说、称、曰、谓"等动词与之呼应。从所表语义看"云""云云"

都能以单项举例的方式表示所引内容未完,相当于"之类的话",也都能以多项转述的方式表示所引内容已完,相当于"所说的话",然而由于前后并没有与之共现的确切的数目词语,这两种语义的界限也是相对的。张谊生(2001)把句末的"云云"定性为"列举助词",这是十分中肯的。但是"云云"这个列举助词还有它的特殊之处,即它属于言域列举标记。

沈家煊(2003)在斯威策(1990)的基础上区分和界定了三个既有区别又有联系的概念域,即行域、知域、言域。"行"指现实的行为和状态,跟"行态"或"事态"有关,"知"指主观的知觉和认识,跟说话人或听话人的知识状态即"知态"有关,"言"指用以实现某种意图的言语行为,如命令、许诺、请求等,跟言语状态即"言态"有关。"行、知、言"这三个概念域在语言的许多方面都有反映,区分这三个域有利于厘清许多复杂的语义现象。(见沈家煊,2003;肖治野、沈家煊,2009)"言"即言语、言说,言说内容和引述是跟陈述相对的。

我们在分析列举标记时区分为"言域"和"非言域",话语列举属于"言域",指人、事物、活动、事件的列举就属于"非言域"。主要原因是汉语存在专用的言域列举标记。

言域列举标记附着在言域话语内容的后面,表明言说内容的列举未尽,常常是表示列举对方话语且所引内容未完。比如"等""等等""什么的""这些"除了用于指人、事物、活动、事件的列举,也可以用于言域列举。"云云"只能用于言域话语的列举,表示引述性内容的列举未尽,为专用的言域列举标记。

二、"等""等等"用于言域列举

"等""等等"用于言域列举未尽,"等"后面可以出现总括项,通常是言域名词;"等等"后面不能出现总括项。列举项前面往往有言说动词,列举内容充当言说的宾语。如:

(1) 当记者的问题比较尖锐时,不愿意回答的市长就示意鹦鹉开口。于是鹦鹉会说出"无可奉告""你的问题很无聊,不值一答"等话。

(2) 秦风快快地走了,少停,门房送了一封信来,无非诘问她为什么对他如此,莫非他得罪她了?若是得罪了她,那是无意的,请她千万原谅为幸等语。(苏雪林《棘心》)

（3）而另一方面，大胆负责检举的群众也不少，如新街口住户王炎的检举信末就写有："以上皆系事实，如有虚伪，报告人愿自投案处诬告罪，并请调查。"等语。

以上是"言域列举项 + 等 + 总括项"。下面是"言域列举项 + 等等"。如：

（4）他们说我为了离婚威胁我老婆，逼她跳楼等等，好像是这么说的吧？（皮皮《比如女人》）

（5）能说出"生来耳聋的人为什么不会说话"，"胶鞋底是什么道理总要凸凹不平"，"冰为什么浮在水面上"以及"火车为什么不能在大街上行驶"等等。（陈染《私人生活》）

（6）为了使这个结论有绝对的权威，就牵牵拉拉地说到"猪也养不壮""鸡鸭养不大"，"新衣裳穿上了身也不晓得换，一直到穿破了才歇"等等。（高晓声《"漏斗户"主》）

（7）说他是占了合肥中国科技大学的名额出访的，"混在队伍中"去美国逛了一趟，是"游手好闲之辈"等等。

"等等"言域列举项前面往往用"什么"引出，构成"什么 + 言域列举项 + 等等"。如：

（8）还说什么，当干部光彩，没当干部就不光彩；上了大学光彩，没上大学就不光彩，等等。（《中国青年报》）

（9）我之所以对妻子很顺从、不在乎人家说什么"气管炎""床头柜""怕老婆""惧内"等等，因我还觉得，家庭生活中，本没那么多理论可言，我爱我妻子，所以我事事让她做主。（宁子《有爱，就别抱怨》）

"等""等等"指示列举项为言域的特征有：①先行词为言说动词，即前面有言说动词，如"说""说到""问"；②先行词或总括项为言域名词，即前面的先行词或后面的总括项为"话""话语""谣言""语"一类名词；③书面语中，列举项往往加引号指明为言域话语成分。

三、"什么（的）"用于言域列举

后置的"什么的"用于言域列举未尽，后面不能出现总括项。列举项前面往往有言说动词，列举内容充当言说的宾语。如：

（10）"我妈可不相信命，"林雁冬说，"你要在她面前再说命呀什么

的，又得让她说你一顿。"(谌容《梦中的河》)

（11）司徒聪脸色十分难看，朱秀芬骂他的时候说了些很伤人的话，"<u>精神病</u>"<u>什么的</u>。(王朔《痴人》)

（12）甩到哪儿，他就得说两句好听的话，就像你刚才说的赵本山他们那种"<u>风景这边独好</u>"<u>什么的</u>，郭达他们的"<u>倒着刷盘子</u>"<u>什么的</u>。(王朔《美人赠我蒙汗药》)

"什么的"指示列举项为言域的特征一般依靠前面的先行词，即前面出现的言说动词或言域名词。书面语中，列举项本身加引号也可以指明为言域列举。又如：

（13）比如说吧，要是凌吉士稍为学得聪明点儿，改变一下子谈话的方式，别口口声声"<u>赚钱花钱</u>"<u>什么的</u>。(BCC 语料库)

（14）老二生源，是我的亲爷爷，虽然仅读过三年冬学，但颇有学者风度。开口好带点"<u>之乎者也</u>"<u>什么的</u>。他常这样解释自己的名字："生源者，财源不断也。"(BCC 语料库)

（15）生活中有那么一些人，口头上，他们也会讲"<u>爱人民</u>"<u>什么的</u>，实际上"爱人民"是假，"爱人民币"是真。(BCC 语料库)

（16）丈夫对妻子的称呼也有约定俗成的规矩，在家里只呼小名，如"<u>引弟</u>""<u>翻连</u>"<u>什么的</u>，而对外则谓之"家里的"、"俺老婆"，意在表现男子汉的自尊。(BCC 语料库)

（17）韩国人目前学中文，阅读能力强，口语能力差，只能说个"<u>您好</u>"<u>什么的</u>，差不多像某些中国人的"哑巴英语"。(BCC 语料库)

前置的"什么"也可以用于言域列举，如：

（18）<u>什么</u>"<u>有权不用、过期作废</u>"，<u>什么</u>"<u>大公不能无私</u>"，<u>什么</u>"<u>世上没有不馋的猫</u>"，<u>等等</u>，大家都这么说，这么想……

（19）一天，学校里传达一位领导人的一个报告，中心内容是，<u>什么</u>"<u>好人打好人是误会</u>"，<u>什么</u>"<u>好人打坏人应该</u>"，"坏人打好人是报复"。

（20）往往一部电视剧还没有播放，舆论界就开始制作一种假象，<u>什么</u>"<u>轰动</u>"、"<u>万人空巷</u>"，其实大多是夸张和编造出来的。

（21）里德终于弄明白了吉米的用意，<u>什么</u>"<u>硕士</u>""<u>实习</u>"全是假的，他将吉米和那个女人一同带回了警署。

（22）工作一铺开，果然阻力就来了，<u>什么</u>"<u>殷顺喜独裁</u>"，是"土皇帝"等等。

(23) 一时间，什么文人下海、市长摆摊、教授卖小吃、大学生练摊等等，成了人们茶余饭后谈论的话题。

四、"这些"用于言域列举

"这些"用于言域列举未尽，后面可以是言域名词作为总括项。列举项前面往往有言说动词，列举内容充当言说的的宾语。如：

(24) 流派确实，我在文章里写过："我是一个低栏，我高兴地看到，你从我这里跳过去了。"也说过："我也写过女孩子们，我哪里有你写得好！"这些话。

(25) 所谓相对固定的任务，就是你必须做的事。比如一个播音员，播音就是他固定的工作，他不能说"我明天一起播算了"或者是"明天的我一起播完算了"这些话。

(26) 另一份有5人签名的证词中，也说王怀彩当时"根本未提到关于开除学生的事，更不用说提及他们的姓名和班级。"王怀彩本人坚决否认曾说过"由谈情说爱发展到越轨行为、做爱"这些话。

(27) 此外最好还在谈话里经常使用"人生"呀、"爱情"呀、"寂寞"呀、"不了解我"呀、"宇宙之间"呀这些个词儿。

五、"云云"用于言域列举

"云云"专用于言域列举，关于引述语句末的"云云"的语法性质，目前的研究有所涉及，但是对它的定性不够明确。我们把"云云"看作专用的言域列举标记，分析如下。

第二节 言域列举标记"云云"

一、"云云"的用于言域列举的特点

"云云"可以是动词，如：

(1) 时局方面，承询各项，目前均未至具体解决时期。报上云云，大都不足置信。[《人民日报》（海外版），2006年1月28日]

"云云"用于引述语句末，表示引述语的列举未尽，属于言域列举未尽，区别于指人、事物、活动、事件的列举。"云云"所引话语的前面往往会有言说动词或言域名词，由于"云云"本身带有言域总括功能，后面不能出现总括项，列举内容往往充当言说的的宾语。如：

(2) 白鹿村闲话骤起，说白嘉轩急着讨婆娘卖掉了天字号水地，竟然不敢给老娘说清道明，熬光棍熬得受不住了云云。（陈忠实《白鹿原》）

(3) 一位负责人说，商场没有把更新的价格及时报告，网站未能及时更新，他们立即纠正了这项错误，并向我致歉云云。[《人民日报》（海外版），2000年4月17日]

上面句子的言说动词为"说"。

(4) 新疆杂技团刚和地方当局进行磋商，便传来了所谓"科克伦经纪人"的"三点意见"，扬言，弄不好将会"影响科克伦声誉"，引发"涉外官司"，并造成"违约"的恶果云云。（《人民日报》，1997年11月7日）

(5) 有一个小孩，只能捐出他仅有的3元。还曾以羞怯的语调向接听认捐电话的人查问，这3元，是否会被接纳云云。

(6) 前一段时间，扎克伯格"裸捐"引发国内一些人的"逼捐"心理，数落中国企业家、富人们缺乏慈善精神云云。（《人民日报》，2016年4月22日）

(7) 然而该公司却邀请经典《刘三姐》中刘三姐的扮演者黄婉秋在《新刘三姐》中饰演角色，遭拒绝后仍对外宣称黄婉秋将参演云云。[《人民日报》（海外版），2001年3月21日]

上面句子的言说动词为"扬言、查问、数落、宣称、说明"。

(8) 炸弹处理专家在初步调查后认为，"马克6型引爆器被击断但没有引爆原子弹，这简直是奇迹"云云。（《人民日报》，1996年8月30日）

(9) 这家酒店做出的"天龙御宴"，1瓶酒1.6万元，1两茶叶1万多元，用的是金制餐具，伴的是宫廷歌舞……据说这也算是"传统文化"，制作者的父亲曾师从皇宫御厨，而这位皇宫御厨曾伺候过末代皇帝溥仪云云。（《人民日报》，2003年2月25日）

(10) "中央社"随即奉命制造了一条消息，胡说什么："马寅初奉命调到前方战区考察战地经济，业已首途云云"。

(11) 在一片庆贺声中，他果然听说，<u>有人闻讯立刻投书质疑，也有人提醒应适当宣传，不要宣传个人</u>云云。

上面句子的言说动词为"认为、据说、胡说、听说、据称"。

(12) 杨仕智有消息说，有关单位将启动国花、国树和国鸟的评选工作，以结束我国没有国花、国树、国鸟的历史。其理由是"<u>目前世界上至少有 60 个国家确立了本国的国花，120 个国家确定了国树，40 个国家选定了国鸟。我国是世界上历史最悠久的文明古国之一，也是动植物资源大国，但至今却没有自己的国花、国树、国鸟</u>"云云。(《人民日报》，2003 年 6 月 17 日)

(13) 比较典型的"批评意见"是："<u>理论学习虽然抓得很紧，但如何联系实际，解决实际问题，还远远不够</u>"，"<u>还应当继续解放思想，使我们单位改革的步子更快一些</u>"，"<u>工作中虽然重视了调查研究，但还应进一步加强</u>"云云。(《人民日报》，1999 年 04 月 08 日)

上面的句子比较特别，动词为"是"。句末附"云云"，表明是一种说法的列举未尽。

"云云"前面可以有停顿，如：

(14) 而更"不懂"的，是缀在这类"忠诚率第一"之前的"定语"。比如："<u>中国商场名牌商品竞争力调查</u>"，"<u>全国百家商场家电跟踪调查</u>"，云云。

(15) 笔者再三申辩，说有购机证书为凭，对方答，<u>这是电脑的错误，遗憾之至</u>，云云。(《人民日报》，1996 年 5 月 16 日)

(16) 这件事很快传出去了，舆论哗然。说是梁有志"<u>官腔官调</u>"，"<u>站在了群众的对立面</u>"，"<u>不保护下级</u>"，甚至说他是"<u>为了自己升官不惜出卖群众利益</u>"，"<u>果然异化了</u>"……云云。(王蒙《名医梁有志传奇》)

(17) 他没有翻供，镇上也就只有来人，来的人直截了当地说：<u>那天你肯定喝醉了，说过什么肯定忘记了</u>，云云。(陈世旭《将军镇》)

(18) 《真理报》在一篇文章中宣称，"<u>目前丹麦的国防预算不合比例</u>"，是丹麦人的一个"<u>沉重负担</u>"，云云。

(19) 新的事物，总有人要议论。我就听到这样一种说法：<u>营业员们工作跃进当然很好，但何须那么多繁琐的礼节？实在让人感到不习惯，怪别扭</u>，云云。

列举标记"等""什么的""这些"既可以用于人、事物、活动的列举,也可以用于引述语的列举。只有"云云"只能用于引述语的列举,可以看作专用的引述语列举标记或言域列举标记。此外,言域列举标记"云云"还可以用于话题位置。

二、"云云"用于话题位置

这类"X 云云"与做言说动词宾语的"X 云云"不同。"X 云云"充当话题,前面没有言说动词,里面的"X"表引述语,意思相当于"X 一类的说法",属于言域话题,后面的成分是陈述言域话题的述题。"云云"的作用有两个:一是指示该内容为话语而非叙述,意思是引语或转述语的列举未尽,二是言域列举小句在句子中充当话题。如:

(20)"警察真是越来越难干了!"有警察这样的慨叹。"难干"云云,大约不是作秀,而从一个侧面,让人们真切感受到了人权保障的进步。[《人民日报》(海外版),2006 年 1 月 28 日]

句中"'难干'云云"意思是"难干"一类的说法,是截取前文提到的"警察真是越来越难干了"中的"难干",作为后面句子的话题,相当于言域话题,后面是它的阐释,相当于述题。这样,句子就形成了"言域主题+述题"的言域话题结构。又如:

(21)"退思"云云就像找一个官场烂熟的题目招贴一下,赶紧把安徽官任上搜括来的钱财幻化成一个偷不去抢不走、又无法用数字估价的居住地,也不向外展示,只是一家子安安静静地住着。(余秋雨《文化苦旅》)

句中"'退思'云云"意思是"退思"一类的说法,回指前文提到的有关"退思"的说法,相当于言域话题,后面是它的阐释,相当于述题。

句首"X 云云"的话题功能来自"云云"截取引语的功能,即截取上面话语中的重要词语作为谈论对象,"X 云云"回指上文的部分内容。如:

(22)当事医院解释说,是给退休职工送礼,不是给领导送礼,开启警示灯是司机不小心所为。又是责任切割的惯用伎俩,不是给领导送礼,就能公车私用,就能滥用救护车特权吗?至于"司机不小心"云云,更是连自己都骗不了的闪烁之词。(《人民日报》,2013 年 2 月 1 日)

句中"'司机不小心'云云"是截取了上文的话语"司机不小心所为",并把它作为议论的对象,前面有介词"至于"引出,"至于"有引出话题的功能,后附"云云"表明引出的还是言域话题。又如:

(23) 按照宜春中院的解释，"复印量太大，复印机损耗严重"，故而每页收取近3元费用。听上去有理，但为什么大部分地方的收费标准不过两三角，与宜春中院相比悬殊近10倍？这就足以说明，复印成本、机器磨损云云不过是文过饰非的借口，"高价复印费"的背后，倒显露出公权自肥、权力寻租的嫌疑。(《人民日报》，2013年1月17日)

上面"云云"的列举项都是截取前面的引语，即列举项还是上文出现过的引语。

下面的"云云"也是截取前面的话语，属于言域话题的用法，意思为"……一类的说法"，但列举项在上文出现时不是引语，而是陈述，用"云云"后成为截取式引语了。可见"云云"有使陈述变为引语的功能。如：

(24) 教育需要开放的思想意识，不过开放云云，不仅指学习英语，而应是蔡元培先生所倡导的"思想自由，兼容并包"，吸收古今中外一切于自己有利的东西。[《人民日报》(海外版)，2006年1月28日]

该例"开放"在"教育需要开放的思想意识"中为陈述（非言域），下文用"云云"提取后，就变成了言域话题了，相当于"开放一类的说法"。即"云云"截取上文的动词作为话题，列举项从非言域转变为言域。又如：

(25) 有人要求胡雪岩这样做吗？没有，是他自己体悟出来的。体悟云云，不是面壁苦思的结果，而是现实生存的需要，是现实对个人的教导。[《人民日报》(海外版)，2006年1月28日]

(26) 要想恢复罗布泊的绿洲生态，哪有可能呢。再没有那么多的水注入其中，恢复云云，不过是说说而已。就在眼下，绿洲生态的消亡，仍然在延续着，而且触目惊心。(《人民日报》，2006年1月28日)

(27) 成功人士回忆起过去的苦难，往往深沉地说：那些日子培育出我坚忍不拔的性格。这话不仅蕴含着深刻的哲理，同时很可能是对的。"很可能"云云，是不好检验或无法检验之意。[《人民日报》(海外版)，2006年1月28日]

(28) 历史上很多皇帝任用小人，实际他们并不觉得那些人是小人，"小人"云云，是后代总结教训时得出的结论。[《人民日报》(海外版)，2006年1月28日]

上述例句"云云"截取上文的动词、名词或短语作为引述语充当话题，列举项从非言域转变为言域，言域列举未尽也是一种多数表达，"云云"接近言域连类复数标记。

三、言域列举标记"云云"的历时表现

我们在宋代找到了许多"云云"用于引述语句末表示列举的意思。如：

(29) 后世尽不得见其详，却只有个说礼处，云"大礼与天地同节"云云。(《朱子语类》卷八十七)

(30) 问"圣人生知安行，所谓志学至从心等道理，自幼合下皆已完具"云云。(《朱子语类》卷二十三)

(31) 如"初无吝骄，作我蟊贼"云云，只说得克己一边，却不说到复礼处。(《朱子语类》卷四十一)

(32) 诸子大惊，走告其父，曰："先生忽心恙"云云。(《朱子语类》卷一百一)

(33) "'正心修身'章后注，云'此亦当通上章推之，盖意或不诚，则无能实用其力以正其心者'云云。"(《朱子语类》卷十六)

宋以后的用例，如：

(34) 独其切肤之痛，乃有未能恝然者，辄复云云尔。(王守仁《传习录》卷中，《答聂文蔚》)

(35) 来书云：元神、元气、元精必各有寄藏发生之处，又有真阴之精、真阳之气云云。(王守仁《传习录》卷中，《答陆原静书》)

(36) 故曰"贾雨村"云云。(《红楼梦》1回)

(37) 你就说，见一妓女某人，本系良家，甚为可悯，弟拟拔出风尘，纳为箧室，请兄鼎力维持，身价若干，如数照缴云云。(《老残游记》17回)

(38) 赵温拆开看时，前半篇无非新年吉祥话头，又说"舍亲处，已经说定结伴同行，两得裨益。旧仆贺根，相随多年，人甚可靠，干北道情形，亦颇熟悉，望即录用"云云。(《官场现形记》2回)

根据本节的分析，"云云"用于言域列举，语法化过程为：做言说动词的宾语→引述语末尾表列举→言域列举性话题标记。

参考文献

[1] 鲍厚星，崔振华，沈若云，等. 长沙方言词典［M］. 南京：江苏教育出版社，1993.

[2] 陈晖，鲍厚星. 湖南省的汉语方言（稿）［J］. 方言，2007（3）.

[3] 陈平. 释汉语中与名词性成分相关的四组概念［J］. 中国语文，1987（2）.

[4] 陈刚，等. 现代北京口语词典［M］. 北京：语文出版社，1997.

[5] 陈蒲清. 桃源方言的复数语尾"岸"［J］. 湘潭大学学报，湖南方言专辑（增刊），1983.

[6] 陈秀兰. 助词"等"在汉语史上的句法、语义特点考察［J］. 河池学院学报，2011（2）.

[7] 陈玉洁. 中性指示词与中指指示词［J］. 方言，2011（2）.

[8] 储泽祥. 现代汉语后缀语助词的数排式［J］. 湖北大学学报（哲学社会科学版），1995（6）.

[9] 储泽祥. "连用"手段下的多项NP［J］. 中国语文，1999（2）.

[10] 储泽祥. 汉语规范化中的观察、研究和语值探求：单音形容词的AABB差义叠结现象［J］. 语言文字应用，1996（1）.

[11] 储泽祥. 明清小说里"数量词＋N·们"式名词短语的类型学价值［J］. 南开语言学刊，2006（2）.

[12] 储泽祥. 数词与复数标记不能同现的原因［J］. 民族语文，2000（5）.

[13] 储泽祥，丁加勇，曾常红. 湖南慈利通津铺话中的"两个"［J］. 方言，2006（3）.

[14] 淳佳艳. 湖南南县方言复数形式"家伙"研究［D］. 长沙：湖南师范大学硕士学位论文，2010.

[15] 戴庆厦，徐悉艰. 景颇语语法［M］. 北京：中央民族学院出版社，1992.

[16] 戴庆厦. 景颇语名词的类称范畴［J］. 民族语文，1999（6）.

[17] 邓云华，储泽祥. 英汉联合短语的共性研究［J］. 外语与外语教学，2005（2）.

[18] 丁加勇. 湘方言动词句式的配价研究［M］. 长沙：湖南师范大学出版社，2006.

[19] 丁加勇. 指示词"这些、那些"的列举功能［J］. 汉语学报，2014（4）.

[20] 丁加勇，刘娟. 湖南常德话表达事件连类复数的"VP俺"结构［J］. 中国语文，2011（5）.

[21] 丁加勇，罗够华. 隆回湘语的语气词［A］//. 伍云姬. 湖南方言的语气词［C］. 长沙：湖南师范大学出版社，2006.

[22] 丁加勇，沈祎. 湖南凤凰话后置复数指示词：兼论方言中复数标记"些"的来源［J］. 中国语文，2014（5）.

[23] 董晓敏. 说"X什么的"［J］. 汉语学习，1998（3）.

[24] 董秀芳. 话题标记来源补议［J］. 古汉语研究，2012（3）.

[25] 董志翘. 关于助词"等"表列举后煞尾用法的时代［J］. 辞书研究，2003（1）.

[26] 杜道流. "两个同学"和"夫妻两个"：从外国人的失误看汉语的"数（量）名"组合［J］. 世界汉语教学，2012（1）.

[27] 方梅. 指示词"这"和"那"在北京话中的语法化［J］. 中国语文，2002（4）.

[28] 方梅. 篇章语法与汉语篇章研究［J］. 中国社会科学，2005（6）.

[29] 方梅. 北京话的两种行为指称形式［J］. 方言，2011（4）.

[30] 谷峰. 从言说义动词到语气词：说上古汉语"云"的语法化［J］. 中国语文，2007（3）.

[31] 冯胜利. 汉语韵律语法问答［M］. 北京：北京语言大学出版社，2016.

[32] 冯胜利、王丽娟. 汉语韵律语法教程［M］. 北京：北京大学出版社，2018.

[33] 何自然. 语用学概论［M］. 长沙：湖南教育出版社，1988.

[34] 何乐士. 古代汉语虚词词典［M］. 北京：语文出版社，2006.

[35] 贺卫国. 湖南双峰话表远指的"兀"［J］. 语言研究，2010（4）.

[36] 洪爽，石定栩. 再看同位结构和领属结构——从"他们这三个孩子"谈起［J］. 语言研究，2012（4）.

[37] 侯精一. 现代晋语的研究［M］. 北京：商务印书馆，1999.

[38] 胡乘玲. 湖南东安方言表连类复数的"东西"［J］. 语言学论丛，2019（2）.

[39] 胡光斌. 遵义方言的语气词［J］. 贵州大学学报（社会科学版），2002（8）.

[40] 胡明扬. 语义语法范畴［J］. 汉语学习，1994（1）.

[41] 黄伯荣，赵浚，等. 兰州方言概说［J］. 西北师大学报（社会科学版），1960（1）.

[42] 黄伯荣. 汉语方言语法类编［M］. 青岛：青岛出版社，1996.

[43] 江荻. 东亚语言人称代词涉数形态分析［A］//. 徐丹. 量与复数的研究［C］，北京：商务印书馆，2010.

[44] 江蓝生. 说"麽"与"们"同源［J］. 中国语文，1995（3）.

[45] 江蓝生. 跨层非短语结构"的话"的词汇化［J］. 中国语文，2004（5）.

[46] 江蓝生. 再论"们"的语源是"物"［J］. 中国语文，2018（3）.

[47] 雷冬平，胡丽珍. 江西安福方言表复数的"物"［J］. 中国语文，2007（3）.

[48] 李大勤. 藏缅语人称代词和名词的"数"——藏缅语"数"范畴研究之一［J］. 民族语文，2001（5）.

[49] 李蓝. 汉语的人称代词复数表示法[J]. 方言, 2008 (3).

[50] 李蓝. 西南官话的分区（稿）[J]. 方言, 2009 (1).

[51] 李蓝. 再论"们"的来源[J]. 语言暨语言学, 专刊系列之五十, "中研院"语言学研究所, 2013.

[52] 李启群. 吉首方言研究[M]. 北京: 中央民族大学出版社, 2002.

[53] 李启群. 湖南凤凰方言同音字汇[J]. 方言, 1996 (1).

[54] 李荣. 现代汉语方言大词典[M]. 南京: 江苏教育出版社, 2002.

[55] 李如龙, 张双庆. 代词[M]. 广州: 暨南大学出版社, 1999.

[56] 李永明. 衡阳方言[M]. 长沙: 湖南人民出版社, 1986.

[57] 李永燧. 藏缅语名词的数量形式[J]. 民族语文, 1988 (5).

[58] 李宇明. 汉语量范畴研究[M]. 武汉: 华中师范大学出版社, 2000.

[59] 林彰立. 洞口方言的复数形式研究[D]. 长沙: 湖南师范大学硕士学位论文, 2012.

[60] 李艳惠, 石毓智. 汉语量词系统的建立与复数标记"们"的发展[J]. 当代语言学, 2000 (1).

[61] 刘丹青. 语法调查研究手册[M]. 上海: 上海教育出版社, 2008.

[62] 刘丹青. 汉语类指成分的语义属性和句法属性[J]. 中国语文, 2002 (5).

[63] 刘丹青. 方言语法调查研究的两大任务: 语法库藏与显赫范畴[J]. 方言, 2013 (3).

[64] 刘街生. 现代汉语同位组构研究[M]. 武汉: 华中师范大学出版社, 2004.

[65] 刘娟. 湖南常德方言复数标记"俺"[·ŋan][D]. 长沙: 湖南师范大学硕士学位论文, 2008.

[66] 龙海艳. 湖南方言常澧片的复数标记与列举标记研究[D]. 长沙: 湖南师范大学硕士学位论文, 2011.

[67] 卢惠惠. 列举义构式"什么X"与"X什么的"来源考察[J]. 语言研究集刊, 2012 (1).

[68] 卢甲文. 说"兀的"[J]. 信阳师范学院学报（哲学社会科学版）, 1998 (2).

[69] 陆俭明. 关于定语易位问题[J]. 中国语文, 1982 (3).

[70] 陆俭明. 关于"去+VP"和"VP+去"句式[J]. 语言教学与研究, 1985 (4).

[71] 吕叔湘. 说"们"[J]. 国文月刊, 1949 (79).

[72] 吕叔湘. 中国文法要略[M]. 北京: 商务印书馆, 1942/1982.

[73] 吕叔湘. 现代汉语八百词[M]. 北京: 商务印书馆, 1999.

[74] 吕叔湘. 近代汉语指代词[M]. 江蓝生, 补. 上海: 学林出版社, 1985.

[75] 吕为光. "所谓"的功能及主观化[J]. 当代修辞学, 2011 (5).

[76] 莫衡, 等. 当代汉语词典[M]. 上海: 上海辞书出版社, 2001.

[77] 潘家懿. 临汾方言志 [M]. 北京：语文出版社，1990.

[78] 彭兰玉. 衡阳方言语法研究 [M]. 北京：中国社会科学出版社，2005.

[79] 彭小川. 广州话含复数量意义的结构助词"啲"[J]. 方言，2006（2）.

[80] 彭晓辉. 汉语方言复数标记系统研究 [D]. 长沙：湖南师范大学博士学位论文，2008.

[81] 彭晓辉，刘碧兰. 汉语方言复数标记界定论 [J]. 求索，2009（4）.

[82] 确精扎布.《元朝秘史》语言的数范畴 [J]. 民族语文. 1983（4）.

[83] 任超奇. 新华汉语词典 [M]. 武汉：崇文书局，2006.

[84] 邵敬敏. 现代汉语疑问句研究 [M]. 上海：华东师范大学出版社 1996.

[85] 邵敬敏，赵秀凤."什么"非疑问用法研究 [J]. 语言教学与研究，1989（1）.

[86] 邵敬敏，赵春利. 关于语义范畴的理论思考 [J]. 世界汉语教学，2006（1）.

[87] 沈家煊."有界"和"无界"[J]. 中国语文，1995（5）.

[88] 沈家煊. 不对称和标记论 [M]. 南昌：江西教育出版社，1999.

[89] 沈家煊. 转指和转喻 [J]. 当代语言学，1999（1）.

[90] 沈家煊. 复句三域"行、知、言"[J]. 中国语文，2003（3）.

[91] 沈家煊. 名词和动词 [M]. 北京：商务印书馆，2016.

[92] 沈家煊，吴福祥，李宗江. 语法化与语法研究（三）[M]. 北京：商务印书馆，2007.

[93] 沈祎. 湖南湘西方言的列举形式研究 [D]. 长沙：湖南师范大学硕士学位论文，2013.

[94] 石锓. 从叠加到重叠：汉语形容词 AABB 重叠形式的历时演变 [J]. 语言研究，2007（2）.

[95] 石锓. 汉语形容词重叠形式的历史发展 [D]. 北京：中国社会科学院博士学位论文，2004.

[96] 宋恩泉. 汶上方言志 [M]. 济南：齐鲁书社，2005.

[97] 孙锡信. 元代指物名词后加"们（每）"的由来 [J]. 中国语文，1990（4）.

[98] 太田辰夫. 中国语历史文法（修订译本）[M]. 蒋绍愚，徐昌华，译，北京：北京大学出版社，2003.

[99] 唐韵.《元曲选》中"兀的"及其句式——兼与《新校元刊杂剧三十种》比较 [J]. 古汉语研究，2005（1）.

[100] 童盛强. 列举助词"这样"[J]. 西北师大学报（社会科学版），2002（5）.

[101] 涂光禄. 贵阳方言中表示复数的"些"[J]. 中国语文，1990（6）.

[102] 汪化云. 方言指代词与复数标记 [J]. 中国语文，2011（3）.

[103] 汪化云. 省略构成的人称代词复数标记 [J]. 方言，2011（1）.

[104] 汪化云. 也说"兀"[J]. 语文研究，2007（1）.

[105] 汪平. 贵阳方言的语法特点 [J]. 语言研究, 1983 (1).

[106] 汪平. 贵阳方言词典 [M]. 南京：江苏教育出版社, 1994.

[107] 王辅世. 苗语简志 [M]. 中国少数民族语言简志丛书, 北京：民族出版社, 1985.

[108] 王海棻, 赵长才, 黄珊等. 古汉语虚词词典 [M]. 北京：北京大学出版社, 1996.

[109] 王力. 汉语语法史 [M]. 北京：商务印书馆, 1989.

[110] 王力. 王力古汉语字典 [M]. 北京：中华书局, 2000.

[111] 吴福祥. 多功能语素与语义图模型 [J]. 语言研究, 2011 (1).

[112] 吴福祥. 关于语法演变的机制 [J]. 古汉语研究, 2013 (3).

[113] 吴剑锋. 安徽岳西方言的复数标记"几个" [J]. 中国语文, 2016 (3).

[114] 吴吟, 邵敬敏. 试论名词重叠式语法意义及其他 [J]. 语文研究, 2001 (1).

[115] 吴泽顺, 张作贤. 华容方言志 [M]. 长沙：湖南人民出版社, 1989.

[116] 伍云姬. 湖南方言的代词 [M]. 长沙：湖南师范大学出版社, 2009.

[117] 伍云姬. 湖南方言的语气词 [M]. 长沙：湖南师范大学出版社, 2006.

[118] 伍云姬. 湖南瓦乡话"子"尾 [tsa] 的语法化过程 [A] //. 语法化与语法研究（三）[C]. 商务印书馆, 2007.

[119] 席永杰, 包双喜. 简析元杂剧中疑难蒙古语的使用情况 [J]. 内蒙古民族师院学报, 1989 (3).

[120] 肖黎明. 贵州省沿河话的"些"字 [J]. 方言, 1990 (3).

[121] 肖治野, 沈家煊. "了$_2$"的行、知、言三域 [J]. 中国语文, 2009 (6).

[122] 邢福义. 论"们"和"诸位"之类并用 [J]. 中国语文, 1960 (6).

[123] 邢福义. 再谈"们"和表数词语并用的现象 [J]. 中国语文, 1965 (5).

[124] 邢福义. "NN 地 V"结构 [A] //. 中国语文杂志社. 语法研究和探索（四）[C], 北京：北京大学出版社, 1988.

[125] 邢福义. 汉语语法学 [M]. 长春：东北师范大学出版社, 1996.

[126] 邢福义. 归总性数量框架与双宾语 [J]. 语言研究, 2006 (3).

[127] 邢福义, 李向农, 丁力, 等. 形容词的 AABB 反义叠结 [J]. 中国语文, 1993 (5).

[128] 熊正辉. 南昌方言词典 [M]. 南京：江苏教育出版社, 1995.

[129] 王剑引, 等. 古代汉语大词典 [M]. 上海：上海辞书出版社, 2007.

[130] 徐烈炯, 刘丹青. 话题的结构与功能 [M]. 上海：上海教育出版社, 2007.

[131] 徐敏. 现代汉语列举类词语考察 [D]. 上海：上海师范大学硕士学位论文, 2010.

[132] 徐时仪. "东西"成词及词义演变考 [J]. 汉语学报, 2010 (2).

[133] 徐世荣. 北京土语词典 [M]. 北京：北京出版社, 1990.

[134] 徐正考. 双音节动词重叠形式探源 [J]. 鲁东大学学报（哲学社会科学版）, 1996 (3).

[135] 许宝华，汤珍珠. 上海市区方言志［M］. 上海：上海教育出版社，1988.

[136] 许宝华，陶寰. 上海方言词典［M］. 南京：江苏教育出版社，1997.

[137] 杨伯峻，何乐士. 古汉语语法及其发展［M］. 北京：语文出版社，1992.

[138] 杨会永. 明清白话小说俗语词杂释四例［J］. 中国语文，2004（2）.

[139] 杨耐思，沈士英. 藁城方言的"们"［J］. 中国语文，1958（6）.

[140] 杨淑璋. 代词"等"和"等等"的一些用法［J］. 语言教学与研究，1981（1）.

[141] 杨炎华，桑紫宏. 再从"们"字谈汉语语法的特点［J］. 当代语言学，2023（3）.

[142] 杨永龙.《正法念处经》的"等"［A］//"中古译经词汇语法学术研讨会"论文［C］. 长沙：湖南师范大学，2014年9月13日.

[143] 奥托·叶斯柏森. 语法哲学［M］. 何勇，等，译. 北京：语文出版社，1988.

[144] 叶正勃，徐娟. 论"之类"句式及其流变［J］. 江苏教育学院学报（社会科学版），2003（5）.

[145] 易亚新. 常德方言语法研究［M］. 北京：学苑出版社，2007.

[146] 应雨田. 湖南安乡方言［M］. 北京：中国社会科学出版社，1994.

[147] 余义兵."这样"不是列举助词：兼与童盛强先生商榷［J］. 沈阳教育学院学报，2007（3）.

[148] 俞敏，李汝珍.《音鉴》里的入声字［J］. 北京师范大学学报，1983（4）.

[149] 张伯江，方梅. 汉语功能语法研究［M］. 南昌：江西教育出版社，1996.

[150] 张惠英."兀底、兀那"考［J］. 方言，1993（4）.

[151] 张惠英. 汉语方言代词研究［J］. 方言，1997（2）.

[152] 张敏. 认知语言学与汉语名词短语［M］. 北京：中国社会科学出版社，1998.

[153] 张敏."语义地图模型"：原理、操作及在汉语多功能语法形式研究中的运用［J］. 语言学论丛，2011（42）.

[154] 张世方. 北京话"伍的"的来源［J］. 民族语文，2009（1）.

[155] 张世方. 北京话中的等类助词"伍的"［J］. 语言教学与研究，2010（1）.

[156] 张万起. 世说新语词典［M］. 商务印书馆，1993.

[157] 张维佳，张洪燕. 远指代词"兀"与突厥语［J］. 民族语文，2007（3）.

[158] 张新华. 从"们"的搭配限制看其功能原理［J］. 辞书研究. 2021（4）.

[159] 张新华，"N们"的指称特征及其语义机制［J］. 语言教学与研究. 2021（5）.

[160] 张一舟，张清源，邓英树. 成都方言语法研究［M］. 成都：巴蜀书社，2001.

[161] 张谊生. 现代汉语名词的AABB复叠式［J］. 徐州师范大学学报（哲学社会科学版），1999（1）.

[162] 张谊生. 列举助词"等"和"等等"［J］. 华文教学与研究，2000（3）.

[163] 张谊生. 现代汉语动词AABB复叠式的内部差异［M］//中国语文杂志社. 语法研究和探索（九）. 北京：商务印书馆，2000.

[164] 张谊生. 现代汉语列举助词探微[J]. 语言教学与研究, 2001 (6).

[165] 张谊生. 助词与相关格式[M]. 合肥: 安徽教育出版社, 2002.

[166] 张永言, 杜仲陵, 向熹等. 简明古汉语字典[M]. 成都: 四川人民出版社, 2001.

[167] 张玉金. 古今汉语虚词大辞典[M]. 沈阳: 辽宁人民出版社, 1996.

[168] 赵杰. 满族话与北京话[M]. 沈阳: 辽宁民族出版社, 1996.

[169] 郑庆君. 常德方言研究[M]. 长沙: 湖南教育出版社, 1999.

[170] 中国社会科学院, 澳大利亚人文科学院. 中国语言地图集[M]. 香港: 朗文出版(远东)有限公司, 1987.

[171] 周定一. 红楼梦语言词典[M]. 北京: 商务印书馆, 1995.

[172] 周一民. 北京口语语法(词法卷)[M]. 北京: 语文出版社, 1998.

[173] 朱德熙. 语法讲义[M]. 北京: 商务印书馆, 1982.

[174] 朱德熙. 语法答问[M]. 北京: 商务印书馆, 1985.

[175] 朱德熙. 自指和转指——汉语名词化标记"的、者、所、之"的语法功能和语义功能[J]. 方言, 1983 (1).

[176] 朱建颂. 武汉方言词典[M]. 南京: 江苏教育出版社, 1995.

[177] 朱军. 多项列举式后"等"的多维考察[J]. 北方论丛, 2006 (6).

[178] 朱军. 列举助词"等"及相关结构的句法、语义特点研究[J]. 语言教学与研究, 2008 (1).

[179] 朱军. 列举代词"等"的语义等级、隐现规律及其主观化特点: 兼议列举助词"等"的虚化历程[J]. 暨南大学华文学院学报, 2006 (4).

[180] 邹哲承, 助词"等"与"等等"的作用[J]. 语言研究, 2007 (4).

[181] Ariel, M.. *Accessing Noun-phrase Antecedents*[M]. London: Routledge, 1990.

[182] Bybee, Joan, Revere Perkins. *The Evolution of Grammar: Tense, Aspect and Modality in the Languages of the World*[M]. Chicago: University of Chicago, 1994.

[183] Goldberg. Adele E. *Constructions: A Construction Grammar Approach to Argument Structure*[M]. Chicago: The University Chicago Press, 1995.

[184] Heine, Bernd & Kuteva, Tania. *World lexicon of grammaticalization*[M]. Cambridge: Cambridge University Press, 2002. Bernd Heine, Tania Kuteva. 语法化的世界词库[M] 龙海平, 谷峰, 肖小平, 译. 世界图书出版公司, 2012.

[185] Greville G. Gobert. *Number*[M]. 北京: 北京大学出版社, 2002 [2005].

[186] Hoppe, Paul J. & Traugott, Elizabeth C. *Grammaticalization*[M]. Cambridge: Cambridge University Press, 2003. 鲍尔·J. 霍伯尔, 伊丽莎白·克劳丝·特拉格特. 语法化学说[M]. 梁银峰, 译. 上海: 复旦大学出版社, 2008.

[187] Lehmann, Chirstian. *Thoughts on Grammatcialization* [M]. Munich: Lincom Europa Press, 1995 [1982].

[188] Sweetser. Eve *From Etymology to Pragmatics: Metaphorical and Cultural Aspects of Semantic Structure* [M]. Cambridge: Cambridge University Press, 1990.

后 记

本书是丁加勇同志主持的国家社会科学基金项目"汉语表达列举义的语法形式研究"（项目批准号 11BYY079）的结项成果。课题于 2016 年结项，书稿几经修改，现在终于可以出版了。感谢国家社会科学基金对本课题的大力支持，同时也感谢湖南师范大学文学院出版基金对本书的大力支持。

本书的部分内容已在《中国语文》《汉语学报》等刊物上发表，其中代表性成果有：

《湖南常德话表事件连类复数的"VP 俺"结构》，见《中国语文》2011 年第 5 期；

《湖南凤凰话后置复数指示词：兼论方言中复数标记"些"的来源》，见《中国语文》2014 年第 5 期；

《指示词"这些、那些"的列举功能》，见《汉语学报》2014 年第 4 期。

我指导的研究生参与了该课题的一些任务，主要是方言调查工作，他们是：沈祎（凤凰方言）、刘娟（常德方言）、淳佳艳（南县方言）、林璋立（洞口方言）、龙海艳（常澧片方言）。

谨此对上述权威学术刊物和课题组成员表示衷心感谢！同时也感谢我的家人对我的研究工作的大力支持！

丁加勇
2023－10－18